霸气

孙正义

冲向未来的领导力

SON MASAYOSHI NO SANBO

[日] 岛聪 著

林咏纯 译

浙江人民出版社

图书在版编目（CIP）数据

浙江省版权局
著作权合同登记章
图字：11-2015-252号

霸气：孙正义冲向未来的领导力 / （日）岛聪著；林咏纯译. —杭州 ：浙江人民出版社，2018.8

ISBN 978-7-213-08128-6

Ⅰ. ①霸… Ⅱ. ①岛… ②林… Ⅲ. ①孙正义-生平事迹 ②风险投资公司-企业管理-经验-日本 Ⅳ. ①K833.135.38 ②F833.133

中国版本图书馆CIP数据核字(2017)第140717号

霸气：孙正义冲向未来的领导力

［日］岛聪 著
林咏纯 译

出版发行：浙江人民出版社（杭州市体育场路347号 邮编 310006）
市场部电话：(0571)85061682 85176516
集团网址：浙江出版联合集团 http://www.zjcb.com
责任编辑：郦鸣枫 方 程
责任校对：戴文英 王欢燕
电脑制版：杭州兴邦电子印务有限公司
印 刷：浙江海虹彩色印务有限公司
开 本：880毫米×1230毫米 1/32 印 张：11
字 数：226千字
版 次：2018年8月第1版 印 次：2018年8月第1次印刷
书 号：ISBN 978-7-213-08128-6
定 价：42.00元

中文版序

2022年，中国的国内生产总值将超过美国，成为世界第一大经济体。能让中国的读者阅读《霸气：孙正义冲向未来的领导力》一书，我深感荣幸。

2001年，孙正义说“21世纪是亚洲的时代”，于是投资了阿里巴巴。2014年，阿里巴巴在纽约证券交易所上市，市值为25万亿日元，现在仍在高速成长中。2017年5月，阿里巴巴的市值位列全球公司排名前十位。

共享经济向亚洲乃至世界发展，孙正义于2017年5月向“滴滴出行”投资5000亿日元。“21世纪是亚洲的时代”这一预言已逐步成为现实。

“我并没有发明什么能够改变这个世界的东西。如果要问我有什么比一般人更为突出的能力的话，那就是我能读出时代变革的方向与时机。”孙正义如此说道。

1996年，在互联网革命之时，孙正义投资了雅虎。当时雅虎的月营业收入仅1000万日元，公司只有16名员工。通过投资小型创业公司，孙正义打开了互联网革命之门。

10年后的2006年,为了赶上移动互联网革命。孙正义收购了沃达丰,进入了移动通信行业。我从国会议员转向商界的第一项工作就是收购沃达丰。

2006年至2014年间,日本经济成长停滞,但同时期软件银行(简称“软银”)的营业收入从1.1万亿日元成长至六七万亿日元。我想,这应该归功于孙正义的领导力与我的参谋力。

中国经济从每年增长速度为10%的高速成长阶段转为6%左右的经济新常态阶段。今后,“领导力”是企业成长的关键。本书对于在经济新常态阶段中希望企业能够有飞跃式成长的企业领导者、商务人士来说,应该有不少干货。

孙正义认为2016年是物联网(IoT)革命元年,因此向英国ARM公司出资3.3万亿日元。他称此次投资为“十年一度的决胜之机”。关于今后如何应对物联网革命,我想,我们可以以史为鉴:看看在2006年,孙正义是如何应对移动互联网革命的;也可以看看作为参谋的我,是如何部署并行动的;还可以看看在属于“亚洲的时代”,软银是如何进行国外顶层交流的。本书将详细为读者解读以上内容。

我衷心希望能与阅读本书的中国读者一起,共同开创“亚洲的时代”。

岛聪

推荐序

好事多磨，岛聪先生的《霸气：孙正义冲向未来的领导力》一书，终于要在中国大陆出版了。这如同一个新生命，从酝酿到呱呱坠地，真是一段苦乐历程。作为本书出版的参与者，自知其中滋味。

算起来，我跟岛聪先生认识快4年了。据了解，当他在2014年从软银集团社长室室长任上退任后，于2015年1月9日出版了《霸气：孙正义冲向未来的领导力》一书，该书在日本极为畅销。我看过日文原版后，决定对他做一个专访。于是，在半个多月后的1月27日便有了岛聪先生在中国媒体上的第一次发声，那篇简化版的专访文章被大量转载。后来，我又多次邀请他给中国的企业家们进行演讲，分享体验，每次都受到了很高的评价。

然而，不管是专访还是演讲，其实都不如这本书写得更有趣、有料。虽然，网上有大量关于孙正义的文章，但想要真正了解软银到底是如何崛起的、孙正义的投资逻辑是什么、在每一个关键决策关口孙正义到底是如何思考和行动的，那么都应该认真地读一下岛聪先生的这本书。因为软银的真正崛起，正好是在岛聪先生担任社长室室长的这8年间。在这8年间，岛聪先生和孙正义在一起的时间，毫无疑问都超过了两人跟各自夫人相处的时间。

后来，因为各种机缘巧合，我又很幸运地进入了竞争激烈的软银学院(Softbank Academia),这所由孙正义亲任校长、被定位为培养软银集团接班人的学院,既不同于阿里巴巴湖畔大学,又不同于腾讯的青藤大学。除了学员之间的相互分享外,软银学院唯一的讲师就是孙正义。每隔一两个月,学员们就可以聆听一次孙正义的内部讲话,这无疑是很幸福也很奢侈的事情。同时,学员们也获得了一个“特权”,那就是称呼孙正义为“孙校长”,而不再是孙社长。

愈是近距离接触孙校长,我就愈觉得他真的是一朵“奇葩”,一朵娇艳的“奇葩”。如果只能用一个词来形容孙校长,至少我暂时找不到比“奇葩”更好的词。大帝？巨鳄？梦想家？狂人？……我总感觉,这些词都不如“奇葩”更为准确。

那么,孙校长到底“奇葩”在哪儿?

首先,便是巨大的“梦想力”,说得通俗一些,那就是“吹牛的能力”。孙校长是一个彻头彻尾的梦想家,坂本龙马般的理想主义基因深入其骨髓。关于这一点,岛聪先生恐怕也与我有同感,他还为此专门出版了一本书,书名如果通俗点翻译的话就是《吹牛式经营》。孙校长在收购了沃达丰日本公司,决定进军日本电信行业后,吹的第一个“牛”就是公开宣布要在10年内超过日本最大的电信巨头NTT Docomo,这个“牛”差不多相当于小灵通公司公开宣布要超越中国移动。孙校长在软银学院还曾豪言要创建世界上最大的投资基金,而且得是超过第二大投资基金数倍的体量。

如果逐一列举孙校长吹过的“牛”,就我听过的,至少都可以列个百八十页A4纸了。

但是,孙校长真正“奇葩”的地方,是他强大的“行动力”,也就是能把这些听起来特别不着边际的“牛”，一个个地实现了。虽然也有些“牛”，他没能实现，但那些往往是他没有作为优先项处理的“牛”。

超越NTT，他做到了，用了不到10年的时间；要创建世界上最大的投资基金，他也做到了，第一支软银愿景基金实际到位规模有近1000亿美元，目前第二支相同甚至更大规模的愿景基金也已开始启动。

我始终觉得，异于常人的巨大的“梦想力”，结合强大的“行动力”，正是孙校长这朵“奇葩”开得如此娇艳的根源所在。

当然，孙校长吹的一个最大的“牛”能否实现，我个人仍然半信半疑。那就是所谓要通过“群战略”，将软银打造成可以运转300年的企业帝国。实际上，包括我本人在内的软银学院学员，都算是这一“群战略”构想之下的一部分。但是，要想让这个巨大的梦想真正实现，办法倒是有一个，那就是发明一种可以让孙校长“向天再借500年”的灵丹妙药。这恐怕是唯一的办法。

日本这个岛国不乏奇葩的人和事，但在形形色色的人中唯独太缺少孙校长这样的“奇葩”。也正因此，孙校长并不太受所谓的日本上流商界的认可，世界上也有很多非议孙校长的声音。虽然我本人也并非完全认可孙校长的所有做法，但是，在这个百花争艳的世界大花园中，多了一朵非常惹人眼的“奇葩”，又开得分外娇艳，难道不是一件好事吗？

让我们远观这朵大大的“奇葩”，让我们守候这朵大大的“奇葩”，让我们开启一段深入了解这朵大大的“奇葩”的美好旅程——放下手机，开始翻阅此书。

最后，再次祝贺岛聪先生。同时，也非常感谢浙江人民出版社为此书的出版所付出的一切艰辛努力。

谨为赘序。

蔡成平

游方商业创办人 / 新域资本合伙人

SON
MASAYOSHI
NO SANBO

目录

我在软银的日子，以及我眼中的孙正义

2014年5月7日，软银在2013财年报表中公布该年营业收入，包含收购的美国第三大电信公司斯普林特(Sprint)在内，达到6.7万亿日元，营业利润终于超过1万亿日元。日本经济史上营业利润超过1万亿日元的公司只有3家，分别是NTT(日本电报电话公司)、丰田汽车以及软银。NTT从创业到营业利润超过1万亿日元用时118年，丰田汽车用时65年，但软银只用了33年，是费时最短、达成速度最快的公司。

我在2005年进入软银时，公司的营业收入是1.1万亿日元，营业利润也好不容易从上个年度的亏损254亿日元，转变为盈利623亿日元。我常开玩笑说:“软银在我担任社长室室长之后，就急速成长了呢!”不过，如果要认真地说，那么我必须说“软银社长室室长”这个职位，就是在软银的各个发展阶段中完成不同使命的职位。在软银投资美国网络公司雅虎时担任社长室室长的，就是后来成为日本雅虎社长的井上雅博。我的前一任室长三木雄信，则致力于发展宽带事业，打下了公司的基础。

照这样看来，我担任社长室室长的历史使命，或许就是让软银从“顽皮的创新公司”，进化成“稍微成熟的企业”，再进一步发展成“万亿日元俱乐部”的一员吧！

完成使命的我，也借着营业收入达成万亿日元的机会，从担任社长室室长的8年，共3000个日子中毕业。

竞选失利，我成了孙正义的参谋

我想在这本书的一开始，向读者阐述我选择成为“孙正义的参谋”，也就是成为软银社长室室长的始末，以及决定从“参谋”这个职位退下的理由。

我有早晨写日记的习惯。因为早晨比夜晚更能让我涌现反省昨日、面对今日挑战的欲望。这个习惯从2003年开始，至今已经持续10年以上了。现在回头读这些日记，担任社长室室长那段马不停蹄的日子，仿佛又回到眼前。

2005年9月11日，隶属日本自民党的小泉纯一郎首相坚决解散众议院并实施总选举，让我失去了曾经连任三届共9年的众议院议员议席。我所属的民主党在这场选举中惨败，177名众议院议员中有半数落选。

我因为相信自由经济与市场机制，多年来也一直主张邮政民营化，从而加入了小泉首相的“邮政民营化研究会”。但民主党却反对这项政策。我身为民主党的一员，只好在邮政民营化相关法案的表决中投下反对票。结果这点成为对手阵营攻击我的最好素材，连带成为我落选的理由。

序章
我在软银的日子，以及我眼中的孙正义

我在从事政治工作时，曾辅佐过菅直人、鸠山由纪夫、冈田克也三届民主党党魁，有“党魁的智囊”之称。民主党在野时，我也在以政党轮替为目标设置的决策机构“影子内阁”中担任过内阁总务大臣。此外，我亦是政界有名的IT专家。我与孙正义社长的往来，是从1997年开始的。

我在2005年9月15日，失去议席4天后，前往软银在汐留的总部拜访孙社长。当时，我说：“英国政治家如果落选，会将他们在政界的经验活用到商场上。我想成为日本弃政从商的先驱，请问我能有这个荣幸为贵公司服务吗？”孙社长重重点头，立即对我伸出手说：“我们一起努力吧！如果岛先生来了，我们公司可以说如虎添翼。”于是，我决定转任软银社长室室长。

当时代理社长室室长的人事部部长A，在我进入公司前的面谈中对我说：“社长告诉我，不能让岛先生做琐碎的事，我们期望岛先生能从宏观的角度开展工作。”我很高兴听到他这么说。

2005年10月11日，是我结婚18周年纪念日，但那一天的日记上，我却是这么写的：“我想在软银，实现无法以政治家身份办到的事。”

我在11月1日前往软银的汐留总部报到。上班第一天，总部就在社长室所在楼层准备了一间比当时议员会馆办公室更大的“社长室室长办公室”。窗外可以看见汐留的高楼大厦闪烁着光芒，脚下的人们快步疾行，似乎让人感受到日本经济的活力。

我的任务,是帮孙正义实现大饼

孙社长是一名擅长画大饼的经营者。

2006年3月,软银起飞战略的第一步,就是收购移动通信公司日本沃达丰(Vodafone)。

两个月后的5月,孙社长在与沃达丰合作的代理商会议中宣布:“我要在10年内超越都科摩[①]。”当时,就连软银的高管都觉得:“社长又在画大饼了。”但我却不这么想,我真心想要设法帮助孙社长实现他“10年内超越都科摩”的愿望。我心中想从事的“无法以政治家身份办到的事”,似乎因为这个像是夸下海口的宣言,而逐渐变得具体。

最近的政治人物常被批评不用功,看不见事物最理想的状态。但这其实是误会。政治人物并不是因为不用功而不知道什么是“理想状态”,他们从早餐会到晚宴,一整天都能通过交换消息获得许多信息。问题在于,票源与财源都掌握在旧势力手上。许多政治人物由于害怕落选,都会认为与其靠近理想,还不如站在阻挠这个理想的对立面更为保险。

事实上,我就因为曾经提倡邮政民营化,而无法获得邮政从业人员工会的选票。我记得那是2000年的选举,我在选区的得票数

---

① NTT DoCoMo,NTT集团旗下的移动通信公司。

虽然超过10万票，却以339票的差距落败，最后靠着比例复活制[①]当选。工会的人对我说："你只要不主张邮政民营化就能选上了。"他们还说："我们要使某人当选虽然很难，但要让某人选不上，却很容易哦！"

或许是受到我在选区落败的冲击，提倡邮政民营化的同志一个接着一个举白旗投降。不过，如果我现在想参选，可能也会因为主张发展自然能源，而无法得到电力总联[②]的推荐。

1985年电电公社[③]民营化之后，总务省[④]为了抑制NTT的力量，推动促进新兴势力抬头的"竞争促进政策"。NTT当然试图通过政治力量反制。政治人物中支持竞争促进政策的我，想必也得不到"情报劳联"[⑤]的票。

"我对不起因为NTT的怠工而无法上网的客户。给我打火机，我要淋上汽油烧死在这里！"这句话，是2010年孙社长在总务省内激烈控诉时说出的名言。长期对抗巨大垄断企业NTT的孙社长与我意气相投。在我成为社长室室长后，由衷地希望能够实现孙社长

①日本众议院议员的当选方式有小选举区与比例选举区两种，同一位候选人可同时提名小选举区与比例选举区，即使在小选举区中落选，也有机会靠着高的票数比例在比例选举区中当选，称为"比例复活当选"。

②全名为"全国电力关联产业劳动组合总联合"，是由日本的电力公司组成的各工会加盟而成的全国联合总工会，它对核电持支持立场。

③日本电信电话公社，NTT集团的前身。

④日本中央省厅之一，主管情报通信、邮政事业等。

⑤情报产业劳动组合联合会，是信息通信相关工会的中心组织。

“让NTT大政奉还”的主张[①]。我现在已经不是为选举汲汲营营的议员了，所以可以尽情地发动攻势，这一点让我感到神清气爽。

我的目标确定了，就是帮助孙社长在10年内超越都科摩。为此，我必须拉动让NTT进行组织分离、分割的讨论，让长年垄断电信行业的NTT集团无法发挥力量。我如此定位自己的角色：让孙社长将能量集中在他的经营长处，至于他政治领域上的“弱点”，则由担任室长的我来辅助。我在2006年6月15日的日记中写道：“夺得第一的不是NTT这种从国营事业起家的企业，而是纯粹的民间企业。这将会让日本的经济发展更上一层楼。”

不断创新，打造万亿日元企业

软银试图超越拥有压倒性政治力量的实质国营企业，但是，小虾米如何搏倒大鲸鱼呢？关键只有一个，就是“创新”。

压倒性的强者有其弱点。国营事业起家的企业决策速度慢，很难有什么创新。都科摩领导了日本的手机时代或许是事实，但他们依然是巨大电话公司集团的一员。

尽管马车在过去一直是人们的移动手段，但当铁路时代来临时，撑起那个时代的并不是马车企业。而撑起手机上网时代的，也会是想要为手机上网带来创新的新企业。最早说明“创新”意义的经济学家约瑟夫·熊彼特，在其著作《经济发展理论》中将“企业家”

①当时由NTT垄断的日本光纤网络建设迟迟没有进展，因此软银等其他竞争者，要求NTT将光纤网络部门分离出来。

定义为实践创新的人物，并且提出创新的五种形式：

1. 生产新的产品。

2. 引进新的生产方法。

3. 开拓新的市场。

4. 取得新的生产原料或半成品的供给源。

5. 实现新的组织（建立企业联合垄断或将其打破）。

软银迈向1万亿日元企业的过程，真可说是接连不断地实行熊彼特所说的创新。

投资手机业务，持续对抗NTT，就是创新形式中的“实现新的组织，或是打破垄断”；借由收购美国第三大电信公司斯普林特，进军美国市场就是“开拓新的市场”；不顾“智能型手机无法在日本普及”的看法，引进iPhone应该算是“生产新的产品”吧？只不过，这个产品不是自己开发的，而是取得了iPhone的日本专卖权。投资自然能源行业也是一种创新，自然能源是新的电力生产方法，所以属于“引进新的生产方法”；这些电力并非来自石化能源或核能，而是来自太阳光、风力，因此符合“取得新的原料供给源”。

身为社长室室长的我，特别致力于推动的，就是“打破垄断”。话说回来，我进入软银公司的契机是邮政民营化，也是以打破垄断为目标的战斗。在我进入公司后的2010年发生的“光之道争论”，不用说，对抗的也是NTT这个垄断企业。2011年开始的“用自然能源发电计划挑战日本”，挑战的其实也是垄断区域市场的电力企业。

更进一步来说，通过收购斯普林特进军美国后，孙社长也表示：“美国人竟然能在这种网络环境下生活。这是两家公司寡头垄断的体制，根本没有竞争。”孙社长即使在美国也打算创新。换句话说，软银就是一家“创新的企业”。

孙社长与我心中的三分天下

2014年5月8日，公布春季财务报表的第二天。媒体上出现“软银超越了都科摩”的标题。我当初进入公司时铭记在心的“超越都科摩”这个目标实现了。

准确来说，在半年前，软银合并业绩的营业收入就已超过都科摩的2.2万亿日元，达到2.6万亿日元。在用户数量方面，软银的累计签约数也达到日美合计共9867万件，相较之下都科摩只有6177万件。

但是，孙社长的眼光看得更远。他在公布财务报表时说：“我希望在几年之后回头看今天，能够感慨：‘原来我们也曾因为营业利润超过1万亿日元就觉得开心啊！’我总有一天要超越丰田。虽然话说得太满不好……但是，我有信心。”

孙社长不久前开始把“现在日本营业利润达到1万亿日元的企业只有丰田”这句话挂在嘴边。我身为他的参谋，当时就清楚地知道他开始注意到“全球的丰田”，并将其当成目标。

丰田集团与我颇有渊源。我担任众议院议员时的服务区域是爱知县刈谷市，这里是丰田创业的源头，丰田织机的根据地。

当时的经团联[①]会长奥田硕先生住在爱知县的冈崎市，我们经常在早晨搭乘同一班新干线前往东京。软银也在奥田先生担任会长时加入经团联，当时还拍了一张奥田先生、孙社长与我站在一起的纪念照。因为这层渊源，我在软银通过收购斯普林特进军美国时，还曾得到丰田集团诸位前辈的宝贵建议。

2013年8月21日，奥田先生与孙社长在软银加入经团联以来首度展开会谈，地点在位于东京日本桥三井本馆的国际公共政策中心理事长室。当时的奥田先生是国际协力银行总裁。国际协力银行因为“国际协力”的关系，不仅提供融资，也为了提高国际竞争力，而将眼光拓展到活用日元升值的海外投资、公司并购上。

现在的世界，因为各国政府直接支持代表各自国家的跨国企业，呈现出了“国家资本主义”的样貌。当然，软银重视自由与市场经济、公平竞争。但就现实层面来说，如果想要站上世界舞台，还是要有日本政府做后盾比较好。上述建议，是我安排这场会谈的主要原因。

暴雨打在从意大利威尼斯运来的用大理石建造的建筑物上。

“斯普林特成为了软银集团的一员。现在软银集团在美国约有6000万用户，在日本约有3600万用户，数量合计约有1亿。”

“1亿人吗？太了不起了。”奥田先生听了我的说明之后点点头感叹道。孙社长立刻说：“5年之内的目标是用户数量增加到10亿，

①日本经济团体联合会，以日本东京证券第一部上市企业为中心组成的团体。

包含合作企业在内,将创造出20亿人的市场。”

孙社长的座右铭是“言出必行”,他在这个瞬间给自己设定了新的目标。用户数量1亿也好、营业利润1万亿日元也好,对孙社长来说都只是“阶段性目标”而已。我自己思考了“10亿人”的意义。全球有70亿人口,2013年时使用手机的人数是10亿,预计到2020年将达到30亿。“10亿人”就代表要拿下全球三分之一的市场。

后文会提到,我能想到的顶多就是“日本移动通信市场三分天下之计”,但孙社长想到的却是“全球移动通信市场三分天下之计”。身为前国会议员的我,无论如何都习惯从日本的角度来思考,但孙社长的脑中却没有“国界”。

包含合作企业在内共20亿用户,相当于手机市场的三分之二,全球市场占有率为66%。接下来要创造平台,取得国际标准。孙社长画了一块很惊人的大饼。奥田先生不知道是吃惊还是钦佩,他听了孙社长的发言后,原本就细长的眼睛眯得更细了。

9月12日,软银公布将偿还收购斯普林特时融资的1.98万亿日元,并接受联合贷款。参与联合贷款的银行以瑞穗银行、三井住友银行等银行为中心,成员名单中也有日本政策投资银行(8000亿日元)、国际协力银行(2200亿日元)等政府出资的金融机构。

孙社长常说:“言出必行是好事,可以鞭策自己。”他把营业利润1万亿日元当成“阶段性目标”,未来将收购更多跨国企业、与更多跨国企业结盟,最后实现“10亿人”的目标吧!

我在素雅却壮丽的国际公共政策中心理事长室一边聆听着从政时期就颇为照顾我的丰田汽车前统帅奥田先生与孙社长的会谈,

一边思考“担任社长室室长的我，或许已经完成历史使命了”。

培养孙正义的继承人

2010年，软银迎来了创业30周年，孙社长在该年发布了软银学院的构想，希望培养出继承人。

孙社长发布这个构想时，我问他：“现在不会太早吗？松下幸之助在85岁时才创立松下政经塾。”孙社长惊讶地问我：“什么，85岁吗？”他接着清楚地说道：“但是，培养一位继承人需要10年。”

7月28日，软银学院在孙社长53岁时成立。学院成立的目标是“培养出‘孙正义2.0’”。据说软银最大的风险是“孙社长的继承人问题”，这也是对策之一。

学院的招生定额是300人。其中有200人来自软银集团，另外100人从外部招收。学员们每3个月一次听孙社长讲课、报告事业计划。在淘汰赛中表现优秀者，能够在孙社长面前做简报。虽然外部学员可以继续原本的工作，但其中也有人从公司辞职，进入软银上班。

公元前7世纪，齐桓公因为得到名宰相管仲而成为霸主。宋朝政治家苏洵，曾如此评价管仲：“夫国以一人兴，以一人亡。”推荐管仲的人是鲍叔牙。两人之间的交情因“管鲍之交”而闻名。

“臣幸得从君，君竟以立。君之尊，臣无以增君。君将治齐，即高傒与叔牙足也。君且欲霸王，非管夷吾不可。”（《史记·齐太公世家》）

这段话的意思是：“我的主子，您终于上位成为齐君。接下来的任务对我来说太重了。如果您只打算统治齐国一国,有我与高傒的辅佐或许已经足够。但若非天下霸主不足以满足您的话,除管仲之外无人可胜任。”

软银进入了以世界为舞台的新阶段,必须要有更适合的社长室室长。我在旁听孙社长与奥田先生会谈的这天,强烈意识到不得不考虑继任者的问题。

软银在进军手机业务时,必须加深与总务省等行政、政治机构的联系,前众议院议员出身的我或许尚能够担任社长室室长这一重要角色。但是,公司接下来将进入不同阶段。

还有一点,下一任室长在辅佐以世界为舞台展翅高飞的孙社长时,也必须将培养软银的继承人这件事纳入考虑。因为社长室室长这个职位,在软银集团的发展中承担了历史性的任务。

更重要的是,我认为自己的继任者必须出身于软银学院。社长室室长会与孙社长一同思考、行动,是教育继承人的最高职位。在软银学院好好努力,至少能当上社长室室长。如果学员们能够这么想,软银学院也能发挥其功能。

不如人,更要彻底活用本领

“我想建立持续300年的企业”,这是孙社长的愿望。据说这是因为他对历史长达300年的罗马帝国感兴趣的缘故。

2013年12月,我下定决心从软银社长室室长一职毕业,利用到欧洲出差的假期,带着作家盐野七生所写的《罗马人的故事》到罗马闲逛。古罗马广场是历代皇帝为了用话语统治帝国而举行演说的政治经济中心，我在那里一边漫步，一边遥想恺撒大帝。日本一直没有出现像恺撒大帝那样的领导者，但软银的领导者却具备恺撒大帝的特质，或许这就是软银不断取得突破的原因。

“忠于自己的想法而活，这是我对自己最大的要求。所以，我认为其他人也当以此为准则。”恺撒大帝这句话，与孙社长的想法不谋而合。

此外，恺撒大帝也和孙社长一样是借钱大王。如果借的钱少，债权人是强者，债务人是弱者。但如果借的钱变多，两者的关系就会逆转。恺撒大帝看中的就是这点。我不知道孙社长有没有意识到这件事，但恺撒大帝获得了最大债权人克拉苏的全力支持，因为他破产的话克拉苏就糟了。

根据盐野先生的作品，罗马人承认自己“智力不如希腊人，体力不如高卢人，技术不如埃特鲁利亚人，经商不如迦太基人”。既然如此，那为什么只有罗马人能够建立帝国，并维持了这么长一段时间呢？

NTT、丰田、松下、三井……软银与这些代表日本的巨大企业集团相比，优势并不多，应该像罗马人一样不得不承认自己“不如人”。可是日本经济发展停滞，被称为“失落的20年”。情势如此，为什么只有“不如人”的软银能够实现大幅度的成长呢？

盐野先生写道：罗马人的优点就是“彻底活用自己所有的本领”，还有在扩大版图时“将败者同化的宽容精神”。仔细想想，孙社长同样也用“宽容精神”接纳选举失利的我，给了我社长室室长的位子。我因为感念其知遇之恩，“彻底活用”自己所有的一切来帮助软银发展，实现孙社长的抱负。

聚集到软银的许多人，很可能像我一样为孙社长的行动与思想折服，使出自己的浑身解数。这些力量集合起来，应该就能像“彻底活用自己所有的本领”的罗马人一样，帮助软银振翅高飞吧？我一边思索着这些事，一边翻阅日记，想将担任社长室室长时马不停蹄的3000个日子写下来。

本书由三个部分组成，分别是：孙正义的雄心：软银涉足电信行业与铺设“光之道”的构想；孙正义的良心：用自然能源发电计划挑战日本；孙正义的决心：进军美国，成为全球第三大移动通信运营商。故事很长，希望我有这个荣幸，邀请各位读到最后。

SON MASAYOSHI NO SANBO

第一部分

孙正义的雄心

软银涉足电信行业与铺设“光之道”的构想

01 日本电信业三分天下之计

2006年3月—5月

“**想达成目标不能用加法，必须用减法。**”首先绞尽脑汁去想5年后、10年后、100年后、300年后的目标，再从这个目标反推回来，思考现在该做的事情是什么。我想这个“减法推算”，或许就是孙正义风格经营法的精髓。

用“减法推算”来看，收购日本沃达丰是理所当然的事情。

曾经到过未来的男人

2006年3月17日下午5点，软银在东京汐留的康莱德饭店举行收购日本沃达丰的记者会，开始时间比原本预计的延后了一些。延后原因是我们在最后阶段针对讲稿的遣词用字有一些讨论，直到最后一刻都还在交涉。

日本沃达丰CEO威廉·莫罗、日本雅虎CEO兼社长井上雅博，以及打着红领带的孙社长站成一排。孙社长开始致辞：“软银自从创业以来过了20多年，在此期间收购了许多企业。我们从五六年前开始宽带业务后，就希望能够早日涉足手机行业。”

追求信息革命、网络革命的并非永远都是计算机行业。手机上网的时代在2010年左右到来，上网的机器不再只是放在桌上，或是放在包包里随身携带的沉重计算机，而是随时放在口袋里的手机。孙社长仿佛曾经坐上时光机到未来考察过一样，看见了这幅光景。

如果想在21世纪20年代站上手机上网时代的顶端，该怎么做呢？以反推法来思考，首先必须开展手机业务。

“我们也以新企业的身份，取得了频谱牌照。”2005年11月7日，软银与EMOBILE一起从总务省手上分配到1.7吉赫兹（GHz）的新频率。

当时的总务大臣是竹中平藏。他在颁发牌照时，曾向刚从众议院议员转任软银社长室室长一个星期的我点头致意。我们虽然曾在众议院的预算委员会上激烈辩论过，但却是互相持着敬意的论战。

“进军手机行业前，我们曾经考虑过各种方法。是要从零开始？还是要租用沃达丰的网络，以‘虚拟移动网络企业’的方式进入？或者干脆直接收购？今天，我们正式宣布收购日本沃达丰的股份。”

迅销公司的柳井正会长是软银的外聘董事之一。相较于喜欢“飞跃式经营”的孙社长，柳井会长更重视“冷静合理的判断”。“我在董事会上被他批得狗血淋头。”孙社长口中说的人，多半是柳井会长。

“你做了多少考虑？”即使只有50亿日元、100亿日元的投资，柳井会长也会连珠炮似的彻底质问孙社长。柳井会长本人也承认：“我的角色就是拉住一路猛冲的孙社长。”但是，在收购日本沃达丰这件事上却与平时不同。“你必须考虑不收购沃达丰的风险。最好用这个价钱买下来。”柳井会长反而从背后推了孙社长一把。他很清楚什么是紧要关头。

手机行业是沃达丰、都科摩、KDDI等公司耗费了将近20年的时间创造出市场的行业，而且已经呈现出“寡头垄断市场”的样貌，前两名的公司游刃有余，第3名沃达丰的高管看起来也安于利益不多不少的环境。然而对消费者来说，这不是一个好的环境。

“日本的手机费用全球最高。虽然有人说换个角度看还算便宜，但贵的东西就是贵，我要扭转这个情况。无论花多少时间、用什么方法，我都一定要进军手机行业。”这是我还在担任议员时，孙社长与当时的野田圣子邮政大臣见面后对我说的话。而现在，这句话将化为现实。

“我觉得自己回过神来后，已经走了好长一段路。软银从软件流通业开始，渐渐形成能够掀起我理想中的信息革命的态势。虽然还不能满足于现状，但大致的布局已经成形。”旧的企业与新进入的企业相比，总是巨大而强壮的。对抗强大敌人的战略只有一个，就是通过创新来使战争的基础进化，就像日本战国时期织田信长用火枪击破武田信玄的骑兵团一样。

软银在这个时点还没有明确的战略。都科摩与KDDI本身是电信企业，我原本认为以网络事业为基础发展或许是软银该走的路，但孙社长的一句话，带给我不同的思考方向：“不要告诉我‘软银可以成为综合通信公司’，我们的目标应该是‘跨国的综合数字信息公司’。因为综合通信公司的格局，对我的野心来说有点小了。”

三分天下之计

这是2005年12月的事。当时我进软银不到两个月，还在“试用期”。孙社长在高层会议上说：“我跟沃达丰的莫罗CEO谈过了，不过莫罗

CEO说，你话都说到这个份上了，就给我买吧！”掺杂着幽默的说法使场面一下子就热了起来。

孙社长向我寻求意见。“总务省在11月发给包括软银、EMOBILE在内的3家公司手机牌照，现在市场上的手机企业共有6家。但是，以我在国会处理信息通信政策的经验来看，日本市场大概就只能留下3家公司吧！3家公司彼此竞争才是最好的状态，所以与排名第3的沃达丰合作或许是个聪明的选择。我想，如果能够买下来的话，还是买下来比较好。”

我冷静而清楚地建议孙社长收购日本沃达丰。如果我的记忆正确，当时孙社长的发言像是要否定我的意见一样，对收购采取慎重的态度。我记得自己当时觉得这不是他的真心话。或许是因为我在议员时代的形象还深植在公司高管之间，接下来还有许多必须改进的事情，如果孙社长也支持我推动收购的主张，其他人也很难表示反对吧！创造出让职位低的人也能轻松表达意见的气氛，也是领导者的工作之一。

软银的公司宣传网站上，有一页是“经营阵容档案”，我在进公司时的访谈中是这样回答的：“我进公司前，对软银的印象是，充满挑战精神的IT产业先锋，给人的感觉就像海援队①。但进了公司之后，才发现这里不只是海援队，还是《水浒传》里的梁山泊。这里聚集了许多有个性的人才。此外，信息通信行业也像《三国志》的世界。魏是

①即以坂本龙马为中心创立的幕末贸易组织，被认为是日本最早的有限公司。

历史悠久、实力强大的NTT，吴是拥有新优势的KDDI，然后是刘备带领的蜀国闯了进来。软银拥有丰富的人才与活力，就像蜀国一样。”

就我的角度来看，收购日本沃达丰就像《三国志》中孔明向刘备建议的“三分天下之计”。所谓三分天下之计，就是蜀国与孙吴同盟对抗曹魏，占领益州与荆州，并以此为根据地。如果想要对抗巨大的垄断企业NTT，达成数字信息革命的野心，及早建立根据地比什么都重要。所以，软银必须收购沃达丰，在手机行业建立三国鼎立的局势。

2005年日本的手机市场占有率为：都科摩53%，KDDI26%，日本沃达丰16%，其他还有WILLCOM等公司。都科摩遥遥领先，就连KDDI都与其有将近两倍的差距。

访谈时拿《三国志》来比喻是有些玩笑的成分在，但我在看待软银收购日本沃达丰这件事时却非常冷静。“与其说是三分天下，其实更像织田信长攻打美浓时的‘墨俣一夜城’[①]。”我在2006年2月的日记中这么写道。

眼下的目标虽然是都科摩，但最终目标却是信息通信行业的龙头——NTT控股公司率领的整个NTT集团。今后的手机行业预计将会有大幅度的成长，因此就像“得美浓者，得天下”一样，“得手机行业者，得信息通信的天下”。

孙社长从年轻时就很着迷于索尼开发的《模拟经营》这个经营模拟游戏。玩家扮演制造业的经营者，通过建设工厂、调度材料、雇用人

①相传织田信长在进攻美浓时，一夜之间建造出一座城，强烈打击了美浓军的士气。

才等经营决策，让公司逐渐成长。这样的说明听起来就像一般经营的仿真游戏，但软银在高管培训中玩《模拟经营》时，那些按部就班使企业慢慢成长的人，总会输掉游戏。反而是一开始先充分准备、大量制造产品，等到建立压倒性的体制时再一举攻破其他玩家的方式，才是必胜法。到了那个时候，所有竞争对手都将束手无策，最后在市场上消失。

软银的网络业务也好、宽带业务也好，都像《模拟经营》一样以破竹之势击败竞争对手。但有一点必须注意：软银之所以能够一举拿下并深耕网络业务与宽带业务，是因为这是两个全新的领域，没有其他强大的既存对手存在。在手机行业，却存在着拥有20年历史的强大既存势力。软银必须站稳脚跟，脚踏实地慢慢累积实力。

商场上的实际厮杀与《模拟经营》不同，一击决胜负的情况很少。多半是通过不断地你来我往，一点一滴获取利润，最后再抓住胜利的机会。因此，在战场上必须要有据点。而且，如果想在手机上网的时代来临之前迎头赶上，就必须像"墨俣一夜城"一样，在某天突然建造出一座城。

当孙社长被问到为什么不从头开始建立手机业务，而是选择收购日本沃达丰时，他是这么回答的："用一句话来说，就是'买时间'。"因为买下沃达丰之后，就能一口气获得1520万名用户，以及人口覆盖率为99.93%的通信网络。

善用政界人脉，助软银成功扩张

收购日本沃达丰需要将近2万亿日元资金，但软银手头只有2000

亿日元。孙社长在筹措资金时曾说过“钱会从天上掉下来”,我基本上也赞成这个想法。

我在众议员时代曾担任过众议院财务金融委员会的首席理事,所以经常与日本银行及金融厅的高层谈话。其实比起信息通信,我对金融方面的事务更加娴熟。孙社长的那句话,准确地来说,应该是“金融环境如果合适,钱就会从天上掉下来”。

日本从1999年开始实行“零利率政策”,曾在2000年8月暂时解除。然而IT产业因此泡沫化,软银的股票也暴跌。日本银行急忙在2001年3月再度恢复短期利率为零的零利率政策。对于经营来说最重要的,就是如何活用“零利率”这个战略环境。这是全球资金充沛的时期,拥有大量流动资金的金融环境。我向孙社长建言,这就是“适当的时机”!

“后世的人应该会说软银很幸运吧!这是进行大规模投资的绝佳机会。无论是100年前还是100年后,都不会有利率这么低的时候了。”如同孙社长所言,我们需要的资金大约是2万亿日元,银行却批准了3万亿日元的贷款,而且只要3.8%的低利率就能筹集到资金。附带一提,零利率政策在2006年3月,软银收购沃达丰的买卖成交之后宣告结束。

软银以大约2万亿日元的现金收购了日本沃达丰,这是日本经济史上最大的并购案,包含欧美在内也是历史上第二大。这让在议员时代专门负责金融的我有点亢奋。

此外,孙社长对于这个有风险的收购案采取“做最坏打算”的财务战略。直接收购日本沃达丰的不是软银的总部,而是另外成立的软银移动通信公司(SoftBank Mobile)。收购资金以杠杆收购的方式调度，不足部分由软银与日本雅虎出资。

软银总部不为这次收购的债务作保，只拿出2000亿日元的本金。母公司的财务风险严格来说就只有这些，即便子公司软银移动通信公司破产，也只会损失2000亿日元。虽然有道义上的责任，但用孙社长的话来说，就是“断尾求生”，母公司本身不会受到波及。

一流赌徒在放手一搏的时候，必须设想最坏的情况。事先拟定事情发展到最坏情况时的对策，决定“大败”时该如何自处，策划生存下去的方针。我在民主党时期辅佐菅直人、鸠山由纪夫两位党魁时，经常对工作人员说的一句话就是“做最坏打算”。决定收购是在我转任社长室室长的4个月后。我看见孙社长虽然看起来极为乐观，却也是会做最坏准备的人，因此我深信“这个人一定能成功”。因为最好的领导人会做悲观的准备，采取乐观的行动。

我一直以来都在国会中参与预算委员会、财务金融委员会的讨论，所以大致能够理解这种以长期、综合视角考虑的战略。但我的想法总会流于粗略，说得好听是主轴明确，说得难听点就是草率。软银集团的董事经常批评我：“岛先生的想法跟我们层次不同。”换句话说，大概是我的感受与经营第一线的人有差异吧！

事实上，第一线的人肩负重任。规模这么大的企业收购案，一般来说多半会采取股权交换的形式。这是一种用自己公司的股票向被并购公司的股东手上购买已发行的股票，将其变成子公司的方法。但这次收购却是用现金，而且由于手头没有现金，因此以举债的方式收购。

这种收购方式称为“杠杆收购”，换句话说就是以被并购公司的资产为担保，举债调度资金的手法。站在我的角度来看，这是软银背负风险，勇敢挑战，运用杠杆原理来使公司成长的举动。

但是，对经营第一线来说，风险就是风险。日本沃达丰的利润必须用来偿还债务，因此从手机业务赚取的资金用途将受到限制。而且当时日本沃达丰的利润正加速减少。“软银买贵了”，这不仅是欧美投资圈对这件收购案的一般评价，在日本也是如此。软银股价在收购消息公布后的1个月内，暴跌了大约六成。

软银自上市以来，经历过3次股价大跌。第一次是投资雅虎的时候，第二次是投资宽带业务的时候，这两次的股价都跌到了谷底，这次是第三次。但是，前两次的暴跌在过了一段时间、做出成绩之后，评价也跟着改变。孙社长在会议中开朗地说：“每次只要一做大事，公司的股价就会往下走。但是几年后大家的评价就会改变，这是一直以来的模式。周期大约是4年，就像奥运会一样呢！”

软银把经营当成一种科学

1983年，我还是松下政经塾的学员，那时曾与担任过伊藤忠商事董事长等职位的濑岛龙三先生见面。当时他虽是忙于处理行政改革的中曾根内阁智囊，但在松下幸之助塾长的介绍下，我还是幸运地接受了他将近两个小时的指导。他曾说：“日本从全球进口了8亿吨的原料与能源，并靠着将其中8000万吨进行加工、出口来赚钱维生。世界和平、稳定，这个循环顺利运转就是日本的‘生存条件’。自己的人生也好、企业经营也好、国家政策也好，都必须把看清‘生存条件’并彻底遵守当成第一要务。”

软银虽然只有2000亿日元资金，但利用杠杆收购完成了2万亿日元的收购案。这是个有挑战性的计划。让这个计划顺利运转的生存条件很简单，那就是在收购之后，“保住现有的客户”。

日本将在2006年10月24日开始实行携号转网服务（MNP），这个时间迫在眉睫。所谓携号转网服务，是指即使手机用户把合约转移到其他电信公司，也能继续使用原来的号码。当时，手机号码的分配是与电信公司绑在一起的。用户只要一换电信公司，号码也会跟着换。不过，如果在同一家电信公司内变更合约或是机型等，则不需要改变号码。对用户来说，通知亲朋好友新的手机号码是一件很麻烦的事，这件事就成为他们更换电信公司的障碍。对于原有的电信公司来说，这刚好可以当成“困住”用户的战略。

总务省说明：“先进国家在手机普及率达到上限、预计未来新用户数不会大幅度增加的情况下，为了提高用户的便利性，确保更自由、公正的竞争条件，纷纷导入携号转网服务制度。”一般来说，作为前二强的都科摩与KDDI，应该会为了反对难以“困住”用户的携号转网服务找有关部门说情，但这次他们却没有这么做。

这是为什么呢？因为他们可以借着导入携号转网服务，“收割”第三名沃达丰的用户。不要说遥遥领先的都科摩了，KDDI也能通过抢夺第三名日本沃达丰的用户来提高市场占有率，与NTT对峙。两家公司正可说是吴越同舟。

沃达丰集团之所以急着卖掉日本分公司，似乎也是因为考虑到未来先进国家的用户数成长空间有限，以及想在携号转网服务导入之前脱手。

大家往往以为软银的强项是经营力,只靠着意志与不屈不挠的精神就能发展。但事实上,软银把经营是一种科学的想法当成基础,相当重视数据。软银曾经做过一项问卷调查,询问用户:如果实施携号转网服务制度,你会转移到都科摩或KDDI吗?当时软银的企业形象相当不佳,因为旗下的宽带事业部“雅虎宽带”不仅因为常断线使许多客户厌烦,坊间也有软银背负巨额贷款、公司亏损、说不定会倒等传言。所以,我们在进行问卷调查时没有使用软银这个品牌,而是以继续使用日本沃达丰品牌为前提询问用户。

问卷调查的结果实在悲惨。用户抱怨日本沃达丰的信号微弱,电话常打不通、手机又重又土、公司经营力低下等,满意度相当低。如果导入携号转网服务,据分析将会失去三分之一用户。这个结果真是惨不忍睹,如果失去了三分之一用户,收购日本沃达丰的“生存条件”就会瓦解。

“重新调查一次,确定这个结果有没有错。”我们在孙社长的指示下再次进行调查,但结果更惨。借用孙社长的口头禅:“唉哟我的妈啊!”

审慎评量时局,才能做出最佳决定

2006年4月28日。孙社长拜访竹中平藏总务大臣,向他报告就任日本沃达丰社长的决定。孙社长用坚定的语气说:“从亲自就任社长这点,就能知道我有多认真地看待这件事。”

孙社长站上了第一线。原则上,作为经营者只要在后方指挥就好,但如果遭遇危机,就必须亲上火线。孙社长为了展现进取的决心,第一天就接下了日本沃达丰社长的位子。

孙社长曾买下过许多企业。在此之前,他都在以尊重对方企业的管理方式与规则的前提下寻求发展。例如,计算机期刊出版商 Ziff-Davis、美国计算机界最大的Comdex计算机展主办权、移动运营商日本TELECOM等,即便投入大笔资金收购这些企业,如果不尊重对方迄今拥有的技术方法、规则、管理方式,以及每一位员工,就会在瞬间失去几千亿日元的价值。

“用餐厅来比喻,员工背离(偏离常规)就像是料理的味道改变一样。一流餐厅与普通餐厅的差别就在这里。每一天、每一餐都能提供同样美味的料理才是一流的。”孙社长虽然这么说过,但是这一次却不一样。他亲自就任社长,从零开始重新检讨日本沃达丰的所有做事方法,没有妥协,亲力亲为毫不客气。孙社长亲自深入第一线,就连在一般公司只有课长以下员工才会出席的会议都积极参加。这似乎让日本沃达丰的高管和管理层因为孙社长建立的经营形态不同而感到震惊。

几年后,孙社长在软银学院上课时(2010年9月28日),诉说了当时的心境:“我不再妥协。过去的惯例也好、管理方式也好,全都不再遵循。我对改革可以说是抱着打死不退的决心。非自己认为正确的事情不做,非自己认为正确的判断不下。我不玩粉饰太平的游戏,这正是对经营的责任感之体现。”

事实上,这时候还有另一件事必须向竹中总务大臣报告,那就是该如何处理2005年11月7日获得的1.7吉赫频率的牌照。2007年4月1日开始新业务,是总务省颁发牌照的条件。针对这件事,公司内部做过许多讨论。当时我还是刚进公司5个月的菜鸟，但在我深入打听总务省内部的情报之后，认为还是归还牌照比较好。

当时，软银与总务省之间的关系降到了冰点。某位高管对我说："直到不久之前，我们都还是总务省的'拒绝往来户'，不过我没有告诉孙社长这件事。因为如果告诉他的话，他会跑去找总务省理论。"

频率高的电磁波段特性接近光波，频率低的波段则接近声波。光波无法穿过墙壁，但声波可以。所以，频率越接近声波，越容易收到信号。都科摩与KDDI主要使用频率为700—900兆赫的电磁波。这个波段的电磁波可以传得很远，还能绕过建筑物与障碍物，最适合手机使用，因此被称为"白金频段"。

日本沃达丰手上的电磁波频段为2.1吉赫，并没有都科摩、KDDI持有的白金频段。这也是日本沃达丰"信号不佳"的原因之一。日本沃达丰如果想要超越都科摩，就要取得"白金频段"。

电磁波被称为"总务省最后的权利"，频段分配由官员斟酌决定，原则上必须公平。如果手里的电磁波频段多，可以想到在几年后白金频段的重新分配上，就可能变得比较不利。此外，软银要在1年后的2007年4月1日展开沃达丰以外的新业务也很困难。如果不开始新业务，总务省对软银的信赖感又会再度下滑。经过这些考虑，我在两人独处的时候向孙社长建议："我想最好向竹中总务大臣提议归还1.7吉赫的牌照。"

孙社长稍微思考了一下。会谈的最后，孙社长开口对竹中大臣说："当时不惜提出行政诉讼也要得到的1.7吉赫电磁波……我想还回去。"我很高兴他最后采纳了我的建议。

失去客户前，先失去高管

2006年4月27日，软银完成了日本沃达丰的收购手续，接下来的第2个工作日，日本沃达丰办公室就搬迁完毕，从爱宕搬到位于汐留的软银总部大楼。

“手续结束隔天就搬迁，可以列入吉尼斯世界纪录了！”后来，孙社长常用“可以列入吉尼斯世界纪录”这句话来表示世界最快的意思。

日本虽然进入黄金周假期，软银却没有放假。“黄金周虽然是日本的假日，但全球市场依然在运作。在日本没有人会理我们，所以黄金周刚好可以出差，处理国外的工作。”这是孙社长的想法。沃达丰是英国公司，似乎有严格区分工作与私生活的习惯。我到伦敦出差时，即使是相当高级的旅馆、餐厅，在星期日晚上也不营业，好几次都是叫客房服务，寂寞地吃着炸鱼与薯条充当晚餐。这对于星期天也工作的我来说很困扰，大家似乎都认为星期天晚上就是要在家放松。不过软银，尤其是孙社长身边的人，是既没有星期天也没有节假日的。对社长室的成员来说，星期天早上8点接到秘书课课长打来告诉大家“9点前集合”的电话，也不算什么稀奇的事。我住在公司附近还好，住得远的员工就比较辛苦。但大家也都习惯在一个小时内集合完毕后一直开会到深夜的生活。但是，日本沃达丰的员工对这样的情形应该很吃惊。双方的文化摩擦，就这样一点点地产生。

5月10日。软银举办了2006年第一季度的联合新闻发布会，并在新闻发布会中发布4年来首度转亏为盈的成果。这让我稍微松了一口气，因为不少朋友都问我：“岛，你去软银虽然很好，但那家公司没问题吗?”

松下政经塾学员选拔的最后阶段，是塾长松下幸之助本人亲自面试。选拔的标准是学员的“运气”与“魅力”。据说，有人曾问松下塾长：“有没有魅力看得出来，但是您真的能够知道一个人的运气好不好吗?”塾长严肃地回答他：“我能够知道。”我一进去软银上班，还没做什么特别的事，公司就立刻转亏为盈。我带进公司的，大概只有松下塾长认证过的“好运”吧！

但是，记者关心的多半是：“沃达丰的收购过程顺利吗?”这点我也看不清。“我一天比一天有自信。收购之后，每天都与沃达丰成员开会，天天都能有反馈。这么一来应该能顺利吧？好的开始不就是成功的一半吗？虽然有很多地方需要改进，或许要花半年或1年时间成效才会显现。但我自己已经开始感受到成效，买下这家公司真是太好了。”我一边听着孙社长的话，一边觉得他应该是说给自己听的。因为实际上，当时已经不是慢慢地等成效出现的时候了。该怎么做，才能防止三分之一的用户携号转网，维持住“生存条件”呢？只能采取进攻模式。因为软银的基本方针就是“攻击是最好的防御”。

孙社长说：“我从早到晚都专注在手机业务上，没心思管别的事情。”然而，即使孙社长下令从四个方向进攻，当时日本沃达丰的高管也无法立即反应过来。他们怀着自己在这个行业工作20年的自负，认为拥有这个行业的常识，而完全没有碰过手机行业的外行人却从外头闯入，说一些没常识的话，想要破坏20年来他们积累的常识。经管书中有句话是“质疑常识”，但实际做起来却很困难。“外行人凭什么指手画脚?”不管说什么或做什么，都会激怒他们。高管、管理层纷纷辞职求去。借孙社长的话来说，当时的情况就是“失去三分之一的用户之前，先失去了三分之一的高管”。

2014年，软银成为营业利润超过1万亿日元的企业。或许有人会怀疑：“真的曾经发生过这样的事吗？”但我并非为了让公司的成功看起来更戏剧化而添油加醋，这全都是事实。我想，当时的孙社长真的已经捉襟见肘了。

四个承诺，四个问题

彼得·德鲁克曾说过：“目标就是事业的基本战略。”而理想的目标应该具备下列条件：

- 目标是为了行动而存在的。
- 目标是为了集中资源与行动而存在的。
- 目标不应该只有一个，而是要有数个。

孙社长在2006年5月10日的发布会上所说的“四个承诺”，就目标而言，完美地具备了上述三个条件。

1. 强化3G网络。网络覆盖率低，很多用户因为信号很差等理由而解约。

强化网络是当务之急，因此3G基站在本年度内，将从目前的2万座增加到4.6万座。“无论花多少钱、无论多辛苦，都要为用户提供信号畅通的手机。”

人们容易有“刻板印象”。所以，要洗刷“日本沃达丰信号很差，都科摩信号就畅通多了”这样的印象应该很辛苦。这是我的感想。

2. 充实3G机型。机型缺乏魅力。沃达丰的机型多半既厚重又土气。

这些机型不适合日本用户,因此,必须制造出符合日本用户需求的手机,借此重新出发。我们的目标是成为“在机型方面也很优秀”的电信企业。“必须以外观最具设计感、使用最简便来实施差别化”。

当时市面上推出了一种可以看电视的“移动电视手机”。这种使用夏普(AQUOS)面板的“AQUOS手机”率先提供给日本沃达丰销售,这让孙社长很开心。当时他本人也使用这种手机①。

3. 强化服务、内容。我们在一起参与这场收购的雅虎的协助下,建立了可以跨平台使用“雅虎拍卖”等杀手级内容的架构。孙社长宣布:“我们将免费提供新闻、天气、美食等几乎所有内容。”当时每订阅一种内容就必须月缴300日元左右,“我们将一口气颠覆了过去的商业模式”。

2004年,约有4204万人同时使用电脑与手机上网,当时估计到2006年将超过5000万人。如何在电脑与手机上跨平台使用这些内容,是当时的重要课题。

4. 强化经营体制与品牌。关于新品牌,孙社长当时只说:“董事会已经有大致结论了,我希望能在近期内发布。”2006年9月28日,手机业务的品牌从“沃达丰”变成“软银”。孙社长在发布会上说:“我现

①日本的手机是与电信公司绑定的,比如A电信公司的手机无法使用B电信公司的sim卡。所以,如果要使用某电信公司的服务,就只能在该电信公司销售的机型中挑选。

在的心情，就像即将上场比赛前的拳击手一样。”

软银在孙社长的亲自上阵指挥下，将资源与行动集中在这四个承诺上。孙社长在发布“四个承诺”时曾说过“问题只有四个”，因此他认为，“只要解决这四个问题，就能转守为攻”。但是，日本沃达丰的高管、管理层已经养成了“失败主义”的思维习惯。也有人说：“网络、机型、内容、品牌有问题，这不就是全部都有问题了吗！”

驳斥孙社长提案的意见都是充满失败主义的意见。他们可以用完美的逻辑说明为什么做不到，但是孙社长却激动地反问：“怎么可能做不到！”而日本沃达丰的高管心里也想着：“这是我们经营20年的品牌，一个外行人凭什么说三道四。”不断地有高管辞职，辞职的人数真的接近高管人数的三分之一了。

决心和孙社长一起问鼎天下！

2006年5月。我们把日本沃达丰门市部门的员工集合起来，举行了手机业务战略说明会。说明会的内容以“四个承诺”中门市感兴趣的话题为主，譬如增强3G网络以改善“信号不良”的抱怨或是强化机型品种的魅力等。

“我想这虽然没有容易到一两年就能改善，但应该也没有困难到过了10年还做不起来。这不是一场轻松的战争，但以10年为单位来看，时间相当充裕。”

孙社长停顿了一下，环顾四周，等大家把目光集中到他身上后，继续说道：“我们，要在10年内超越都科摩。”

会场的反应相当冷淡，似乎没有人相信这句话，就连高管们都觉得“社长又在画大饼了”。但是我不一样。我确信“孙社长真的想要问鼎天下”，甚至觉得有些感动。

我追逐着“政党轮替”这个远大梦想，从事了9年的政治工作，在最大的在野党——民主党的党代表室，辅佐过三任党魁、研拟过选举战略，媒体称呼我为“三任党魁的智囊”。民主党在我担任党魁幕僚的两次选举中，分别拿下118席、177席，顺利地扩大了势力，政党轮替的目标眼看就要在第三次选举中达成。一个计划可以用“起承转合”来掌握。“起、承”通常进行得相对顺利，从“转”到“合”最困难。民主党用邮政民营化法案将自民党逼迫到濒临分裂就是“转”，但小泉纯一郎首相却用解散国会来迎击。民主党在这场邮政选举中大败，我自己也失去了议席。

我想成为“从政界成功走入商界的先驱者”，因此进入软银公司工作，成为辅佐孙社长的社长室室长。这在当时是相当稀奇的事，许多媒体都报道了我转换跑道的消息。老实说，这个时候的我还很迷茫。“在软银工作到下次选举为止，尽快找机会回去从事政治工作”，这样的想法占了一半以上。但是，孙社长却说：“我们要在10年内超越都科摩”，他是真心打算“夺取天下”。

因为这句话，让我下定决心。我在民主党研拟的“问鼎天下”战略失败了。我反省了自己能力上的不足，希望能够将失败的经验活用在软银社长室室长这个第二人生中，帮助孙社长成为“天下霸主”。我思考了计划的“起承转合”。收购日本沃达丰是“起”，追求“四个承诺”是“承”。而在最困难的从“转”到“合”这个部分，应该还要再收购一家公司。这是因为我在议员时代，曾经有过为了政党轮替而推动小泽一郎率领的自由党与鸠山由纪夫率领的民主党合并的经验。可以想见，为了再收购一家公司而展开高度的布局，应该就是我身为社长室室长的工作吧！

老实说，这个阶段我所能想象的“转”的收购，顶多只限于国内企业，未曾考虑到国外。我完全没有料到，8年后软银竟然通过收购全美第三大电信公司移动通信业运营商斯普林特，达成超越都科摩的“合”。人生远比我们所能想象的更宽阔，而我所辅佐的孙正义这位经营者的器量，也比想象中的更大。我在软银担任社长室室长的这段第二人生中，也要“问鼎天下”。获得新目标的我，开始有点跃跃欲试。

不过，对孙社长来说，“超越都科摩”似乎就像吃饭一样简单。他在高管会议中这么说：“日本荞麦面店有几万家，但是手机公司只有都科摩、KDDI、沃达丰这3家。你们觉得要在有几万家店竞争的市场上拔得头筹比较简单，还是只有3家公司的市场上呢？当然是在只有3家公司的市场，不是吗？”

02 让乔布斯心服的一场豪赌
2006年10月—2008年5月

孙社长在19岁的时候拟订了“人生50年计划”:20岁的时候成名;30岁的时候存下资本,资本必须是以千亿日元计算的规模;40岁的时候赌一把,赌注必须是以万亿日元计算的规模。

他在2006年,48岁的时候收购日本沃达丰,这正是他在40几岁时的一场豪赌。

起用顶级影星,挽救品牌形象

“软银的财务情况完全就是‘负债经营’,就像脚踏车一样,一停下来公司就会倒。”首席财务官F先生拼命提醒孙社长。

“F,我告诉你要怎么样才能让看起来快倒下的脚踏车维持平衡。那就是更拼命地踩踏板,骑得更快,这样脚踏车就不会倒下了。”以经常利润为基准,软银从2001—2004年,已经连续亏损好几年了。2002年的亏损更是高达1098亿日元。这就是当时的一段对话。如果公司面临危机,就拼命踩踏板,用快速冲刺来克服。这正是软银式的危机管理方法。

根据调查，携号转网服务很可能让日本沃达丰失去三分之一的用户。当时的危机处理方法，也是“快速冲刺”。2006年10月，孙社长下定决心将品牌从沃达丰变成“软银”。但是，这个举动中也隐藏着不安。因为这是我们首度使用“软银”这个品牌向一般消费者销售商品。宽带网络使用的品牌不是“软银”，而是“Yahoo!BB”，以“雅虎”的品牌销售。到底“软银”这个品牌，能不能成功地让消费者接受呢？

在品牌变成“软银”不久后，我们播放了请好莱坞巨星卡梅隆·迪亚兹与布拉德·皮特拍摄的广告。软银为了洗刷土气、三流的形象，延请时尚、一流的好莱坞明星登场。在史密斯飞船乐队的背景音乐*Walk This Way*中，卡梅隆·迪亚兹拿着软银的手机在纽约街头昂首阔步。这是顶级的时尚。

另一个引起话题的“白户家”①广告，则是从2007年6月才开始，当时还没起用“狗爸爸”这号人物。或许是因为卡梅隆·迪亚兹的广告奏效，软银移动通信公司的广告好感度在日本当年第三季度（10月—12月）拔得头筹。附带一提，三得利是第2名、KDDI 是第7名、都科摩则排到第15名。

广告好感度排名的跃升还有另一个理由，那就是广告出稿量的增加。原本日本沃达丰的广告出稿量在3家公司当中只占12%，比都科摩、KDDI少，而软银则在2007年将出稿量一口气增长到29%。

---

①白户家是日本软银移动通信公司广告中登场的家族，这个家族里包括了变身为狗的父亲，妈妈、女儿和变成了黑人的儿子小次郎，奶奶和比奶奶年轻50岁的帅爷爷。这个有趣的家族故事广告自2007年播出以来深受日本人的喜爱。

“我第一件要做的事,就是让消费者对软银抱有好感。上更多广告,让消费者看见很重要。这么一来,他们在几年之后就会逐渐变得愿意购买。因为只有产生好感,才会开始想要试试看。我们在广告好感度上拔得头筹,说不定是起飞的征兆。”对于未来抱有正面乐观看法的孙社长,在高管会议中这么说。

但是,现实却是残酷的。三分之一的用户,将因为10月24日即将开始的携号转网服务而流向其他公司,事态依然照着这个“最坏的剧本”发展。软银在极为机密的情况下,研讨作为对策的“黄金方案”。参与会议的成员只有少数几人,孙社长叮嘱大家会议内容绝对不能说出去,甚至要求成员签署保密文件。这个方案在携号转网服务开始的前一天,10月23日发布。

孙社长在记者会上拿着“意想之外的优惠——通话费、短信费——全部0日元”的提示板。这是日本手机行业史上首次推出的网内互打定额方案。

“我们突袭成功了!就像电影《突袭珍珠港》一样呢!”当孙社长兴高采烈地说着的时候,关于携号转网服务的申请确实停下来了。但或许是因为黄金方案的合约内容复杂,加上规划过程过于保密,门店现场也相当混乱。此外,软银也因为广告语而受到公平交易委员会的警告。广告中的定额通话费虽然写着大大的“0日元”,但有关注意事项(时段限制等)的“※”却写得非常小,因此遭到了其他公司抗议。

11月1日—7日这一周的携号转网服务转出为43500件。相对地,转入则是36400件。加上拼命争取的62800件新签约用户,好不容易才发布了净增加量为28000件的成果,但依然没有大意的空间,因为其他方面的情况依然严峻。软银虽然在广告好感度上拔得头筹,但或许是因为黄金方案一片混乱的关系,11月的整体品牌形象却下滑了。

乾坤一掷的白色方案

2007年1月5日,软银发布了"白色方案"。月租费980日元,从半夜1点到晚上9点软银用户网内互打免费,其他时段则是每30秒21日元。打给其他公司用户的电话也一律每30秒21日元,这是个清楚易懂的方案。

软银提出低价服务,看似是用了低价竞争的方式一口气夺取市场占有率的看家本领,然而事实上,这个决断是为了突破严重困境的乾坤一掷。在携号转网服务商战中,为了吸引用户而发布的黄金方案,因为备注的附带条件过多、系统出情况、广告遭到公平交易委员会的警告等问题,因此说不上成功。而为了响应"把※拿掉"的指示而简化的方案,就是白色方案。

1月5日,新年才刚过,孙社长出席白色方案发布会,只准备了一张简报数据。由于上次黄金方案的华丽简报招致了批评,这次经过反省,开始时相当低调。或许是因为新年才刚过,媒体采取的依然是新年休假的编制,尽管月租费980日元是冲击性的低价,当天或隔天报道的媒体还是不多。

把价格压到最低,以低价竞争手法抢攻市场占有率,是软银的压箱法宝,但孙社长在软银学院中针对这点,作出"必须看出关键所在"的提醒(2010年9月28日)。软银学院是培养孙正义继承人的地方,因此他说的应该是实情。软银在市场上经常是新进入者,作为进攻的一方，不惜采取低价竞争也要夺得市场占有率。Yahoo!BB就是其中具有代表性的例子。

“但是，几乎每个月都搞这套的公司也做不久。所以只有在最关键的时刻，而且是除此之外几乎别无他法的时候，才能打价格战。在商场上确实会遇到不惜采取低价竞争也要夺得市场占有率、也要存活下去的情况，但这并不代表无论何时都能使用这种方法。”我想，背水一战的决心，就浓缩在“商场上确实会遇到不惜采取低价竞争也要夺得市场占有率、也要存活下去的情况”这句话里。白色方案就是这种非死即生的策略。

这个乾坤一掷的白色方案大获全胜。3月，软银再发布“双白色方案”，也就是白色方案再加980日元，就能在非白色方案时段以及打网外的情况下，获得通话费半价的优惠。5月3日，白色方案的用户超过400万人。后来，软银又接二连三地实施白色学生、白色家族等方案，甚至连“免费友”都变成流行语。白色方案也成为软银的市场占有率急速成长的原动力。除此之外，这一连串的策略其实还有另一个目的。“强化网络”是“四个承诺”之一，而白色方案也具有“网络强化对策”的意义。

当时，手机使用的峰段是晚上9点到半夜1点。建设手机网络设备时，为了在峰段也能顺畅拨打，必须要有充裕的带宽。所以，光是为了应付晚上9点到半夜1点这4个小时的峰段，就需要高额的设备投资。换句话说，只要分散拨打时间，降低峰段的使用量，就能压低整体网络设备的投资额。白色方案是在晚上9点到半夜1点这段时间拨打电话需要通话费，其他时间网内互打免费。市场机制巧妙地发挥了作用。

“大家开始在晚上9点以前打电话,峰段的流量减少了。我是(了解市场机制的)经济学院出身的哦!这就是利用价格来进行流量控制。”孙社长不禁洋洋自得地说。白色方案既是“乾坤一掷”,也是“一举两得”的策略。

即使只有一次,也要拿下第一!

2007年6月8日,我到北九州出差。软银集团旗下的软银IDC公司,提出在北九州建造亚洲最大的数据中心的构想。

各地方政府在2010年左右才开始为数据中心的招商奔走。2007年时,热心招商的自治体还很少,当时他们认为“数据中心无法带来多少工作机会”。北九州市的北桥健治市长,是我在担任民主党党魁冈田克也的党代表室室长时认识的。或许是因为推动数据中心招商的北桥市长有远见,数据中心最大的成本虽然是电力,但软银在这方面也获得新日铁①的协助,事情顺利往前推进。

我前往当地商会向会长打招呼,结果会长反过来向我道贺:“恭喜软银拿下净增加量第一!”各大报都刊登了软银移动通信5月的手机用户净增加量超越了都科摩与KDDI,获得第1名的报道。软银移动通信的净增加量为16.24万件、KDDI约为14万件、都科摩约为8万件。我回答:“谢谢。我想这是软银用户网内互打免费的白色方案广受用

①新日本制铁株式会社,日本重要的钢铁企业之一,2001年收购住友金属工业,合并成为新日铁住金。

户好评所带来的结果。不过,俗话说一次的成功是侥幸,日后也要更努力才行。”

手机业务实质上呈现3家公司寡头垄断的状态。日本沃达丰也在寡头垄断的阵容当中,所以不需多做什么,就可靠着前两名公司吃剩的寡头垄断利润获利。就像职业棒球比赛中的万年二线球队,即使不拼命朝着冠军迈进,观众也一样会来看球。此前的日本沃达丰已经养成像是万年二线球队般的失败主义。因为从来没有当过第1名,所以也不可能翻转市场占有率。2004年5月—2005年4月,这一整年的用户净增加量只有区区的3万件。从2005年5月到被软银收购的2006年4月,这一整年也只有22万件。

软银发布了乾坤一掷的白色方案后,便出现了明显的改变。1月的净增加量约为16万件。4月的净增加量也因为3月发布的双白色方案而超过16万件。试着比较软银收购前后的情况,2006年5月—2007年4月的净增加量为85万件,与前一年的22万件相比,成长了近4倍。

“我们绝对要赢,一定要养成‘胜利主义’。所以即使只有一次,也要拿下第一!只要赢过一次,就知道胜利是什么滋味。这么一来员工的士气会提升,责任感也会提高。”4月的净增加量达到16万件时,孙社长更下达冲高5月净增加量的命令。最后,5月的净增加量终于拿下第1名。软银在携号转网服务开始半年后这段最困难的时期,取得了净增加量第一的成果。

大战开始之前,先通过小规模战斗提升我方士气,是兵法的基本。关原之战时,石田三成的家臣岛左近,为了安抚因德川家康抵达大本营而动摇的西军士气,安排了“杭濑川之战”,并取得砍下92名敌将首级的胜利，让大垣城的西军热血沸腾并相信："只要战斗就能获胜。"这是岐阜县西美浓出身的我再熟悉不过的故事。

附带一提，我的姓是"岛"，有人说我的祖先与"岛左近"有关系。但这层关系我并没有认真地去证实，所以我自从当上议员后就不太提这件事。或许真的与左近有关系，让我觉得必须冷静地看待取得第一这件事。因为西军虽然在关原之战最初的局部战中获胜，但最后还是打了败仗。

2007年8月8日的结算说明会。"1年前收购沃达丰的决定是否正确？答案是YES。那么，手机业务是否能够成为我们的主力业务？我想这个问题的答案已经逐渐明朗。"孙社长也提到了净增加量，"7月的用户净增加量也是第1名。这么一来，已经蝉联3个月的第一了。竞争有胜也有败，其他公司同样会努力争取胜利。竞争，才刚刚开始而已。"尽管用户净增加量取得第一，软银依然小心谨慎地前进。而对于会因为一点小事而感到兴奋且重视士气的孙社长而言，说出这段话是很难得的。

狗爸爸广告登场

2007年6月，"狗爸爸""白户家"的广告开始在电视上播放。"白户"这个名称，是由演出这支广告的演员之一上户彩的"户"，与"白色方案"的"白"组合而成。关于上户彩还有一个小故事，在她还是新人的时候孙社长就很喜欢她，觉得这个女孩子有潜力，因此邀请她拍摄Yahoo!BB的广告。

继卡梅隆·迪亚兹与布拉德·皮特之后，软银该推出什么样的广告呢？NTT集团找来杰尼斯事务所中最红的SMAP代言,第二名的KDDI也找来大热组合岚。软银虽然也想与杰尼斯事务所合作,但也只能找到三四线的艺人。“我们讨论了很多次,都没有什么好点子。最后在自暴自弃之下用了狗和外国人,竟然歪打正着。”这是孙社长的说明。

值得纪念的第一则广告,描述的是软银门店员工白户彩,为“白色家族二四”方案进行说明。

由美籍非裔演员卡佛饰演的“哥哥”问小彩:“白色家族二四是什么?”

“就是家族成员在国内打电话24小时免通话费。很厉害吧!”

“很厉害。但是,为什么呢?”

“我也不知道。再说,为什么爸爸是只狗呢?”

饰演爸爸的北海道犬阿海,用浑厚的嗓音回答道:“每件事情都有理由。”

“理由？理由是什么呢?”

“跟你说？你还太嫩呢!”

没想到由此展开故事的广告大受观众好评。白户家广告自8月播出之后,在公司、作品,还有品牌方面,全都夺得广告好感度第1名。直到事业年度结束的2008年为止,总共达成7次广告好感度三冠王。

2007年,手机普及数为9855万部,而且很多人每两年就换一次手机。换句话说,每年约有4900万部旧机换新机,是商业潜力相当惊人的商品。要宣传这种商业潜力惊人的商品,利用全国播放的电视广告是最有效率的。虽然说,经营战略指的是决定把经营资源集中到何处,但反过来看,也得决定必须舍弃哪些东西,这是很困难的。软银的宣传战略，采取的就是撤掉报纸、杂志等媒体广告，特别加强电视广告的大方针。我前面提过，孙社长决定出席在其他公司只有课长级别才会参加的会议，而他在广告会议上更是彻底执行这点。

我与时任电通[①]的高岛达佳社长见面时，半开玩笑地说："抱歉，孙社长连课长级的会议都会出席。"高岛社长的回答也很直爽："哪里的话，这才是胜利的方程式。"

无论制作人提出多么崭新的策划案，都必须经过课长、经理、董事等层层把关，尽可能让事情做得稳当、符合常理，让人无可挑剔。但如果想在常理的范围内决胜负，就很难找到突破点。既无法在人们心中留下印象，也因为过于中规中矩，结果反而无法打动人心。据说制作人发布"爸爸是只狗"的白户家创意时，孙社长不禁拍案叫绝："真是天才！"

白户家广告奏效，让"白色家族二四"等方案获得好评，软银成功地扩大了用户人数。2007年度的净增加量达到268万件，是2006年度70万件的4倍。与净增加量从148万件减少到78万件的都科摩、从275万件减少到215万件的KDDI形成强烈对比。

话说回来，我家的宠物是猫。女儿对我说："狗虽然不错，但我觉得猫也很好啊，你去拜托孙社长让猫在广告中出场。"我虽然不可能拜托孙社长这种事，但还是辗转问了负责宣传的K先生。"岛先生，这是因为狗汪汪叫的时候，看起来就像人在说话，所以可以用狗。猫叫的时候看起来没有说话的感觉，所以不行。"我的提议虽然被驳回，但后

---

①日本最大的广告公司。

来可能因为顾及我，还是播放了白猫广告。不过评价不是很好，所以猫的广告，只有1集就宣告结束了。

爆红的白户家广告小故事

“白户家”现在似乎已经和樱桃小丸子的樱桃家一样，变成全日本知名的家庭了。爸爸白户次郎的故乡在福井市一乘谷。广告中有一幕是从积雪的车站返乡，拍摄时借用的就是福井县越前市的西武生站。越前市市长奈良俊幸是我在松下政经塾的学弟，他给了我们很多支持。

奈良市长来公司拜访。“学长，那个车站不是越前一乘谷站，而是西武生站。你可以想办法让‘西武生’的站名，在广告中出现吗？”

我也拿这个问题去问负责宣传的K先生。“住在东京的人看到‘西武生’这几个字，只会联想到‘西武’铁道，不太会联想到福井，所以这个要求很难办到。”很可惜，无法使用“西武生”的站名，但我送了“狗爸爸”的玩偶给奈良市长赔罪，让他摆在西武生站的纪念馆展示。

常接到我的一些无理要求的K先生打电话来。“岛先生，鸟取县的平井（伸治）知事来访，似乎会与孙社长见面。老实说，女演员特林德尔·玲奈在《鸟取的夏威夷温泉》广告中的台词‘鸟取还在用传声筒通话’，似乎惹怒了当地民众，我们接到了两三通抗议电话，您可以就这件事，先向平井知事道歉吗？”

鸟取县从前有一个町叫作“羽合町”（HaWaiChou），后来虽然因为合并而改名，但过去因为町名的发音与夏威夷州的夏威夷县（Hawaii）相同，所以两个地方在1996年缔结为姊妹市。软银拍摄的这支广告，描述了寄宿在白户家的留学生鸟取同学（特林德尔·玲奈饰演），因为爸爸是德国人，所以外表不管怎么看都像是来自海外的留学生。但实际上她的家乡不是美国的夏威夷，而是鸟取县的羽合町。这支广告推出后大受好评。

我拨了电话给平井知事。平井知事说："我知道，议会也讨论过这件事。但我打算反向操作，在鸟取县知名景点鸟取大砂丘举办'传声筒大会'，促进地区活力。"

我觉得鸟取县民能有这样的知事，是一件很幸福的事。后来，有一场平井知事与孙社长、特林德尔·玲奈的会谈。玲奈也是第一次见到孙社长。

"我现在就读位于藤泽的庆应义塾大学环境信息学院。"玲奈说。孙社长听了之后回答："哦！我女儿也读那所学校。"会谈其乐融融地展开了。羽合町长还送了我们当地有名的蚬贝。

"孙社长，鸟取大砂丘似乎要举办传声筒大会呢！"平井知事听了我这么说之后回答："是啊，我还想把传声筒当成纪念品卖。"

"这个点子太棒了！不过，传声筒不要用卖的，最好能够'免费'赠送。把传声筒当成伴手礼附赠的小礼物比较好哦！"孙社长立刻变身为地区活化顾问，向平井知事提出建议。

我最后再提一个关于广告的回忆。那是狗爸爸白户次郎，在"这样下去真的好吗""我们要建立免费友之国"的劝说下，参与2010年国政选举的广告。我觉得自己是这支广告的总监。广告公司在提出这个策划案时，担心的是"会不会触犯选举相关法规""能不能通过电视台的广告审查"。

经咨询过总务省后，得到的回答是"根据《公职选举法》的规定，只要没有替特定候选人拉票就没有问题”。在广告审查方面，孙社长使出了绝招。他邀请前来例行拜访的广告公司最高领导，一起出席候选人广告的讨论会议。不知道是不是因为他这么做的关系，广告审查也通过了。就这样，白户次郎候选人广告顺利地在电视上播放。

“这样下去不行！”这句口号，似乎也能在实际的选举中使用。狗爸爸提出改变日本的出色“声明”(Manifesto)，哦不，是“圣母峰”(Everest)①，坐着白色敞篷车参与这场选举。最后，狗爸爸白户次郎当选了。

但广告的结尾却埋了一个“梗”。那就是后来发现“狗没有被选举权”，所以白户次郎也被取消了当选资格。我最喜欢这支候选人广告的结尾篇。竞选参谋(大泷秀治饰演)回顾整场选举后自言自语地说：“结束了呢。”而先前苦劝狗爸爸参选的秘书(木村多江饰演)，则看着远方，用坚定的语气说：“不，是已经开始了。”

成功的真谛，就是要坚持到最后成功为止。这个结尾，隐含了我的想法。

应该让孩子拿手机吗？

2008年5月7日，微软董事长比尔·盖茨造访日本。我代表孙社长，出席他在经团联的演讲。我按照主办单位的安排，在最前排的位子坐下。我身旁坐着从议员时代就认识的三木繁光先生(三菱东京UFJ银

①广告中的白户奶奶，一直把“声明”说成“圣母峰”，无论纠正多少次都记不住。所以，广告中的众人就干脆用“圣母峰”来取代“声明”。

行顾问)。

"我来日本50次了。这是我最后一次以微软公司的全职董事长的身份来访。接下来,我将到比尔·盖茨基金会工作,微软公司董事长的工作将成为兼职。"盖茨在计算机操作系统方面获得了巨大成功,创造出一个伟大时代。我心想,从盖茨宣布退休的情形来看,或许就像孙社长说的,这也表示着时代正朝手机上网迈进。

演讲结束,进入问答时间。第一个举手发问的是事先安排好的发问者,这是经团联的惯例。我等盖茨回答结束之后举手,并且被点名发问。"您好,我是软银的岛。有人说,网络有着光明的未来,日后的教育与医疗,或许将因网络而产生革命性的改变。我完全同意网络有着光明的未来。但是,也有人说网络在日本有'光明与黑暗'两面,而且真要说起来,'黑暗面'更受瞩目,甚至还有极端的意见主张'不要让孩子拿手机'。请问,您觉得该如何处理网络的'黑暗面'呢?"孙社长是和盖茨一起打高尔夫球的球友,他还有一张坐在盖茨驾驶的高尔夫球车上的照片。孙社长曾说过:"这是全球薪水最高的驾驶员。"盖茨一听到软银,脸上就堆满笑容。

事实上,这根本不是"极端的意见"。当时的首相福田康夫就曾在某个公开场合中提出:"我希望各位讨论一下,孩子到底有没有必要拿手机。"

"网络也能给孩子成长带来很大的帮助。如果将网络运用在教育上,孩子的能力也更容易得到提升吧!关于黑暗的部分,家长的角色很重要。如果问我会不会给孩子拿手机,我的答案是会。"盖茨回答。

"好问题。"身旁的三木先生对我说。

“孩子应不应该拿手机”的讨论越来越热烈。《朝日新闻》有一个名为“耕论”的专栏。这个专栏从正反两方面的立场,针对街头巷尾热议的题目,进行深入探讨。“耕论”也挑选了《孩子应不应该拿手机》作为题目,由我与首相幕僚、教育再生恳谈会负责人山谷惠理子,在纸上展开辩论。山谷女士当然主张“中小学的孩子不拿手机也无所谓”。她认为虽然不需要做到立法限制的程度,但应该要求各地区与学校自主配合。虽然说是自主配合,影响却很大。我问读大学的女儿:“你觉得如果推出中小学生不能拿手机的政策,会发生什么事呢?”她回答:“这样的话会发生革命哦。”

我虽然对女儿的答案有信心,但是要和教育再生恳谈会的这些“高层”唱反调,也需要勇气。前众议院议员的经验,就在这种时候发挥作用。

IT是国际竞争力的关键,而今后的方向将从计算机转移到手机上。所以,为了培育出在世界舞台上也有出色表现的人,必须趁早让孩子使用手机。我怀着“手机上网的时代来临”这样的历史观,通过长期的、多方面的、根本的考虑,清楚地阐述了我的观点。

日本第一家销售苹果手机的公司

2008年6月25日,软银在东京有乐町的东京国际论坛大楼举行第28届定期股东大会。

孙社长抵达会场。他下车后一看到我就说:“《朝日新闻》的‘耕论’写得很好哦!”正当政府还在讨论“孩子该不该拿手机”这种跟不上时代潮流的议题时,现实正以惊人的速度推进。

苹果的iPhone计划在7月11日发售。“iPhone3G是世界上最先进的机型。初期出货量在发售的同时就会销售一空吧!”孙社长信心十足地预言。

“无论是作为电话使用,还是作为音乐播放器使用,iPhone都具有最优秀的功能。即使作为联网工具,也具备最优秀的性能。在拨打电话方面,只要触碰屏幕就能拨打,使用起来异常的舒适。在发短信方面,只要触碰屏幕就能输入、阅读各种文字,能够舒适流畅地浏览。大家只要试用过iPhone,就会因其舒适的使用感而惊讶。在上网方面,只要用手指触碰屏幕,就能放大、缩小,还能滚动画面。”孙社长在高管会议上说iPhone“实在是太有趣、太讨喜了”。只要有客人来,他就会示范用手指放大、缩小画面,看到客人惊讶的表情,他就会像孩子一样开心。

“这比用计算机上网看东西更自由。关于这点我也很讶异。我用计算机上网看东西的机会急速减少了。我相信iPhone一定可以改变大家的生活形态。”即使生活形态改变了,孙社长依然是工作第一。对他来说最大的改变是出差形态。

孙社长到国外出差时,第一件事就是把计算机接上旅馆房间的网络。有时候光是要从房间联上网就要花30分钟以上,他好几次都因为这样的事而烦躁不已。但是,如果使用iPhone的话,就不需要这么麻烦了。“iPhone很方便。我以后出差就不用带着沉重的计算机,只要带 iPhone就行了。”秘书听到他这么说不知该如何是好。现在我出差的时候也只带着iPhone,但在当时,大众普遍对iPhone还存有疑虑。

“全世界有25万人竞相针对iPhone开发新的内容。这些内容在7月11日上线的App Store也能获得。”孙社长也下载了许多iPhone应用程序，还推荐给我。我最喜欢的是一款弹琴的程序，这款程序如今还留在我的iPhone里。

手机从传统的单纯电话机，演变成上网工具，同时兼具游戏机、音乐演奏机的功能，变成比计算机更方便的工具，并提供给现代人不可或缺的、全新的生活形态。软银从网络、内容与品牌、经营、手机等四个方面进攻，掀起了一场大战，并且好不容易有了进展。我们实际上场之后发现，人们每天最常直接接触的就是手机，如果我们只带给用户和从前没什么两样的手机，就无法有决定性的突破口。颜色稍微多一点、厚度稍微薄一点、重量稍微轻一点、相机分辨率高一点等改变，在讲求速度的手机行业中，大约3个月就会遭到其他公司的模仿。

这时，iPhone就是突破口。改变生活形态的手机正式推出，而且由软银在日本独家销售。软银的股东大会，也变得像是 iPhone 的发售预告会或是发布会一样。

2008年是手机上网元年

描绘伟大的构想，再反推回去实现。这是孙正义的经营方式。预测5年后、10年后的情况，再反过来推算现在应该做什么。对于这样的“减法经营”来说，2008年是一个转折点。

“2008年是手机上网元年。”孙正义在2008年的股东大会上高声宣布。手机上网要开花结果，必须满足三项条件。第一，是手机的中央处理器的处理能力要大幅度提高，这个能力从2001年到2008年成长了24倍。第二，是通信速度要加快，这在8年间成长了375倍。第三，是屏幕分辨率，也就是画面精细度的提升，这也成长了24倍。

苹果、Google、微软等领导全球IT行业的顶尖企业，都预测这三个条件将在2008年左右成熟，并且向着2008年做准备。因此，乔布斯以2008年为目标开发出iPhone，并非偶然。

我身为软银社长室室长，有好几次与世界级企业领导者见面的机会。再加上我有国会议员的经验，也常能见到世界级的贵宾。我认为，掌握现实世界最新情报而作出决断的，不就是这些世界顶级企业领导者吗？软银孙社长的经营战略，也是通过与这些世界顶级企业领导者的交流，基于相同的世界观、历史观作出的判断。所以，他估计手机在2008年将进化成上网工具，再由此通过"减法经营"反推经营战略。

他在2006年收购日本沃达丰时，几乎把所有资金都投入在让通信基础设施建设进化成高速网络的事前准备上。进行这些准备，大约需要两年的时间。2008年之后，查看邮件、搜索、游戏等代表性的网络服务的使用，更会加速转移到手机上。

手机进化成网络工具之前，日本的手机业务主要由都科摩与KDDI等电话公司经营。但手机网络元年之后的时代，由一直以来经营网络的公司来经营手机事业，会变得更有利。孙社长在2008年的时候这么说道："软银不是为了经营语音服务才进入手机行业，而是为了经营网络业务才收购沃达丰。这点请各位不要误解了。"

只要自己的生存方式、做事方法与时代的发展趋势一致就能成功；相反的，如果自己前进的方向背离时代潮流就会受挫。而时代的潮流，是越来越靠近以网络为中心的软银了。

孙社长的"iPhone销售一空的预言"虽然成真，但我依然怀着不安。日本的消费者，真的能够接受像这样的智能手机吗？当时敌对电信公司的最高层领导是这么说的："手机对顾客来说有多少魅力？iPhone或许能够吸引对苹果计算机感兴趣的人，但是对一般顾客来说真的有魅力吗？"

多数意见认为，包含iPhone在内的智能手机，魅力不如按键手机。"智能手机缺乏魅力。一般手机较容易使用才是实情吧？就拿输入方式来比较好了，对日本的手机使用者来说，按键是理所当然的事情。以按键为前提而设计的日文输入法，已经发展得相当方便，远比现在的智能手机更容易使用。"由于这是在手机领域中远比软银更有经验与实际业绩的电信公司高层的意见，因此让我很担心。

事情进展得顺不顺利，完全由做的选择是否符合时势这点来决定。从结果来看，判断"按键手机比智能手机有魅力"的敌对电信公司高层作出的决断并不符合时下潮流。相信手机上网的时代即将到来，并把赌注押在智能手机上的孙社长，可以说是作出了符合时代潮流的决断。这件事让我学到领导者的世界观、历史观，以及根据这些作出的决断，对于公司成长来说有多么重要。

孙社长找投资目标，我负责布局人脉

"我认为，称霸手机上网者就能称霸网络，称霸亚洲者就能称霸世界。软银在未来的10年内，将力量集中在这两个方面。"孙社长在2008年的股东大会上，发布了"称霸亚洲者就能称霸世界"的想法与明确的方针。

世界上最大的经济大国是美国，但是有人预测，中国将在2030年左右超越美国，印度也将在2050年左右赶上、追过美国。所以，就长期观点来看,未来的市场在亚洲。

网络的黎明期在1998年。当时全球上网人数为1.9亿人,美国占了50%,亚洲占了19%。但是到了2015年,全球上网人数为26亿人,其中亚洲占了50%,美国只占12%,两者的占比呈现相反状态。

迄今为止的时代,若不在美国市场拔得头筹,就无法成为全球第一。但未来,将是不在亚洲市场拔得头筹,就无法成为全球第一。这个历史观,与松下幸之助塾长的观点完全一致。松下塾长曾说过:"到了21世纪,全球繁荣的中心将转移到亚洲。"松下政经塾就是在这样的历史观之下开设,目的是培育出执亚洲时代之牛耳的财政界领袖。

我年轻时在政经塾上课的时候,曾问过松下塾长:"您说21世纪,全球的中心将转移到亚洲,可以告诉我为什么吗?因为我是这么想的……"我对松下塾长长篇大论地卖弄了自己一知半解的知识,譬如英国著名史学家阿诺德·汤因比在其著作《历史研究》中是如何陈述的,等等。现在回想起来真是汗颜。

"你读了很多书呢,这样很好。"松下塾长夸奖我之后,说了一句话:"其实呢,那是我的直觉。"

没有什么比大企业家的"直觉"更准确的了。我当上议员之后,也积极与中国、韩国及其他亚洲国家的参政人员交流。

孙社长提出"称霸亚洲者就能称霸世界"的大方针后,我就活用议员时代的人脉,多次前往中国、印度、韩国考察,与各国要人见面,展开布局。另一方面,孙社长则在亚洲进行更具体的投资。他投资了在中国市场占有率遥遥领先的阿里巴巴、淘宝、支付宝、人人网等网络企业。我曾听孙社长说过他与阿里巴巴集团创办人马云认识的经过。

2000年,孙社长曾与20家中国新兴IT企业的经营者面谈,每家公司分配到的时间是10分钟。

"马云有'动物的气息',他的眼神有一种光彩,所以我决定投资他。"孙社长当机立断决定投资。虽然马云说只要一两亿日元就够了,但孙社长却说钱只是小事,直接投资了20亿日元,后来也持续增资,现在软银持有阿里巴巴36%的股份(目前约28%)。阿里巴巴在2014年9月于纽约证券交易所上市,开盘价92.7美元,市值为25万亿日元(2300亿美元)。

2010年,我第一次见到马云。当时,我们想在日本成立一家合资公司——日本阿里巴巴,所以和马云一起去向当时担任经济产业大臣的直岛正行先生面谈。

马云的个子很小,给我的印象完全符合事前调查到的"曾经当过英文老师"的信息。直岛大臣曾经在丰田汽车工作过,也经常给我指导,因此会谈气氛融洽。这场会谈如果由软银社长室直接安排就不会有任何问题,却偏偏由不熟悉经济产业省及大臣会谈的日本阿里巴巴工作人员带路,结果还因为走错路等问题而搞得一阵忙乱。当时马云也没有生气,脸上一直保持亲切的微笑,让人觉得很有大将之风。

孙社长与乔布斯的小故事

2008年7月10日晚上22点半,我的手机响起,是社长室成员打来的电话。那时,我用的还不是iPhone。"岛先生,社长出现在软银表参道店。"

东京都涩谷区的软银表参道店前,已经排了一支1000人以上的队伍。我身为社长室室长，已经在表参道店员工的协助下，通过警视厅中的旧识，向管辖的警察署报告情况，做好“最坏的准备”。

这时，孙社长的出现出乎意料。现场排队的年轻人发现独自一人悄悄现身的孙社长，发出了惊讶的欢呼声。孙社长为了慰劳这些彻夜等待的年轻人，一边走一边与他们一一握手。表参道上的气氛变得更加热烈了。

7月11日早上7点。iPhone3G率先在软银表参道店开卖。孙社长继前一晚之后，早上再度出现在表参道店向群众致意：“今年是手机成为上网工具的元年，今天是值得纪念的历史性的一天。今后，手机上网将变得比计算机上网更舒适。我很高兴能够与各位一起体验这份兴奋与感动。”

1400名顾客大排长龙，队伍从表参道的门店往JR原宿车站方向延伸，甚至排到了涩谷警察署。日本全国的软银门店也是同样的情况，每家店都大排长龙。第一批进货的手机，大部分的门店在当天就卖到缺货。“初期出货量在发售同时就会销售一空吧！”孙社长的这句预言成真了。

在7月11日发售iPhone3G的只有日本、美国、英国、德国等21个国家。对苹果公司来说，如果只考虑销售战略，与市场占有率最高的企业合作才是聪明的选择。当时，日本最强的企业是都科摩。既然如此，为什么得到独家销售权的是软银呢？媒体报道做了各式各样的推测试图说明这点，譬如软银是否接受了不合理的条件等。

“我从来没有以金钱为条件与乔布斯谈判。也完全没有提过买几台、用多少钱买之类的话题。我们的谈话不在这个层次上。”孙社长曾好几次这么对我说。乔布斯是采取极端保密主义的人，所以我也不知道他们实际谈了什么，就算知道也不可能说出来。

2014年3月14日，孙社长在美国的电视节目中回答脱口秀主持人查理·罗斯的问题。“当乔布斯寻找愿意在日本销售iPhone的电信公司时，你是不是自己举手说‘我（想卖）！’呢？”罗斯问孙社长。

“那是乔布斯发布iPhone前两年的事。如果我想参与手机（电信）行业，无论如何都需要武器。于是我开始思考，谁能够做出世界上最强的武器呢？最后我的结论是，能够做出最强武器的人只有一个，那就是史蒂夫·乔布斯。”听得津津有味的罗斯发问：“后来你打电话给乔布斯了吗？还是实地去见他了？”“我先打电话给乔布斯，再去见的他。我也带着一张附加手机功能的iPod的简单素描前去，并且把素描交给乔布斯。结果乔布斯说：‘阿正，不用给我你画的素描哦。我自己也有，所以不需要画得这么恐怖的东西。’”

罗斯大笑，配合着美国人特有的夸张动作。孙社长接着说：“我对乔布斯说，虽然你不收画得恐怖的素描，不过如果你的产品完成了，要把日本独家销售权给我。乔布斯说：‘阿正，你真疯狂。我还没跟任何人说过这件事，你就第一个跑来找我。那我就把销售权给你吧！’”罗斯吃惊地问：“真的吗？所以你回去的时候，就已经是日本独家代理iPhone的电信公司了？”“是的，虽然那时候我还没收购日本沃达丰……但我对乔布斯说，没有比拿到日本独家销售权更棒的事情。接着我又说：‘这个约定要白纸黑字写下来，再请你签名。’”

让对方没有反悔的机会，是孙正义的作风。“乔布斯说：‘阿正，我不能签名。因为你连卖手机的电信公司都没有，不是吗？’于是我回答他:‘听好,史蒂夫,如果你遵守约定,我就带着日本的电信公司来找你。’”

“于是你就付诸行动了。”

“没错。我花了200亿美元收购日本沃达丰。”

织田信长通过取得火枪,势如破竹地迈向称霸天下之路。孙社长也通过取得iPhone的独家销售权,势如破竹地迈向称霸天下之路。

7月11日下午3点,称霸天下的武器——iPhone3G也送到了我的手上。孙社长在高管会议上说:“你们知道,织田信长为什么能够想出运用3000把火枪的三段击新战术,击破最强的武田骑兵队吗?因为信长从年轻的时候就把火枪当玩具,用得驾轻就熟。所以各位,你们也要把iPhone玩透才行。”

这天,最强的营销部队得到了最强的武器,也看见了胜利的曙光。

火枪对于织田信长来说,顶多只是称霸天下的工具,取得3000把火枪不是目标,称霸天下才是。软银不仅要取得手机业务的胜利,还必须取得整个信息通信业务的胜利,而软银的对手,就是以NTT控股公司为中心的NTT集团。我有预感,新的战斗即将展开。

03 与NTT正面对决

2006年3月—2009年4月

企业家甘冒风险接受挑战，将变化视为理所当然的事，并试图掌握事物变化的规律。比起把正在执行的工作做到熟练，他们更愿意从全新的事物中找到价值。孙社长就是这样一位企业家。

企业家是破坏、瓦解秩序的人。熊彼特清楚地指出，**企业家的职责就是"创造性地破坏"**。

孙社长在收购日本沃达丰之后，推出"软银用户网内互打免费"等创造性的"价格破坏"手段，并且在2008年7月将iPhone这种新产品引进日本的手机市场，企图改变原有状态，带动社会性的创新。孙社长以企业家之姿在手机市场刮起旋风，他的新尝试逐渐步上轨道。

接下来，孙社长为了实现信息革命，准备从根本之处开展改革。这是创新的第五种形式——打破垄断，换句话说，就是瓦解NTT。

解体NTT，是创造性破坏？

话题往前回溯，虽然有点专业，但我还是想聊聊日本的信息通信行业。因为我希望各位能够了解KDDI、软银等新进通信企业，与NTT

之间的战争概况。

20世纪80年代初期，英国进行了撒切尔改革、美国进行了里根改革。当时的世界趋势是瓦解“大有为政府”①，建立“小而美政府”②，以国营事业的民营化为中心，企图活化经济。我曾在松下政经塾向庆应义塾大学教授加藤宽学习关于日本的行政改革、国铁民营化的理论与见解。那是伊藤忠商事董事长濑岛龙三先生等人活跃的时代，日本经济在当时由身为经团联会长却以过着吃鱼干的简朴生活而闻名的土光敏夫先生领头（从东芝董事长卸任之后，成为经团联会长）。

全球的信息通信产业也发生了重大变革。在此之前，美国的电话通信网由AT&T这个巨大企业一手掌控。AT&T是发明电话的格拉汉姆·贝尔成立的公司，在美国国内可说是历史悠久的企业。1982年，美国法院对AT&T作出“违反垄断法，必须解体”的判决。

1984年，AT&T分割成经营长途电话服务与进行研究开发、机器制造的“新AT&T”，及7家地区电话公司，共8家公司。同样的，英国的英国电信公司也在1984年解体。

关于AT&T解体带来的影响，有各式各样的讨论。但无法否认的是，称得上是信息大改革的AT&T解体，让信息通信产业从垄断走向竞争环境，带来了良好的影响。AT&T解体让许多人才涌出，成为承担

---

①big government 是经济学家凯恩斯主张的理论，他认为政府应该积极介入、管制经济，征收大量社会资源，主导社会发展。偏向集体主义、广义的社会主义、国家资本主义、民族社会主义等。

②limited government 是将政府的行政规模与权限限制在某个小范围内，并由民间供给政府无法提供的事物与服务，基本上属于低收入、低税收、低社会福利的制度。主要是新保守主义、自由意志主义的主张。

20世纪90年代初期第一次IT革命的人才。AT&T的解体,可以说是创造性地破坏。

日本也在中曾根康弘内阁的执政下,讨论国铁与电电公社①该何去何从。电电公社如果像美国的AT&T那样分割就完全没有问题,但最后却半途而废;也没有像国铁那样依地区分割,只停留在民营化阶段。1985年4月1日,电电公社变成NTT股份有限公司。政府在邮政省之下制定了特殊法律《NTT法》,让NTT成为一家能发挥国家基础建设功能的特殊公司。

不过,民营化瓦解了垄断体制,新的电话通信企业开始进入市场,例如稻盛和夫先生创办的电信公司第二电电,也就是KDDI的前身,以国铁的铁道电话起家、靠着铁路沿线的光纤电缆进入通信事业的日本Telecom(已被软银在2004年收购)等。这几家公司怀着挑战精神,以新企业的姿态进入通信市场。但是,新企业的进入真的能建立起市场的竞争环境吗?并没有。NTT以压倒性的强大实力垄断了整个市场。

NTT当时的员工有40万人,实际上已超过了经营的可控范围,公司明显缺乏效率。因此,政府在1997年修改《NTT法》,认为NTT应该学习AT&T将公司分离分割。当时还是议员的我,也参与了该法案的审议。后来《NTT法改正案》通过,NTT从1999年开始像AT&T一样分割成东、西两家地区公司,以及NTT Communications公司,等等。事实上,这是NTT在政治压力下的"伪装分割"。国会同时也立法开放了控

①日本电信电话公社,NTT集团前身。

股公司，而NTT控股公司就是第一家在这个法律条文下成立的公司。换句话说，NTT能够在NTT控股公司下维持一体化经营，邮政省也因为NTT至少看起来像是被分割而保住了面子。实际上，这是两者之间的妥协。

长期研究信息通信政策的法政大学教授黑川和美先生，2010年在他自己的网站专栏中写道："一想到不知道竞争在哪里，就不禁难过了起来。"NTT集团在NTT控股公司下，在法律范围内勉强享受集团公司的礼遇，而新进入的企业则遭到冷落。KDDI也好，软银也罢，虽说是新进入通信行业的公司，也不可能从牵电话线开始。

NTT拥有在还是国营企业的时候花了100年时间铺设的从电信局牵到用户家中的接入网络线路。这些线路的开放，能让KDDI或软银进入通信行业。但KDDI与软银需要支付给NTT的接入线路部门"接线费"，使用其通信服务。当然，都科摩也需要支付这笔费用，但因为是集团内的支付，所以只是让钱转一圈而已。

然而，接入线路部门被NTT集团垄断，因此竞争无法在"接线费"上发挥作用，价格依然很高。线路不仅没有竞争，也没有技术革新。NTT的接入网络依然使用技术早已过时的金属线路，所以速度很慢。或许是我的偏见，但我总觉得政府似乎特别包容NTT集团。

当然，新企业也有办法脱离对NTT集团的依赖。那就是自己铺设作为基础设施的接入网络，如此一来就能拥有自己的网络了。这用总务省的话来说，称为"设备竞争"。

"但我们不可能追上NTT在国营时代花费100年铺设的接入网络。"这是KDDI、软银毫无掩饰的真心话。就像汽车制造商不可能为了卖车而建造第二条公路,因为付钱使用现有的公路更划算。但是,我们希望使用这条公路时能够获得公正的、与NTT相同的待遇。这是新进企业的想法。

新进企业希望像美国AT&T那样分割NTT集团,将接入部门分离出来。只要分离出接入部门,分离出来的接入公司或许就会为了赚取更多相当于营业收入的接入费,公平对待每家公司,停止提供NTT集团专属的礼遇。这是新的通信公司与NTT之间的战争。以"手机三国志"来说,就是如何对抗如曹魏一般强大的NTT。翻开《三国志》,公元208年的赤壁之战就是线索吧!我认为首先应该与吴国的孙权、周瑜联手,而相当于吴国的公司就是KDDI。我在担任议员时期,就经常听到KDDI 主张应该"分离接入部门",以及废除让集团能够一体化经营的"控股公司"。我想软银应该能与KDDI联手。

光纤是谁的?

总务大臣竹中平藏在我刚进软银上班的2006年,成立了通信传播恳谈会,打算在会上讨论"在通信与传播融合的时代中的信息通信政策"。会议主席是东洋大学的教授松原聪,过去我还在当议员时,他曾任邮政民营化研究会的顾问,是我的旧识。研究会的代表小泉纯一郎,后来则成为日本首相。

2006年3月22日,通信传播恳谈会在位于霞关合同厅舍的总务省地下大讲堂举行。我与孙社长一同出席。NTT、KDDI和软银等三大电信公司的社长同时到场,针对未来的通信基础设施——光纤电缆的政策举办听证会。

听证会上，通信行业公司代表在以松原主席为首的8名恳谈会成员面前发言。对于这种会议来说，成员只有8名有点少，但这是竹中大臣的意思，因为他认为，如果成员超过8人的话，意见就难以统一了。

听证会预计举行两个半小时。NTT社长和田纪夫、KDDI社长兼董事长小野寺正，以及软银孙社长等三大电信公司的社长全员到齐。此外，还有民间放送联盟、消费者团体等机构参与，所以每个人的发言时间是15分钟，委员的提问时间则是10分钟。

首先由KDDI的小野寺社长发言。“电话设备是电电公社在国家的保护下，以发行电电债的方式从国民身上募集资金所建造的设备。光纤电缆是以此为根基打造的基础设施，所有权应该属于国民。”小野寺社长发动强烈攻势。“废除NTT控股公司、推动整个集团的资本分离、接入部门分离是现在应该采取的措施。政府有必要设置防火墙，阻隔NTT集团内部人员、物资、财源、信息的共享。”这对于总是条理分明又绅士的小野寺社长来说，是相当激动的一段发信。孙社长发言的内容，也像是在呼应他。

“我没有先跟小野寺社长串通好，但我的想法与KDDI完全相同。光纤电缆是国民的资产，为了提升国民经济，必须公平开放给所有人。最重要的是站在国民的立场上，思考对每一位国民来说什么才是有益的。”这段关于“对国民来说什么才是有益的”的发言，已经超越一位企业经营者的高度。

我看到NTT的和田社长双手抱胸，似乎对他们两人的发言感到相当不快。我根据NTT一直以来的主张来推测和田社长这个时候的想法。他最根本的想法应该是：“你们这些新公司，有什么资格对扛起日本信息通信行业的我们说三道四？遍布全国的电话线与电信局等接入网络,确实是在电电公社时代建造的。但是,NTT在1985年已经民营化了。有‘终极宽带’之称的光纤设备,是由民营化之后的NTT独自建造的。即使建造时动用了国营时代留下的有形无形资产,也不是你们有资格评断的事情。”当然,这都是我的推测。3家通信公司的听证会暂时告一段落。

“KDDI与软银的主张明确,我想可以将讨论锁定在如何看待NTT的瓶颈与优势上。NTT有什么要反驳的吗?”松原主席对NTT的提问,使讨论的焦点开始聚焦在分离NTT接入部门的是非对错上。

NTT的和田社长用充满魄力的声音说:“希望各位不要再说我们公司的光纤电缆是属于全体国民的,现在应该为股东所有。”

这时,孙社长猛然举手。“NTT的电话设备是靠着政府的保证债券铺设的,换句话说就是国民的财产。现在,NTT竟然叫我们‘不要说这些电话设备是属于全体国民的’,我们真的可以让这样的公司负责未来信息通信的基础设施建设吗?”和田社长看起来似乎缩了一下。现在完全呈现出NTT独自面对KDDI与软银的局势。用三国来比喻的话,就是魏军对蜀吴联军。

这时,一直都以公平、冷静的态度主持会议的松原主席,以主席的身份严肃地质问道:“虽然说是股份有限公司,但NTT是政府成立、受《NTT法》指导的特殊公司吧?”局长以下的官员目瞪口呆地盯着松原主席。负责统一意见的主席,竟然在总务省的审议会中表达意见,这超出了常理。旁听的记者们同时开始敲起键盘。

这场恳谈会就以通信行业的禁忌话题“接入网络分离”,以及伴随而来的光纤电缆开放与更进一步的“NTT解体”为主题展开了。

2010年分割NTT？

通信传播恳谈会举行了14次，松原主席在每次结束之后一定会召开记者会。他在记者会上的每一句话，都受到信息通信界的瞩目。

松原主席在2006年5月的记者会中，明确说出：“至少，我们在‘NTT集团接入线路部门的独立性较现状必须更为提高’这点上达成共识。”这对KDDI与软银等竞争企业来说是福音，对NTT集团来说却是噩梦。因为提高独立性指的不只是现在采取的会计分离，还必须禁止接入部门使用NTT的品牌以及与NTT服务部门之间进行人事交流，将其变成独立性更高的公司内组织。小野寺社长的发言指的就是这件事。此外，他也指出，今后还应该针对更进一步的重组方案之优缺点，例如接入线路部门的分公司化、根据《NTT法改正案》实施集团企业的资本分离等做全盘性的考虑。

6月，报告汇总的时期将近。“没有委员主张NTT可以维持现状。因此，维持现状是不可能的。至少也要分离接入部门。”我向孙社长报告松原主席的发言。“太好了，这是为了日本的将来而必须做的事情。”

6月12日，恳谈会的最终报告书在第13次会议中出炉：“NTT必须立刻实施功能分离。如果竞争情况依然没有改善，2010年立刻展开废除有关控股公司以及整体资本分离的讨论。”提案内容令人吃惊。换句话说，在2010年将NTT解体也是可能的。这份报告书打破了巨人NTT的实质性垄断，让信息通信产业能够自由竞争，正可称得上是信息通信的维新宣言。

6月14日，松原会长将最终报告交到竹中总务大臣手上。当然，NTT集团也开始反击。报告提出之后，花了将近一个月的时间进行调整。调整工作由自民党的前总务大臣片山虎之助、竹中总务大臣与营义伟副总务大臣等人进行，最后整理出“政府与执政党的共识”。

“从实现高速且低廉的信息通信服务的观点来看，除追求网络开放化、建立必要的公正竞争规则等之外，关于NTT的组织问题，在掌握宽带网络的普及情况与NTT的中期经营战略动向等之后，计划于2010年进行研讨，随后尽快得出结论。”

这篇打官腔的文章虽然有点难懂，但重点在于“2010年……尽快得出结论”这部分。有些政治家可能听从了NTT指示，主张应该写成“2010年左右”。

但2014年经过四舍五入，也算是2010年左右，这句话在永田町[①]与霞关来说，就是不采取任何行动的意思。所以，写上“2010年”有很大的意义。“尽快得出结论”这几个字也有很大的意义。在官员的世界中，“尽快”就是在几个月内执行的意思。

政府决定在2010年讨论“NTT的组织问题”。我原本就不认为这个恳谈会可以一口气做到将NTT解体。就像德川家康攻打大阪城时，也是在夏之阵后先命丰臣家将外护城河填平[②]。当时软银还在发展，因此我认为，能够得到在2010年重新讨论的结论已经够了。但是，孙社长却很生气。“又要延后，真过分！”

---

①日本行政中枢所在地。

②德川家康两次攻打大阪城，第一次夏之阵时先以填平护城河为条件与丰臣家谈和，第二次冬之阵时才一举将其攻下成为霸主。

我们以3年后为目标,在2007年开始行动。首先,我们开始与KDDI的员工进行共同研究。例如,和KDDI一同前往正在进行业务分离的澳洲,考察他们的信息通信政策。

2008年4月。孙社长成为信息通信企业协会的会长。会长职位虽然由NTT、KDDI和软银3家公司的人轮流担任,但这对孙社长来说却是第一次。"难得当上会长,我想做出点成果。"于是,孙社长打算开一个思考信息通信产业未来的"未来恳谈会"。学者专家聚集起来,针对"数字教育"展开讨论。恳谈会中的学者专家包括三井物产战略研究所所长寺岛实郎、庆应义塾大学教授中村伊知哉等人。我们一一布局,创造能够在2010年实行数字信息革命的战略环境。下次不会再让他们拖了。因为这件事情能拖一天,就能拖一年。

电信产业的革新

我们一边填平NTT阻挡分割的外护城河,一边在2006年通过收购日本沃达丰,提出资费改革,逐渐打破因实质垄断而风平浪静的手机行业秩序。

但是,从旧秩序的角度来看,软银只是单纯的破坏者。2006年到2007年,软银陷入了与旧秩序之间的苦战。我身为社长室室长的主要工作也是思考该如何与旧势力对抗。

在软银收购日本沃达丰以前,几乎所有的日本用户,每月都必须支付10000日元以上的手机费,超过20000日元也是家常便饭。可以说,每位日本用户的平均消费额是全球最高的,"手机费很高"是常识。

有人说,手机业务是一种"设备投资高达数万亿日元,回收时却像是一点一点捡拾10日元硬币一般的商业模式”。一家公司必须花数万亿日元在全国架设无线基站，却只能丁零、丁零地慢慢回收10日元、20日元的通话费。因此，手机公司会将大把精力花在想办法让用户多打几分钟上。这是在手机行业做生意的常识。软银却在这样的行业当中，提供“网内互打免费”的崭新方案。

一般的寡头垄断市场为什么会赚钱？这是因为在行业内市场占有率领先的企业，在确保产品与服务具备优越性的同时，也会小心避免价格崩盘。因此，他们会尽全力阻止可能导致破坏价格的新企业进入市场。日本的手机行业也有类似的问题。

白色方案、双白色方案、白色家族方案……软银在进入市场后，提供了远比其他两家公司更便宜的价格方案，并借此成为价格领导者，降低了手机的使用费。软银进入市场前，日本的手机基本费大约是4000日元，但软银的基本费只要980日元。而且，如果是软银用户在指定时段网内互打，就能免费使用原本不管打给谁都需要付费的语音通话服务。白色方案虽然是一掷乾坤的策略，但软银也是抱着非死即生的觉悟，发动这场掀起竞争的价格革命。

如同前述，熊彼特提出了五种创新形式：

1. 生产新的产品(服务)，也就是消费者还不知道的产品(服务)。

2. 引进新的生产方法。

3. 开拓新的市场。

4. 取得新的生产原料或半成品的供给源。

5. 实现新的组织，也就是取得垄断地位(例如托拉斯化)，或是打破其他公司的垄断。

以白色方案为首的一连串服务，就是“生产新的产品(服务)”的创新。此外，软银破坏两家公司的实质寡头垄断市场，为手机行业带来激烈的竞争，则是“打破其他公司的垄断”的创新。

创新不是一口气取代旧的事物，而是与旧的事物同时出现。新企业发动的创新，对旧势力来说不可能是愉快的事情。就像古老的马车公司在铁道开始发展的时代宣传铁道很危险一样，软银也在2008年时遭到了旧势力的批判。

国营事业起家的独占企业，在通信行业的黎明期居于领导地位。在日本，这个企业是NTT。但是，随着规则和制度的逐渐放宽，纯粹的民营企业的市场占有率开始成长。如源自京瓷的KDDI或软银。

为了进行信息产业的大改革，当民营企业成长到一定程度时，就应该将国营企业解体，促进更进一步的竞争。纯粹的民营企业也可能像英国或德国那样，在竞争中站上顶点。这种通过活跃的创新，让信息产业突飞猛进的竞争政策才是正道。美国与英国都走上这条正道了，可日本却还是不上不下的状态。

645日元，是大化改新吗？

2008年9月15日，雷曼兄弟根据《美国联邦破产法》，向美国联邦法院申请破产。雷曼兄弟的破产扩大了美国对经济的不安，引发全球一连串金融危机，这就是2008年的金融海啸。日经平均股价指数也因此暴跌。9月28日的收盘指数是12214点，但10月就跌到了7000多点。软银的股价也受到金融海啸的波及。7月11日iPhone3G发售后不久涨到超过2000日元的股价一路下跌，甚至还出现了10月一定会跌破700日元的传言。多家媒体煞有其事地报道对软银不利的消息，例如iPhone其实没卖得那么好；软银的营业收入违背了融资契约，因此银行正考虑撤资；或是软银拖欠应该付给广告公司与创投公司的款项，这么一来绝对陷入资金困难等。他们锲而不舍地报道了几种不同版本的软银破产论。

此外，媒体也观察到一些投机的法人，在软银股价呈下跌趋势时进行卖空。软银信用违约交换（CDS）的保证金率仿佛呼应这个消息似的，与股价呈反比急速上升900点。“日本航空公司与软银面临破产危机”的消息在晚报上传得沸沸扬扬。

我曾经从事过9年的政治工作，又有过预算委员会理事的经验，因此遇到事情时习惯性地去想“这件事有内情”。尽管如此，我们也没有多余的精力去阻止他人放话，只能任凭公司陷入危机的谣言满天飞、股价直落的恶性循环。

“岛先生，我们公司的资金周转没有问题，现金流相当健康。与2005年以前的负债经营相比，简直有着天壤之别。”沉稳的首席财务官这么对我说明后，让我稍微安心了一点。不过，当我前往消息灵通的永田町时，发现他们掌握的事态更严重。与我相熟的前辈议员担心地对我说：“岛，站在你的立场，或许有些事情能说，有些事情不能说，但如果有困难的话，什么事情都可以和我商量。”民主党干事长鸠山由纪夫说得更直接：“我从各个地方听到许多消息，如果有帮得上忙的地方，希望你能够提出来，不要客气。”在政界具有影响力的杂志《选择》，在2008年11月号的报道中这样描述永田町的气氛：“总务省与NTT传出来的一连串软银‘经营危机说’，直到现在依然甚嚣尘上。毫无根据的破产疑虑与资金短缺的谣言乱飞，证券、金融行业的专家对于这些谣言甚至已经不感兴趣。孙正义式的杠杆经营，虽然因为利用‘抵押债务债券’等衍生性金融产品而遭受损失，绝对不值得鼓励，但稳坐垄断位置的通信行业老大在媒体上匿名发消息、打压，却更是丑陋。”所以，我认为这顶多只是谣言，也希望如此。

10月下旬，软银股价正式跌破700日元，到了645日元。金融海啸与既得利益者的包围网（如果杂志报道是正确的话）的双重打击，让软银陷入九死一生的局面，高管会议也气氛凝重。这时，孙社长开口道：“645日元，是大化改新吗？”日本在公元645年，发起一股向中国唐朝律令制度看齐的革新，史称大化改新。大家忍不住放松心情，笑了出来。据说，以英国人为代表的盎格鲁撒克逊民族在面对危机时，会先搞笑，接着再考虑突破困境的方法。每个人都知道事态严重，但最好先摆脱危机带来的异常心理，才能想出良策。他们充分理解幽默感的重要性。孙社长在危机情况下的这句“大化改新”，让大家安心、冷静了下来。

软银第二季度的营业利润创下历年来的最高纪录，达到1800亿日元。自由现金流也较2008年度的负1642亿日元，增加了3000亿日元，达到1400亿日元。无论破产消息是谁放出来的，都是带有恶意的诽谤。既然如此，只要光明正大地将事实公布出来，应该就能让股价止跌。孙社长下令提前举办结算说明会。寻找会场也很辛苦，幸好东京王子饭店还有空档。软银的第二季度结算说明会提前到10月29日举行。

“软银的营业利润创下历年来最高纪录，达到1800亿日元。我们先前完全不会预测下一季度的业绩，但这次决定公布截至2010年度的自由现金流达到了2500亿日元。对软银来说，能够提供1年半之后的预测，应该是相当大的进步吧！”孙社长抬头挺胸地说。事实胜于雄辩，软银股价从这天开始连续涨停，止跌回升。

鸠山干事长来访与光之新政构想

2008年11月13日，最大在野党民主党的干事长——鸠山由纪夫前来访问本公司。

安倍内阁、福田内阁、麻生内阁……这段时间首相一个一个地轮换，每位首相的任期大约为1年。有人认为，日本或许会发生自民主政治实施以来的第一次政党轮替。鸠山干事长以政党轮替为目标，陆续拜访汽车工业会会长等行业团体会长所在的公司，听取会长们的意见。孙正义社长在这年担任电气通信企业家协会会长，鸠山干事长也希望拜访软银。

松下幸之助塾长曾说过：“**经营者不能不懂政治，政治家也不能不懂经营**。”我们欢迎鸠山干事长来访，话虽如此，毕竟是以政党轮替为目标的最大在野党干事长的来访。我在担任议员的时候，曾以代表室次长身份，辅佐过鸠山干事长将近4年。他的妻子幸夫人出身于宝冢，我也曾请幸夫人带我们一起前往宝冢观剧。我也考虑到他可能会要求软银提供政治献金，因此一大早就打电话到鸠山家。

“我是鸠山。”出乎意料，接电话的是幸夫人。

“我是岛聪，夫人别来无恙。请问干事长在家吗？”

“原来是岛先生，请稍等一下。”鸠山干事长接过电话。我开门见山地问他。

“听说您今天要来敝公司。我打电话来是想和您说，如果您可以先告诉我要谈的事情，孙社长就能当场给您回复。”这句话的背后，其实是在问：“您是来要求政治献金的吗？”

软银与政治家之间的往来绝对清白，我就任社长室室长之后立刻订下标准。企业献金背后如果有其他考虑，就是在行贿，但提供献金时如果完全没有其他考虑，则会成为对股东的背信行为。因此，我认为在未来必须废除企业献金。软银只有出席餐会的人会买餐券，几乎都是只买一张。甚至有人开玩笑说，软银只有在两人出席的时候，才会花两倍的钱买两张。软银也不提供企业献金给个人的政党分部，只会提供给政党本部。虽然政治家们都说软银很小气，但我觉得这也无所谓。

“金融海啸之后，日本的经济疲弱。我想问问孙社长有没有振兴日本经济的策略，毕竟你也在嘛。”鸠山干事长，似乎真的是来讨论政策的。“为了我们的经济，说得更宏大一点，为了创造国民更良好的共同生活，在政治上掌握话语权很重要。”我想起松下塾长的话，因此下定决心提供政策上的建言。为了保险起见，我还是要强调，无论是这次会面还是日后往来，民主党都不曾要求有关政权的政治献金，软银也完全不提供金钱上的援助。

鸠山干事长在民主党代表室成员H的陪同下，前来访问软银在汐留的总公司。H是我在政经塾的学弟，我带着他们前往社长室楼层的接待室。女秘书全部从椅子上站起来，鞠躬欢迎他们。对当时的软银来说，政界要人来访是很稀奇的事。

“感谢你们今日前来敝公司。”孙社长坐在接待室的椅子上,谨慎地开口。

众议院议员的任期只剩下1年,大选的日子近在眼前。“彼此彼此,非常感谢在全球奔走的孙社长,这么快就拨冗接见我们。日本的经济自前阵子的金融海啸之后遭受重创。我今天来这里,是希望借助孙社长的智慧让日本重新站起来。”鸠山干事长的说话方式相当谦逊有礼,这也是他被批评不可靠的原因,不过他会仔细听人说话。

“因为鸠山干事长特地前来,我们也准备了一点建议,并把这个建议称为‘光之新政’构想。”我在孙社长开始介绍之后,将整理在一张A4纸上的资料,交给鸠山干事长。向政界要人报告时,必须尽可能将数据精简成一张A4纸的篇幅。尤其是小泉纯一郎首相,他以从不记笔记而闻名。据说,他只会记住在当下听到的并感兴趣的事。但是,鸠山干事长不一样。他已经拿出圆珠笔,准备记笔记了。他用的是一支100日元的普通圆珠笔,一点都不像资本家,让人觉得他是认真地在考虑政党轮替之后应该创造出什么样的日本。我在孙社长开口之后,进一步说明了详情。“美国的奥巴马总统在政党轮替之后提出的新政,本质上就是环境加上IT的政策。‘美国再生投资计划’以创造出300万个工作机会作为长期成长的目标,并且举出‘未来3年内将生产两倍的替代能源’等六个项目,作为具体的策略。一般称之为‘绿色新政’。”奥巴马政权承诺将通过太阳能发电、风力发电等可再生能源的推进,创造出绿色环保的美国。“仔细检查新政的内容,就可发现这些政策其实是以IT为中心。例如‘病历在5年之内全部电子化’‘打造适合21世纪的教室、图书馆’与‘扩大宽带网络,强化地方企业的竞争力’等六个项目中,与IT有关的就占了3个。”

奥巴马率领的民主党,在美国以“Yes,We can”为口号,完成了政党轮替。鸠山干事长或许想要学习奥巴马,我在说明的时候将这件事放在了心上。此外,我也提到不久之前到澳洲视察的见闻。

“澳洲的劳动党在2007年取代保守党执政,完成了政党轮替,他们政策的主轴也是IT。劳动党的陆克文政权为了提高国际竞争力,由政府与民间共同成立公司,提出投资3万亿日元,用光纤网络链接全澳洲九成的住宅、学校与企业的计划。”陆克文政权执政已经超过1年,支持率依然超过七成。

马基雅维里在《君主论》中提到,**获得尊敬的技巧是“做大事业者,要在人前展现出有别于前任的器量”**。陆克文总理或许也学习了这点。澳洲的人口只有2500万人左右,是日本的五分之一,所以3万亿日元就是大事业了。

“‘光之新政’构想的关键,就在于花5年时间,将5500万条过时的金属电话线路,全部换成光纤网络,让日本列岛成为世界第一的宽带列岛。”孙社长点出构想的重点,并且再画出一个大饼。“远程医疗、远程教育、远程就业。只要将宽带网络普及到每户人家,就能掀起数字生活革命。”对政策也知之甚详的民主党代表室成员H开口问道:“这个事业总共需要花多少钱?光是育儿补助、高速公路免费等重点政策,就已经让财政相当吃紧了。我担心的是选举成功后,是否能够拿出这笔预算。至于医疗与教育等方面,我想只要在政党轮替后,重新研讨通信运用的规范与惯例,应该就能实施。”孙社长回答:“根据敝公司的初步估计,总事业费约需4万亿日元。但是,这个构想有一个最大的重点，那就是不需要动用税金即可实行。”用圆珠笔在写笔记的鸠山干事长不禁抬起头来。“不需要税金”是最大的亮点。这在澳洲有前例可循，澳洲政府也出资成立了光纤公司，资金则利用专业融资的方式调度。“现在市场上有多余的资金，所以马上就能筹出4万亿日元吧！我们粗估了一下，用户只需要负担1200日元，与目前电话基本费相当，10年就能收回资金。不仅如此，这既是打造社会基础设施建设的重大投资，也是不使用税金就能刺激经济的策略。”

专心聆听孙社长说明的鸠山干事长开口了：“这个计划可以不要花5年，在4年之内完成吗？”他的意思是，在政党轮替之后，是否能在众议院议员4年的任期内完成这项计划。“只要鸠山干事长下定决心，我就负起责任，在4年之内拿出成果。”孙社长斩钉截铁地回答。会谈结束后，孙社长将鸠山干事长送到电梯门口，我则陪同鸠山干事长一起搭乘电梯。“孙社长真是个了不起的人，我还会再来的。”这是我在议员时代的上司鸠山干事长，与现在的上司孙正义社长合作的第一项工作。2008年秋天，在民主党政党轮替的可能性还很低的时候，我就积极地说服他们将光之新政纳入“政策宣言”。但很可惜的是，随着政党轮替的可能性提高，与NTT有往来的议员开始提出反对意见，最后，“政策宣言”还是无法将光之新政纳入。

NTT的发布会，软银的发布会

我个人是NTT的股东，虽然手上也没几张股票，但股东毕竟是股东，有时还是会去参加股东大会或结算说明会。有记者看到我的时候会问我：“您是来侦察敌情的吗？”其实，我纯粹是以股东身份出席，还特别向公司请了假。NTT的股价与我买的时候相比跌了不少,所以身为一名股东,我也很在意他们的动向。

股东大会前三排的位子,多半坐着像是NTT员工的人。桌上设置了几支麦克风,有问题的时候就通过这些麦克风发问,气氛呈现与孙正义粉丝俱乐部状态的软银股东大会完全不同。我身为社长室室长也学到了一课。

2010年参加股东大会时,会场招待似乎对我另眼相看,将我带到前方的座位。或许还在备忘录上写着"岛来了"吧? 副社长鹈浦博夫看到我之后,就和身旁的三浦惺社长咬耳朵。

2009年2月,NTT举办2008年第3季度的结算说明会。当时我的身份还没曝光。当时的营业收入为11万亿日元,营业利润为1万亿日元。日本的汽车产业因为金融海啸而陷入苦战,或许是因为这样的关系,NTT在大约4000家上市公司中,成为全日本营业利润最高的公司。三浦社长是人事部门出身,他个子高,看起来温和。他微低着头开始报告:"NTT集团创下全国第一的营业利润,但其实业绩没有什么成长,只不过是相对于其他公司来说,营业利润较高而已。现在各种影响开始出现,以法人为对象的系统构建及光纤网络的推销,变得比想象中更辛苦。在经营上,必须更加小心谨慎才行。"营业利润成为日本第一,一般来说是值得自豪的事情。但NTT正因为实力坚强,所以可以示弱。这是兵法的基本。因此,我想三浦社长即使是在结算说明会上,也会说得较保守一点。

2009年4月30日,软银也举办结算说明会,气氛与NTT完全相反。孙社长朝气蓬勃地报告:"向各位报告结算说明会的重点。软银已经连续4个季度刷新最高利润的纪录。本季度的营业利润达到3591亿日元,成为国内上市企业的第12名。2008年度的营业利润排行榜在这个时间点已经出炉了。NTT与都科摩的营业利润分列1、2名,第1名NTT的营业利润为1.1万亿日元。第3名是国际石油开发帝石,第4名是三菱商事,第5名是任天堂,KDDI则以4432亿日元的营业利润紧接在后,排第6名。软银势如破竹,连续两年都是用户净增加量第1名。iPhone也带来成果,2008年度软银的用户净增加量比重在三大电信公司中足足占了54.4%。此外,软银的广告也有不错的表现,好感度提升了。从小学生到老年人的广告好感度,在所有年龄层都是第1名。在好感因素的15项指标中,拿下第一的占了13项。除了'幽默''温暖人心'等指标之外,'企业态度真诚'也是第1名,这让我感到很开心。附带一提,没有得到第1名的两项指标分别是'音乐、音效'与'性感'。这么说也没错,要让狗爸爸展现出'性感'是不可能的,只好苦笑了。"

根据软银自己的预测,2009年度的营业利润将达到4200亿日元,利润将增长17%;而根据《经济》杂志预测,软银将在2009年的营业利润排行榜中,跃升到第五名。软银手上握有全世界的资本与人才,可以说,不好好运用这些资源创造出利润是种罪恶。从我进公司的2006年开始,软银的营业利润就转亏为盈,顺利成长。2008年高达1.9万亿日元的净计息负债,也预计将在2011年度减少为一半,在2014年完全归零。

孙社长在这场结算说明会上宣布,在净计息负债归零达成之前,不再进行大规模投资。我觉得,孙社长这时似乎想在净计息负债归零的时候，开始考虑整体事业的收尾。

他开始研究成立软银学院的构想。这个学院是软银成立30周年的计划，目的是为了培养继承人。净计息负债预计在2014年归零，那时孙社长也57岁了。若根据他“事业在50多岁时功德圆满，60多岁时交棒出去”的人生计划，57岁也差不多该考虑收尾了。我想，孙社长或许也受到盖茨从第一线退下，将活动据点转移到比尔·盖茨基金会的影响。他经常这么说：“我曾有3天超越盖茨，成为世界首富，你知道那个时候我在想什么吗？我满脑子想的都是该把钱捐到哪里。不过后来IT产业泡沫化，我的钱也像泡沫一样消失了。”如同前述，我并不赞成软银学院的构想，觉得“这时成立还太早”。孙社长听到我说松下幸之助在85岁的时候才成立松下政经塾时大吃一惊。

2009年，软银势不可当。靠着破竹之势，让敌人高估自己的实力，也是常见的兵法。虽然要追上NTT还有一大段距离，但手机业务运作顺利。某位软银高层接受《经济》杂志访问时曾被问：“你觉得软银手机业务进展顺利的原因是什么？”他回答：“我们没有做什么特别的事情，这3年来所做的，只有脚踏实地地追求、实行孙社长在2006年5月发布的四个承诺而已。”**真正的经营，靠的是一天天的累积。平凡无奇地做着平凡无奇的事才是成功的正道。**软银的手机业务已经超越维持“生存条件”的阶段，进入发展阶段了。

不过，我冷静评估，软银的营业利润是3591亿日元，与都科摩的8309亿日元之间有着两倍以上的差距。孙社长开始思考：“如果想在50多岁时将整个事业收尾，必须‘出奇制胜’。”我在调查AT&T 的分割过程时，对于那些与AT&T 对抗的企业特别感兴趣。AT&T 在分割之后几经波折,最后留下来的是威讯与AT&T 两家公司。紧接在这两家公司之后,排名第3的是原本就与旧AT&T 对抗,属于独立电信公司的斯普林特,第四名则是德国电信公司旗下的T-mobile。令我惭愧的是,这两家公司的名字当时还是第一次听到。

04 光之道——肩负振兴日本任务的远大计划

2009年10月—2010年1月

2009年,我的老东家民主党完成政党轮替。根据媒体报道,我与京瓷的荣誉董事长稻盛和夫都是鸠山由纪夫首相为数不多的企业界人脉之一。媒体把我和如此德高望重的人士并列在一起,让我不胜惶恐。

孙社长在政党轮替之后,对我说:"岛先生,明治维新(1860—1880年间)的时候,从明治二年(1869)开始电信产业、明治四年(1871)开始废藩置县、明治五年(1872)开始义务教育,随后又展开大规模的改革。这次是睽违60年的政党轮替,所以必须要像明治维新一样,进行120年一次的典范转移才行!"

光之道将是日本复兴之道

我尊敬的友人原口一博先生,随着政党轮替就任总务大臣,提出日本政治家少见的政策大饼——"光之道"构想。这个构想是在2015年之前,将以光纤为中心的超高速宽带网络"光之道"100%普及到所有国民。换句话说,他的成长战略主轴不是"水泥道路",而是"光的道路”。

孙社长大力支持这个光之道构想。但另一方面，由于这个构想直接关系到NTT的分离、分割，也遭到NTT集团的极力反对。建设光之道将连带引起数字信息革命，这是孙社长之所以支持光之道的理由。首先是教育革命。光之道建设完成后，将发给日本全国中小学的学生、儿童数字电子教科书。接着是医疗革命，光之道有助于建立所有国民的电子病历，降低医疗成本，远程医疗也将变得更容易。iPad的销售，为受到广泛支持的教育革命、医疗革命带来实现的可能性。

“有的国家摆出一副炮弹要射不射的态度。我们则希望用科技创造和平。只要通过网络链接，就能从智能型手机看到对方的长相、充分理解对方的生活，也能与对方交朋友。不会有人想用炮弹射击有很多朋友的国家吧？”孙社长的这番话，对于外交、安全保障的专家来说或许过于天真。但是，我却宁愿把这段话，当成是他对国际政治学者约瑟夫·奈所提出的“软实力”的重视。所谓软实力，指的是一个国家不靠军事或经济力量等对外的强制力，而是靠这个国家拥有的文化、政治价值观、政策的魅力等取得国际社会的支持、理解与共鸣，并获得信任与话语权。相对地，军事与警察等物理上的强制力，则称为“硬实力”。不用说日本的流行音乐与动画了，充满地域色彩的珍贵信息，也能通过网络发送到国外。在光之道上的每个人，都能拥有外国朋友。强化软实力能让更多人迷上日本，稳定日本的外交。因此，光之道也具有和平战略的意义。

不仅如此，光之道更是成长战略。政府能够通过经营高度发展的信息通信产业，培育出35万名能走上世界舞台的人才。数字信息革命政策开展之后，将带来共计70万亿日元的经济效果，2020年以后，日本的经济增长率将恢复到3%。这个复兴日本的大战略构想，才是光之道构想的全貌。

中曾根内阁在20世纪80年代开展“土光临调”①，其焦点政策是“国铁民营化”。2005年，小泉、竹中阵营推动金融改革，其焦点政策则是“邮政民营化”。现在政权交到民主党手上，其焦点政策就是“光之道构想”，这个政策的关键在于重新讨论NTT的组织以促进竞争，具体来说就是分离接入部门。

2010年，信息通信行业展开了围绕光之道构想的激烈辩论。在2006年，竹中恳谈会得到“2010年讨论NTT组织问题”的结论，当时设下的“分离NTT”的局，开始进入第二回合。但是，我的眼光看得更远。

公元前3世纪，罗马开始大兴土木，建设罗马道路网。罗马人在公元前3世纪到公元2世纪的这500年间，铺设的道路光是主要干道，全长就达8万公里，若是加上支线更多达15万公里。“条条大路通罗马”，指的就是罗马人建造的这个大规模基础设施。罗马人将基础设施定义为“让人活得像人所必需的大事业”。“活得像人”的定义，也随着经济的发展而进步。对于数字信息革命后的世界来说，电子教育与远程医疗，应该都会成为“让人活得像人”所不可或缺的要素。

全世界都在讨论与光之道类似的构想。例如：美国奥巴马政府提出的“国家宽带构想”，希望在2020年之前将网络普及到1亿户人家；

①以会长土光敏夫命名的临时行政调查会，目的是为了在不增税的情况下重振日本经济。

英国提出“数字不列颠政策”；澳洲的“新宽带构想”，则希望在2018年让90%的家庭、学校、事务所连上1G的宽带网络……

我要让日本比美国的2020年、澳洲的2018年更早建设好光之道，成为世界光纤网络的先驱。希望总有一天，世界史的教科书上会写着：“21世纪，日本开始了迈向数字信息革命的大事业。”这些想法在我心中盘旋。当时的媒体形容我是“光之道构想的策划者”。

将未来带进总务大臣室

2009年10月26日，原口总务大臣与孙社长的会谈，在总务省八楼的大臣室举行。政党轮替前的自民党时代，只要大臣一换人，总务省管辖下的通信基盘局事业政策课，就会立刻安排NTT、KDDI和软银三大电信公司的社长抽空前来拜会。

但是，政党轮替之后，民主党就采取“不需要形式上的拜会”方针，改为在总务大臣就任一个月之后举行会谈。这个时候，“原口大臣偏向NTT”的消息在媒体上正传得沸沸扬扬。民主党本身与NTT工会关系密切，孙社长也问过我好几次：“民主党执政之后，情况是不是会变得对NTT有利？”自公政权（自民党、公明党合作的政权）的政府与执政党，虽然达成2010年将重新讨论NTT重组争议的共识，但原口总务大臣却在就任记者会上针对这个共识作出这样的答复：“把企业分割当成改革，（与海外相比）是落后一大截的想法。我不打算在自公政权决定的框架下做这件事。”

一般来说，大臣一上任，行政官员就会立刻现身下指导棋。我不知道原口总务大臣的发言是不是总务省的意思，但NTT的分离分割是落后一大截的这个说法，是NTT集团向议员说明时经常使用的借口。

AT&T 确实在1984年分割了，但后来又再度整合。不过，美国是先经过一次完整的分离分割才“重新整合”，与日本这种分割得藕断丝连又再次整合的情况截然不同。媒体认为，就任总务省副大臣的内藤正光出身于NTT工会也对这件事带来影响。孙社长如此描述当时的心境：“总务省与其说是偏向NTT，还不如说看起来就是NTT！”孙社长就在这样的背景下与原口大臣展开会谈。

“今天的时间只有15分钟。我也和原口先生的秘书官说过了，这次的会谈我不列席，请您与大臣一对一单独谈话。结束后，我会进入大臣室。”我难得表示不列席，所以孙社长也难得地问我：“我到底该和原口大臣聊什么好呢？”

“和大臣聊聊您喜欢的幕末、明治维新如何呢？原口先生也很喜欢幕末历史。他的选区在佐贺县佐贺市，您的故乡鸟栖市也是原口先生的选区。”原口总务大臣是我在松下政经塾的学弟。他在政经塾的时候，我还担任过他经济学讲座的助教，所以他常说“岛先生是教我经济政策的老师”。我在担任议员时，也和他一起去过美国与中国。我很清楚原口先生具备“志士的体质”，所以觉得与其让我加入谈话，还不如让他与孙社长一对一见面更能谈得融洽。我的分析是，原口先生并非偏向NTT，而是只有NTT向他说明过信息通信政策，所以会发生信息偏颇的情况。原本预计举行15分钟的一对一会谈，延长到将近45分钟。秘书官露出一脸“聊这么久也该够了吧”的表情，我只好敲门进去。

他们两人似乎意气相投。原口大臣也走过来和我握手。“学长，我请孙社长举办信息通信战略学习会，为我提供帮助。之后就麻烦你们了。”孙社长经常与跨国企业的领导者会谈，接触的都是世界最尖端的信息。因此，他就像明治维新时见识了世界之后便开始担心日本未来的维新志士一样，平常总是为日本担忧。“岛先生，如果日本的经济增长率持续维持在1%的低迷状态，日本的GDP到了2050年就会连印度尼西亚都比不上，变成世界第8名。第一次IT革命以美国为中心、以计算机为中心。第二次IT革命将以亚洲为中心、以手机为中心，所以是我们的机会。这次是睽违60年的政党轮替，政府必须采取新的成长战略，像明治维新那样树立新的典范。”我想，他大概也和大臣说了同样的话吧！总务大臣室里，挂着初代内务大臣大久保利通的墨宝“为政清明”。这几个字的意思是，从政的人必须公正透明。

日后，两人在新闻记者前接受关于这场会谈的采访时，分别是这样回答的：“总务大臣认真地思考国家应该呈现的样貌。”“孙社长有预测未来的能力，以及改变典范的意志。我觉得这是与比尔·盖茨或乔布斯那样的创新者共通的特质。”

早在2009年便有生产机器人的构想

2009年11月12日，早上6点45分。出租车抵达帝国饭店的玄关，负责软银的饭店工作人员立刻过来迎接。

通过大厅来到电梯间，其他工作人员已经开着电梯门等我了。我急忙坐上电梯，电梯上到五楼之后，我就直接被带往后方的会议室。以原口总务大臣为中心的信息通信战略学习会预定在7点开始。虽然忙碌的政治家经常举行早餐会，但7点就开始的早餐会也很少见。

孙社长稍后抵达。金融相关高层，也与T研究所所长、M教授、N教授等学者专家一同进入会议室。如同熊彼特所说，在创新上，企业家与提供帮助的银行家都是不可或缺的角色。原口大臣向大家道声早安后走进来。或许是因为当上大臣之后晚宴变多的关系，他看起来稍微变胖了。原口大臣拉开椅子坐下。“今天请大家一大早过来真是抱歉。虽然有点不好意思，不过我8点10分就必须离开这里，所以，我们尽快开始讨论吧！”原口大臣拿出计算机，打开电源。“大臣，请您一边用餐一边听。”孙社长放出准备好的幻灯片，开始报告：“根据目前预测，日本经济低迷，GDP增长率只剩下1%。现在已经确定会被中国超越，掉到第三名。这样下去，到了2050年甚至会被巴西、墨西哥、印度尼西亚等国家超越，掉到第8名。因此，我们的成长战略必须以3%的增长率为目标。如果增长率能够达到3%，2040年的GDP就能比2010年增加700万亿日元，从500万亿日元增加到1200万亿日元。”这虽然只是以单纯的复利方式计算出的GDP，但正因为单纯所以能够打动人心。孙社长接着提出让GDP增加700万亿日元的“四个课题”，看起来与沃达丰再生的“四个承诺”有点类似。他将焦点放在劳动力成本、劳动人口、营销力、技术开发力这四个项目上。他拿劳动力成本与中国相比。日本所有产业的单位劳动成本是每个月24万日元，与中国的27000日元完全不能比。生产人口也一样，日本只有6700万人，相较之下中国却有8亿人。

这时候出场的就是机器人。如果扶植机器人产业，每年导入500万台机器人，到了2030年就有1亿台。若每台机器人的劳动力相当于10个人，到了2030年就有相当于10亿人的劳动力，足以赶上人口稳定的中国。孙社长又画了一张大饼。扶植机器人产业，是解决劳动力成本与劳动人口的方法。2014年发布的机器人“Pepper”构想，在当时已经浮现。

数字教育与光纤

孙社长在第一次学习会上的演说继续进行。原口大臣的时间只有65分钟，在场的还有其他4位优秀的成员，孙社长却滔滔不绝地讲了37分钟。原口大臣也一边吃着奥姆蛋与面包，一边像是做会议记录的秘书一样，不断地在计算机上记下孙社长的话。

日本企业的品牌力下滑。全球品牌力第1名的公司是可口可乐，第2名是IBM。日本排名最高的是第8名丰田，接着是第18名的本田。日本公司的品牌力在前20名当中只占了两名，韩国的三星却排进了第19名，日本公司必须更致力于营销。接着，他把论述带到第四个课题，即提高生产技术开发力的通信科技教育上。“日本成长战略的大方针是IT立国。明治维新前后，为了培养出适合工业化时代的人才，政府在明治五年（1872）开展重视算数、理科的义务教育。明治三十三年，刚好是1900年，初等教育开始免费。而现在需要的是，培养适合信息化时代人才的IT义务教育。”孙社长的具体政策提议是免费发放电子教科书给所有的学生、儿童。

此外，他也提出具体的预算。如果发放对象是所有中小学生，人数大约是1800万人，而设备费用假设一台是2万日元，那么预算大约是3600亿日元。当时正在讨论是否废除的八场水库，花掉的费用是4600亿日元。再者，日后只要发给一年级的新生即可，而每年新生人数大约是200万人，因此只需400亿日元，几乎等于1年的教科书预算。孙社长将展示用的电子教科书安装在 iPad里带去，原口大臣似乎操作得津津有味。“最后做个总结……”孙社长就像在开结算说明会时一样，“如果想在30年后增加700万亿日元的GDP，必须让电子教科书100%普及。为此，100%的学校、家庭都要能够使用宽带网络，不能因地区而有差异。普及率100%的光纤基础设施建设可以解决这个问题。这里最重要的就是普及率100%这点。”

所谓的普及率，换句话说就是光纤使用率，指的是把光纤电缆牵到用户家里的比例。目前的普及率只有30%左右。总务省所说的整备率90%以上，指的是将光纤电缆牵到中继点，如果用户想牵到家里随时都可以牵的状态。也就是说，牵到中继点的光纤基础设施建设已经整备完成。NTT表示，10%尚未整备完成的山间与离岛等地区，只要1.5万亿日元即可完成整备。

NTT认为，普及率难以增加的原因，是缺乏每个人都想使用的杀手级应用程序。但KDDI与软银却认为，这是因为光纤的接线费太高，导致用户使用光纤网络的费用也变得很贵。“只要沿着这条经济增长率3%的路线前进，到了2040年，人均GDP就能成长到1096万日元，超越692万日元的美国成为世界第一。关于建设光纤网络的具体策略，下次会议时再向各位报告。”孙社长结束发言之后，其他4位成员每人大约讲5分钟。8点过后，秘书官就开始在意手表上的时间。“今天感谢各位前来。我虽然听过许多信息通信企业家的发言，却没有一次像今天这么有启发性。我再问一句，如果想让光纤普及率达到100%，大约需要多少预算呢?”原口大臣问道。孙社长立刻回答:“大约需要

2万亿日元。但是,只要通过项目融资的方式实行这个构想,就可以完全不动用到税金。”原口大臣似乎对“零税金”这点很感兴趣。“抱歉,我虽然想听您说更多,但没有时间了……下次有机会请您务必说得更详细一点。”原口大臣离席之后,其中一位在银行界担任高层的成员靠过来说:“您的发布太精彩了。或许真的能够运作。下次开会的时候,就由我来说明2万亿日元的项目融资吧!”企业家与银行家联手展开的政策创新,就此萌芽。

国际竞争力对上光的分离

2009年12月10日,总务省举行信息传播科技任务小组会议,讨论未来的信息通信政策。总务省在2009年10月成立了全球化时代信息通信政策相关任务小组,并且接受原口总务大臣所说的条件,即不在旧政府决定的框架中进行讨论,而是在更大的框架中进行。

NTT的三浦社长、KDDI的小野寺社长、软银的孙社长全员到齐。我就坐在孙社长身旁。前总务大臣竹中平藏认为,市场受到NTT集团的支配是个问题,因此在私人恳谈会中发布2006年废除控股公司、分离接入网络等提案。不过,根据媒体报道,原口总务大臣依然期待NTT能够带动日本经济,因此对于全新的分离分割采取保留态度。NTT握有光纤线路网74%的市场占有率,KDDI、软银等与之竞争的公司,对于市场遭到NTT垄断的危机感都逐渐增强。虽然三大电信公司的社长都出席了,但原口总务大臣却因故缺席,由NTT工会出身的内藤副大臣出席。然而,NTT重组的讨论却遭到推翻,我们越来越担心事态会顺着NTT的意思发展。业内弥漫着NTT的问题将在11月左右遭到搁置的气氛。KDDI的小野寺社长在受访时说:“如果各位国民都认为NTT的组织维持现状即可,也不失为一个方向。”

11月12日的学习会,是在对公司内部也保密的情况下进行的。但考虑到再这样下去将对抗不了NTT,我们还是将原口大臣绝对没有偏向NTT的消息传达给其他公司作为参考。或许是放出的消息产生了效果,KDDI的小野寺社长主张:“NTT将集团公司挂在控股公司之下,完全没有分割,对于光纤网络的垄断性也越来越高。”电信商EMOBILE的社长Eric Gan也提议分离光纤部门:“NTT的光纤线路基础设施建设业务应该分离,让各公司能够有效地利用。”NTT的三浦社长对此表示:“国内的竞争条件已经相当完善,比起讨论规制,更应该重视与美国Google或亚马逊之间的国际竞争。无论是韩国还是中国,手机公司都与固定通信整合。我们应该避免让使用者感到不便。”原口大臣之所以期待NTT能够带动经济,是因为事先听了NTT这样的说明。

日本信息通信产业的规模,占了实际GDP约一成,对于经济成长的贡献率也很高,过去5年平均约有34%。但是各企业前往海外发展的时间比起欧美或韩国都来得晚。NTT 2009年度的营业利润是日本第一,超过了1万亿日元。换句话说,政府必须让这个巨人的NTT加入国际竞争。NTT的想法昭然若揭。他们搬出“国际竞争力”来替换原本的问题,借此主张NTT不仅不应该分离,反而应该整合。只要主张整合NTT,至少就能维持现状,这是NTT打的如意算盘。

轮到孙社长发言:“我们在这里讨论的,应该是重新讨论NTT的组织问题。现在却变成为了强化国际竞争力,就不需要国内竞争的讨论。我无法理解只要NTT成为日本代表选手,就能在未来的大竞争中作战的论点。”我在孙社长的发言告一段落之后开口。在此引用《富士产经商报》2009年12月30日的报道来描述当时的情况：“‘内阁会议决定的NTT组织重整恐遭推翻’。12月10日，软银的岛聪社长室室长，在总务省内举行的任务小组会议（专家会议）中，激烈质问内藤正光副总务大臣。（中略）NTT的三浦社长强硬防守，主张最重要的是顾客想要什么，组织问题应之后再谈。”《孙子兵法》有云：“上兵伐谋，其次伐交。”意思是，最好的作战方式是事前识破敌人的意图，封锁其攻势，其次才是孤立敌人。我们成功封锁了NTT想在任务小组会议中将其组织问题替换成提高日本信息通信产业国际竞争力的策略。就连原本表示NTT组织维持现状也是不得已的KDDI，有一段时间也与软银共同摆出攻击态势。2010年12月11日，《朝日新闻》的标题展现出布局的成果：《NTT的光纤垄断成为焦点 总务省任务小组正式讨论其组织》。

为了日本，这件事不得不做！

2009年12月11日早上7点，帝国饭店。原口大臣与孙社长及其他成员举行了第二次早餐会。

我认为这时候，孙社长的考虑已经超越了一名企业家的高度。当然，他之所以能有这样的考虑，或许也受到软银在收购日本沃达丰之后事业逐渐上轨道，2009年的营业利润超4000亿日元以上的影响。但我觉得，在软银成立迈向30周年之际，孙社长的自我认识逐渐加深才是最主要原因。孙社长在早餐学习会的讨论上，对其中一位成员这么说：“‘我是什么人？’是我最大的心结。27代前的孙家是中国的将军。据说从前只有将军、政治家才有资格埋进坟墓里。所以，我告诉自己要成为一位事业家，而不是商人。因为，我想在公共事务上作出贡献。”孙社长心中的愿景，已经从想要延续、扩大自己的公司，进化成想要掀起社会创新，拥有广泛历史观的格局。他经常有点害羞地对我说：“为了日本，这件事不得不做！”

原口大臣进入会议室。这次的简报直接进入《光纤，100%分公司化构想的全貌》，孙社长开始报告。

【第一张幻灯片】

日本不是宽带大国

光纤的国民普及率必须从28%→100%

原口大臣似乎没有注意到，幻灯片上用小字写着：100%的目标要在2015年达成。简报数据将交给秘书官，之后应该会在总务省内部讨论吧！战略隐藏在细节中。这个举动的用意是要让总务省在不知不觉间，把2015年当成目标。

【第二张幻灯片】

不动用税金就能实现的愿景

1. 推动成立光纤基础设施建设公司
2. 所有资金都通过政府保证债券(2万亿日元)调度
3. 不使用税金
4. 30年内的税收增加到4万亿日元

首先分离NTT集团的接入部门,使其成为光纤基础设施建设公司。光纤普及率100%需要2万亿日元的投资资金,这笔资金可通过项目融资取得,并由政府作保。光纤基础设施建设公司与NTT东日本、NTT西日本的直接税收,估计约为4万亿日元。只要投资2万亿日元,即可获得4万亿日元的税收,对国家来说是笔划算的投资。

【第三张幻灯片】

光纤基础设施建设公司的基本方针

1. 5年内将金属线路全部换成光纤电缆

2. 光纤使用费=金属线路使用费

3. 独立组织实施公平竞争

4. 完全活用NTT现有的劳动力

分离接入部门后成立的光纤基础设施建设公司为什么能赚钱?首先是因为NTT集团现在要同时管理过时的金属线路与光纤线路两种线路。如果将金属线路一口气换成光纤电缆,就不需要再负担金属线路的管理费用了。

2008年NTT接入事业的财务报告显示:NTT东西日本的营业收入约为3.8亿日元。再看营业费用,旧的金属线路的管理成本约为1.3万亿日元,光纤线路的管理成本则为3145亿日元,因此营业利润只有445亿日元。如果金属线路的管理成本降到零,就能大幅增加NTT东西日本的营业利润。

孙社长继续简报:"观察NTT员工的年龄分布,可以发现50岁以上的居多。他们为了国家,在电电公社时代将金属电话线牵到全国,为日本做了杰出贡献。所以我也能充分理解,NTT想要保留金属线路,给这些员工雇用保障的想法。”金属线路就像支持着日本高度成长的C62或D51等蒸汽火车头。但是,现在的主流已经变成以光纤打造的高速铁路了。日本铁路民营化之后,为了在与汽车及飞机的竞争当中存活下来,不得不做出改变。但是,垄断市场的NTT没有竞争,而且可以维持高价,即使不改变也能继续存活。“我想再一次借助这些为国贡献者的力量,推动这个将21世纪的基础设施建设——光纤电缆100%普及到全国的大事业。这么做,绝对可以让大家产生动力。”孙社长这段发言将NTT的劳雇关系也考虑在内,似乎让原口大臣十分认同。

孙社长也思考出让分离接入部门后新成立的光纤基础设施建设公司获利的方法。第一,通过政策,有计划地统一施工,这么一来就能降低设备投资费用。第二,由于这个计划是根据政策执行,因此不需要负担营业费用。因为他有将ADSL从零建设起来的经验,所以说的话很有说服力。

【最后一张幻灯片】

21世纪的大道=光纤电缆

这是与大臣之间的会议。在政治上,命名很重要。“光之新政”听起来总有点老套,所以这时提议采用“光之道”这个名称。

接下来,其他成员的发言也提到推广电子教科书以发展数字教育、使用信息传播科技以减少二氧化碳排放等建议。原口大臣除了听取我们的意见之外,似乎也从NTT与KDDI等企业那里听到不少东西。这也是理所当然的事情。“这件事有必要与KDDI 等公司好好讨论。总有一天,也需要考虑与他们结盟吧!”原口大臣还进一步问:“如果真的要实行,时间表大概会怎么规划?之后可以提供给我参考吗?”

原口大臣离席后其中一位成员这么说道:“虽然大家都说原口大臣偏向NTT,他却听得很认真呢!或许我们可以说服他。不过他到底是一名政治人物,说不定只是装出两边的话都听的样子。”

第二天,我们通过原口大臣的秘书官,提出时间表方案的备忘录:

- 2010年秋,决定方针。包括政府决定的方针都必须调整。即使无法得到NTT、工会、财务省、美国等的赞成,也要避免强烈的反对。
- 2011年春,提出法案。NTT重组法案、《电气通信事业法》修正法案。
- 2012年夏,通过法案。
- 2013年夏,召开股东大会、成立新的接入网络公司。

上次NTT重组时,从法案通过到重组完成耗时2年。鸠山首相曾经问过这个计划能不能在4年内完成。我们推测,他想问的是,在政党轮替之后,能不能在一届任期的4年内完成。这届众议院议员的任期到2013年。我们提出的时间表就是从2013年反推回去的结果。

圣诞大逆转——“原口愿景”发布

我从12月19日开始到新加坡出差。抵达新加坡后,就听取了关于新加坡信息通信政策的报告。新加坡正朝着在2012年将光纤网络普及到全国的目标迈进。他们采取将通信企业进行结构分离的策略，企图排除政治考虑，通过逻辑思考，尽可能有效率地建设宽带网络。

他们主要借由分割相当于新加坡NTT的新加坡电信公司拥有的局社等，组成新的网络设备公司，并由多个经营者共同运营。网络管理则由排名第2的竞争公司StarHub负责。包含外资在内的各种公司，似乎都可以加入提供服务的零售公司的行列。他们也提出邀请，问软银要不要加入。

我在新加坡的莱佛士酒店边喝下午茶边思考："新加坡的方式，对于孙社长提倡的'光纤普及率100%'与'光纤基础设施建设公司'来说，十分具有参考价值。"12月23日，我在早晨6点半抵达成田机场。成田特快首发车时间是7点48分，我趁等车时打开手机，有几通未接来电及语音留言。我听取了留言："岛先生吗？原口大臣在22日内阁会议后的记者会上，发布了'原口愿景'。他表示要在2020年之前，将宽带网络100%普及到全国。我想您或许知道些什么，所以打电话给您。我会再打过来的。"这件事我也是第一次听到。虽然对方说我或许知道些什么，但我这个星期都在新加坡出差，根本无从得知这件事。

我匆忙查看邮件。公司的涉外事务部发来的邮件中，有原口愿景的详细内容，诸如2020年让每一户人家都能使用宽带服务、2015年前发给所有的中小学生电子教科书等，都是前所未见的远大目标。

我在当天10点左右到家。这天是假日，下午我已经和妻子约好，要和她一起去看井上芳雄先生主演的音乐剧。我回电给几位记者。

原口大臣在22日发布的原口愿景，似乎在通信行业掀起一阵波澜。原口愿景可说是具体呈现出民主党政权主张的政治主导形式。首先由政治主导,提出大的目标或宣言,之后再决定实现的方式,这是一种由上而下的做法。如果是过去由官员主导的流程,会先通过审议会等花1年左右的时间达成共识,之后政治才开始运作,属于由下而上的手法,与政治主导的流程完全相反。

庆应义塾大学的中村伊知哉教授在接受采访时回答:“无论是将宽带普及到100%的家庭,还是发给全国中小学生电子教科书,都是有野心的政治决断才能提得出来的目标。他或许只是将我们以前请愿的内容放进政策中,但类似基础设施建设的全国推行这样的问题,如果采取从前先讨论再决定政策的方式,是得不到结论的。这是缺乏政治决断的人无法推动的主题。”

我喜欢的江户末期儒学家佐藤一斋所写的《重职心得条目》中,有这样一段话:“大臣之心得,必先穷诸吏之见,采公平之决,方可克其职。”应该采取什么样的方式,才能复苏日本经济,使经济成长上轨道呢?无疑,原口大臣已经听了NTT、KDDI、软银等所有企业的说法。他听取企业家的提案,从中选出能以大臣身份开创日本未来的内容,以原口愿景的形式发布。

直到12月22日前,媒体还不断地报道原口大臣偏向NTT。因此,让宽带普及到每一户的目标,具有变风向的意义,给通信行业投下一颗震撼炸弹。原口愿景除了对总务省推动竞争政策的轨道进行了修正外,也给NTT组织问题这个最大的悬案带来影响。

原口愿景关于宽带100%普及的政策,自此之后就被称为“光之道”构想。12月22日原口愿景发布后的一连串动向,也成为业内津津乐道的圣诞大逆转。

运用谋略,“光之道”成为国家政策

出生地会给人们带来巨大的影响。我出生于岐阜县西美浓地区的海津市,靠近决定天下的战场关原。石田三成的谋将岛左近是关原之战的实质策划者,可能因为与他同姓氏,我经常前往三成阵地遗迹所在的关原笹尾山,也反复阅读司马辽太郎先生所写的《关原之战》与堺屋太一先生所写的《雄心壮志》。

或许是因为正义感的关系,领地只有近江佐和山19万石的石田三成,竟敢策划这场决定天下的战争,挑战拥有250万石领地的德川家康。我无论是在民主党代表室,以政党轮替为目标对抗自民党的时候,还是以软银社长室室长的身份对抗巨大的垄断企业NTT的时候,石田三成的战略、战术都给了我很大的参考。孙社长也像石田三成一样,因为正义感太过强烈而猛烈炮轰对手,所以容易招致周围人的批判。

小虾米该如何建立能够战胜大鲸鱼的体制呢?能够让越多人站在己方,就越容易获胜。“西瓜偎大边”,人会支持他认为能得胜的一方。因此,就算只是幻想,也要装出相信自己会获胜的样子。这么做,就有可能获得真正的胜利。让人觉得能够获胜的人,就真的会胜出,这是我用9年的从政经验证明的铁则。

孙社长是领导者,他只要理直气壮地陈述理想即可。但是,担任幕僚角色的我不一样。官员也好,任务小组的专家也好,KDDI等企业也好,都不是光凭理想就能说动的。

面对NTT时的团结一致并不稳固。企业有各自的利益。NTT只要对个别企业以利相诱,团结就难以维持。要想实现光之道构想,必须持续不断地谋划。我从《雄心壮志》与《关原之战》中得到启发,以自己的方式整理出“计划成功的三要素”,并且在行动时将这三个要素放在心上。

第一个要素是象征。中曾根康弘政府推出行政改革时,国铁民营化之所以能够成功,当时的临时行政调查会由土光敏夫先生担任领导者,也是一个重要原因。每个人在判断时,根据的都不是事实而是印象。因此,人们会认为,身为经团联会长却过着以鱼干当配菜的俭朴生活的土光先生做事是能够信赖的。孙社长当然是象征光之道构想的其中一人,但只有他是不够的。因为孙社长的发言,会让人觉得只是为了自己公司的利益着想,肥水不流外人田。这时,原口总务大臣发布光之道构想,成了最有力的支援。

第二个要素是通志于众。中国古代兵书《六韬》《三略》中写道:“夫主将之法……通志于众。”所谓通志于众,具体来说就是宣传。软银过去在取得频段时,经常通过刊登意见广告来进行宣传。当时推特开始流行,所以我便想到活用推特。孙社长从12月24日开始上推特,他的生活形态也改变了。“现在不只是媒体,一般人也能同时向多数人发送信息,与他人沟通的时代到来了。最近,我早上起床都会先看推特,睡觉前也会看推特。”孙社长有时也会通过推特与原口总务大臣聊天。以下是新年某天,他与原口总务大臣在推特上的对话:

“原口先生,民众追求的是远大的志向与廉洁的政治。请加油。”

“复兴日本，开创未来。孙先生的理想给了我许多勇气。”

他们的对话是公开的，这让我吓了一跳。但正因为他们光明正大，只靠理想结合，所以能够做到连早餐会的费用都是平均分摊。我也为了可以在niconico动画或Ustream等影片共享网站直播总务省主办的听证会而奔走，试图有效宣传软银的构想。

第三个要素是锦之御旗①。人不会为了正义而行动，只会为了利益而行动。但是，如果有象征大义的锦之御旗，行动时就会更方便。所以，握有锦之御旗的一方，容易凝聚庞大的势力。“不以利为利，以义为利也”这句话出自于中国古代经典《大学》的一节。企业经营不用说，如果是国家的经营，必须考虑的是“义”而不是“利”。我必须请孙社长谈论复兴日本经济这个“大义”，而不是一个企业的“私利”。但只有这样也是不够的，我开始思考，如果可以让光之道构想成为国家政策就好了。因为根据国家政策采取的行动，才是握着锦之御旗的行动，才是最凛然的大义！

2010年1月14日，我和孙社长一起前往首相官邸拜访，与鸠山首相展开会谈。1月29日，鸠山首相在国会的施政方针演说时发布了令人惊讶的内容。这是国会在政党轮替后的第一次例会，光是在这个场合发布施政方针的演说，就足以吸引国内外的瞩目。首相在国会中的演说，对于决定政策方向性而言具有特别的意义。政府决定政策时，通常要经过既冗长又困难的过程。首先必须协调政府各部门的利益，

①代表天皇的旗帜。

而后再设计更具体的制度。接下来是最困难的部分，根据内阁制政府与执政党一体化原则，制度必须经执政党内部程序通过。NTT工会在民主党中具有强大的影响力，因此与分离NTT密不可分的光之道构想极有可能触礁。但是首相的演说，完全不需要这些麻烦的程序。政策的方向由首相主导，首相做决定时，就已经拍板定案了。各部门的官员，相当清楚首相国会演说的重要性。因此，他们拼了命都要把对自己部门有利的内容，写进讲稿里面。

鸠山首相在施政方针演说中，清楚地提到了光之道："我们试图通过彻底活用信息通信技术，将'水泥道路'的概念转换成'光之道'的灵感，致力于创造适应新时代的地域联结及周边发展。"他会提到光之道，可能是因为原口大臣的大力坚持吧！光之道构想成为国家政策，软银得到"锦之御旗"，分离出NTT接入网络、成立光纤基础设施建设公司的雄心壮志已然启动。

05 光之道，实现的最后一里路

2010年2月-9月

“NTT接入网络应该保留在组织内，还是应该分离?”光之道的争论，就如同KDDI、软银等竞争企业与NTT的战争。竞争企业虽可在短期决战中占优势，一旦进入长期抗战，情势就变成对NTT有利。这样的说法，在社会上悄悄流传开来。

管制的俘虏

我当议员时，曾经在民主党的影子内阁中担任过内阁总务大臣候补。这个经验让我清楚地知道NTT集团真正的实力，他们拥有强大的情报搜集专家团队，并且完全超过总务省官员。不，超越这个形容或许还过于保守，应该说除了部分官员之外，其他的总务省官员简直就是靠着NTT给的情报做施政判断。

调查福岛核电站事故的国会事故调查会，曾用“管制的俘虏”这个概念分析电力公司与经济产业省的关系。这是得过诺贝尔经济学奖的乔治·施蒂格勒教授提倡的概念，指的是受管制的一方，也就是电力公司，利用信息的不对称性拉拢管制的一方。政府的管制机构被行业拉拢,即使制定规则也形同虚设,或是受行业的利诱而成为帮凶。管制的一方因为信息的不对称,通常是因为政府的失职,使自己在专业知识或情报方面不如受管制的一方。此外,退休后的人事保证(成为空降主管)也是造成这种现象的原因之一。管制的俘虏这个概念,清楚地说明管制当局与企业之间的关系。

在我看来,总务省与NTT之间的关系,也呈现管制的俘虏状态,原本应该中立的总务省官员,许多人都成了NTT的代言人。以光纤普及率100%为目标的原口大臣,也开始有同样的感想。原口大臣受邀参加某位民主党议员的早餐会之后是这么说的:“七成的人(提到推动原口愿景与光之道构想)觉得这个也不能做,那个也不能做,主张维持现状。只有其余三成的人想要开创未来。”

2010年2月18日早上7点,第三次的早餐会在帝国饭店举行。鸠山首相在施政方针演说中挑明“从水泥道路迈向光之道”,因此,光之道构想成为鸠山内阁的政策。原口总务大臣是内阁的一员,站在他的立场,必须朝着实现构想迈进。

孙社长依然是第一个简报的人。这次的主题是“国家愿景迈向具体化”。早餐会成员都没有预料到孙社长这次的简报避开了有关光之道构想具体化与分离NTT的内容。

我在事前准备时向孙社长提议:“原口先生一直以来都在考虑合适的方案,所以我们试着跳出企业的框架,以国民的身份向他提建议。值得庆幸的是,他也采用了很多我们的提案。接下来,我们必须成为原口大臣的加油团,而不是智囊团。”

简报的第一张幻灯片,就从鸠山首相的施政方针演说开始。

“我想守护生命。地球诞生至今46亿年，从这么长的时间轴来看，我们人类出现的这1万年，只不过是一段极短的时间。人类需要什么样的经济、政治、社会、教育，才能过上人类应有的幸福生活呢？现在，这个理念是哲学问题。”

孙社长说：“鸠山首相在施政方针演说中提到了理念。根据这个理念，提出未来的理想愿景。为此，我们必须思考要在何处作战的战略，以及该如何作战的战术。此外，为了策划以新成长战略为前提的国家愿景，应该成立由鸠山首相、主要内阁官员、企业家、民间专家组成的国家愿景会议。”根据孙社长的说法，成功的愿景有三大要件：①领导者的强烈意志；②简单、具体（定量）；③能够获得共鸣的内容。他强烈主张，必须将国民能够支持、分享的国家愿景，制定得更明确。

但是他也没有触及施政方针演说中的“从水泥道路迈向光之道”。当初与鸠山首相谈话时，首相想追求的目标不仅仅是单纯的经济成长，而是国民的富足，因此，软银社长室自己琢磨出了国民富足指数草案。这个草案是将人均GDP、平均寿命、受高等教育人口比率、就业率、绝对贫穷率、犯罪发生率、人均居住面积、都市公园比率等与世界各国进行比较。若将G20国家做个排名，第1名是澳大利亚，日本排在第6。但这终究只是私人集团的估算。不过，让日本的人均GDP成为世界第一的想法，也纳入了日后的成长战略中。“基本人权包括自由权、社会权、国务请求权、参政权等。现在也应该重视信息接入权（光纤普及率100%）。IT能够充实医疗，延长平均寿命，也能让人无论身在何处都能接受教育。保障每位国民的信息接入权，就能均等地给予所有国民实现富足生活的机会。而超高速信息基础设施建设——光之道,就是达成这个目标的具体方式。”

孙社长的简报结束后,其他成员也随后报告、发言。他们的发言就相当刻意地去强调光之道了。

原口大臣在离席之前和大家打招呼,他的发言比我预料的更深入。“各位的简报真是太好了,让我热血沸腾。我绝对要实现施政方针演说中也提到的光之道,而且必须积极推动才行。虽然有各种阻力,但我绝对会将其往前推进。剩下的就是金融该如何配合、制度该如何设计的问题。希望各位能够尽快整理好意见给我。”

英国在以政治主导的方式推动政策时,会组织名为“政策小组”的智囊团。英国前首相布莱尔就是因为经常参考政策小组的意见,才会招致随便成立顾问团的批判。这个学习会就像是原口大臣的私人政策小组。不过,请容我再强调一次,虽然是早餐会,但费用却是平均分摊的。成员都是因为抱有改革日本的热情与理想,才聚集在一起的。

时间到了,原口大臣在秘书官的催促下离席。所有成员都略为亢奋地站起来送原口大臣离开。之后,成员们经过讨论,决定响应大臣的要求,尽快拟订行动计划与提案。每个人的意见都很热烈,但我却对金融高层的冷静意见印象深刻:“原口先生虽然意志坚决,但根据至今为止的经验来看,NTT还是很强。原口先生说不定会‘被封杀’。因为这些人即使将原口先生拉下来也不痛不痒,在这里的人把他当成突击部队或许是一件危险的事。”

这成为最后一次的学习会。原本预定在3月举行的学习会,因为接获不知从哪里传出来的被周刊杂志盯上的消息而中止了。

目标是2015年完成铺设光之道

2010年3月9日，下午6点半。我第二天要到欧洲出差，所以想先找秘书拿行程与机票，然后早点回家。这时手机响了，是总务省改革派官员T先生打来的电话。“岛先生，我刚刚被找去开政务三巨头会议。原口大臣指示我们在任务小组中讨论该如何实现光之道构想，并且在5月中旬以前提出基本的方案。”平常总是冷静的T先生，这时的声音显得相当亢奋。政务三巨头会议是由大臣、副大臣、政务官等政治人物组成的会议。对于从以官员主导迈向政治主导的民主党政权来说，这是总务省最高层的决策机构。根据T先生的说法，原口先生指示他们针对重新讨论NTT的经营形态与普及服务，以及促进信息传播科技活用等三点提出方案。这是原口总务大臣第一次对重新讨论NTT组织作出正式的指示。

前自民党政权的政府与执政党达成共识，预计在2010年重新讨论NTT重组。巧的是，原口大臣自就任以来，即主张“希望各位不要被自公政权时代的框架绑住，应就大局展开讨论”，但他也决定在2010年正式探讨NTT的问题。T先生告诉我总务省的气氛：“在此之前的任务小组会议中，大臣都对NTT的重组问题不置可否。但这次的指示，却可以理解成要求大家推动NTT的光纤基础设施建设分离。”T先生接着报告了最重要的一件事：“原口大臣也指示我们，将原口愿景原本计划在2020年实现的目标，提前到2015年实现。”

我曾听原口大臣提过，他在2009年9月24日与美国联邦通信委员会主席朱利叶斯·格纳考斯基见面时的事情。他就是在那时，听到了2020年之前,整备完成90%的家庭光纤网络构想。自此之后,原口大臣似乎就不断地思考实现的方法,他思考的结果就是原口愿景的光之道构想。

格纳考斯基似乎对大臣说明:“如果想要实现光之道,只能让NTT屈服,或是利用NTT。”让NTT屈服,是KDDI、软银主张的“分离”;“利用”则是NTT主张的“重新整合”。T先生想要尽快与孙社长讨论,问我能不能安排。但我告诉他孙社长正在出差,而我接下来也要前往欧洲出差,所以无法立刻处理这件事。“任务小组的会议在3月29日举行,到时候如何讨论这件事情关系重大。”T先生叮咛般地说道。

我到欧洲出差,是为了考察瑞典、荷兰的结构分离。出差行程恰巧夹着周末,我趁着星期天前往参观被列为世界遗产的12架风车。这里利用挡水坝,以干拓方式开垦而成一望无际的农田。荷兰人告诉我一句他们喜爱的格言:不开创未来的民族终将消失。未来,随时想着未来。过去的荷兰人考虑到未来,经营出他们现在站着的这块土地。荷兰人从公元前就靠着自己的双手创造出国土,这是他们的智慧。

3月29日,总务省召开工作小组会议,并发给委员“光之道构想”的资料。为了将2020年的目标提前到2015年完成,信息传播科技任务小组必须尽快展开讨论,在5月中旬之前提出基本的方案。

1. 整备光之道。整备接入网络的方法(包含NTT经营形态在内)。

2. 确保国民接入光之道的权利(重新研讨普及服务)。

3. 活用信息传播科技实现富足的社会(统筹活用信息传播科技的方法)。

关于NTT经营形态的讨论,也明确写在构想当中。评论家胜间和代开了第一枪:"NTT应该承担什么样的角色、拥有什么样的组织形态,成为无可避免的议题。"记者町田彻也反映:"重新讨论NTT的组织,是像英国电信那种程度的分离,还是分割得更细?这里指的是资本分离吗?"英国电信的分离方式,是将铺设与管理连接到各家庭的光纤线路部门,分离成另一个部门,并且公平地将线路租给其他公司,这种方式称为功能分离。功能分离是一种半上不下的方式。我曾经前往实验国家新西兰进行考察,新西兰也实施了功能分离,我询问政府相关人员实施结果如何,得到的回答是:半上不下的功能分离是一场噩梦。

讨论NTT的问题时,除了功能分离之外,还有另一种被称为"接入分离"的方式,也就是将管理光纤线路的部门从NTT分离出来成立另一家公司。孙社长主张的就是这种方式。

"NTT握有七成的市场占有率说明了一切。只要开放竞争,光纤普及率自然就能提高。"胜间女士如此主张。但我觉得光是开放不够,只有接入分离才是上策。

担任主席的法政大学教授黑川和美总结道:"我认为应该成立另一个工作小组,进行有关光之道的具体讨论。虽然要在5月中旬之前这么短的时间内提出方案是挺赶的,但上面很期待我们能够拿出成果,拜托各位了。"

在5月中旬之前整理出方案。扣掉黄金周的话,其实只有一个半月的时间。要以惊人的速度推动光之道构想。未来学家阿尔文·托夫勒在《财富的革命》中提到,如果企业运作的时速是100公里,那么行政只有25公里，政治只有3公里。原口大臣将企业的时速，带到了政治与行政场域当中。

原口大臣无法错过的报告

2010年4月20日，信息传播科技任务小组计划下午在总务省展开会议。NTT、KDDI、软银等相关企业将举行听证会，3家公司的社长都计划出席。根据事前收到的消息，原口大臣有要事不能前来，预定由内藤副大臣代理出席。孙社长说："真想让原口大臣也听听看啊！"

政治人物的早晨很早就开始了。我在6点20分打电话到原口总务大臣的手机，一般来说，大臣这时候已经开始听取官员报告了，所以我打算留下留言，没想到原口大臣接起电话说："学长，早安。"各位读者或许很难理解，但松下政经塾就像运动社团，哪一届毕业很重要。我是第二届，原口大臣是第四届，所以我是他的学长。政经塾的伙伴无论社会地位如何，学长就是学长，学弟就是学弟。

"我们今天将在信息传播科技任务小组会议上讨论光之道，除了孙社长之外，其他两家电信公司的社长都会出席。孙社长对于大臣无法出席这件事，感到相当遗憾。"

"今天几点？我也很想去呢。"

"听证会采取各个企业轮流报告的方式，软银在3家公司中是第一个报告的，所以大概5点半左右开始吧！"原口大臣虽然说很想去，但我觉得他是在客套。

4月20日傍晚。电视台的摄影机已经挤满了总务省举行新年团拜会等活动的地下大讲堂。这是信息传播科技任务小组第二次在共同会议上举办对企业的听证会。三大电信公司的经营高层再次碰头。正前方坐着黑川主席，后方则有一块大屏幕。委员排排坐在面对主席的左手边，右手边则坐着内藤副大臣与其他官员。

原口大臣主张在2015年之前，将宽带网络普及到所有家庭，这次听证会的目的就是为实现这个光之道构想做准备。当然，关于NTT组织的讨论，也在这个主题的延长线上。

这一整个星期，孙社长都与涉外事务部的成员一起准备这次简报。孙社长一直在国外出差，星期五才刚回来，但他不顾时差，星期六、星期日从早到晚都参加简报会议，甚至连细节都提出指示。

“一张幻灯片只能有一个主题，如果不这么做，委员听不进去。”

“这次除了委员之外，也必须注意到在后方的电视台摄影机与记者，还有通过电视或报纸关注这次听证会的国民，所以尽量不要使用专有名词。”

“这个标题要更明显一点，颜色用再亮一点的比较好。”

他连幻灯片的颜色都提出要求，令人吃惊。据说，乔布斯的简报可以在3分钟内创造100亿日元。他在iPod销售总量达到2200万台之前，总共进行过3次简报。用总销售额除以这3次掀起世界革命的简报的总时间，大约就是每3分钟100亿日元。

孙社长是日本少数简报质量能与乔布斯匹敌的企业领导者。企业领导者的简报对象是顾客与投资人，而在政策听证会上，相当于顾客与投资人的，就是决定政策的官员、审议会的委员，以及形成评价的媒体。再者，在采取政治主导的民主党政权中，政务三巨头是关键人物，如何对原口大臣进行简报、大臣接不接受，更是比什么都重要。

黑川主席在听证会开始的时候致辞，接着听证会平顺地进行。我坐在孙社长身旁，等待轮到我们报告的时间。内藤副大臣坐在主席身旁。

我前一天准备简报到很晚，所以有点走神。孙社长用手肘碰我："原口大臣……"

原口大臣在秘书官的引导下，从会场后方的入口快步走进来，他手上抱着计算机。内藤副大臣起身，打算让出主席身旁的位子。原口大臣制止他，一鞠躬之后坐在内藤副大臣的右方。

"我想，各位从NTT西日本违法泄露个人资料的事件中也知道，只有功能分离是不够的。NTT的接入部门应该进行结构分离，甚至可成立一家名为Japan Access的新公司，如此一来才能确保公平竞争，更容易要求其行使对数字装备提供普及服务的义务。我想说的是，NTT的结构分离，才是复兴日本经济的关键。"eAccess千本社长的简报结束。

"原口大臣刚刚抵达现场，请他为我们说几句话。"原口大臣停下打字的手，站起身来，恭敬地面对委员席一鞠躬。

"今天感谢各位拨冗前来此处，一起讨论掌握复兴日本经济关键的光之道构想。我原本以为无法出席，但前一项公务提早结束，所以请秘书官调整行程赶来这里，希望可以向各位表达谢意，以及直接听取各位企业家的意见。刚才能够听到eAccess的简报，让我相当开心。"原口大臣的出席，让气氛越来越热烈了。

全面支持政府版光之道构想

"接下来请软银的孙社长发言，孙社长麻烦您了。"孙社长看着正前方，吸一口气，仿佛等待委员将注意力转到他身上。

“我全面支持政府版的光之道构想。”委员的眼神变了。受邀参加听证会的企业，多半会对政府版的构想提出要求。但是，从来没听过有人全面支持。

“鸠山首相在1月29日的施政方针演说中，明确阐述政府从水泥道路迈向光之道的方针。原口大臣承袭这个方针，在3月9日的政务三巨头会议上作出指示，要求官员以光纤网络在2015年达成100%的普及率为目标，提出‘光之道三法案’。执政党民主党的信息通信议员联盟，也将光之道100%普及当成‘信息通信八策’提出。”

NTT的三浦社长双手抱胸，死盯着前方。

“有些人会说，光之道构想、原口愿景只是在画大饼，虽然我也常被人说喜欢画大饼。”会场传出轻笑。“我认为，只有画大饼才能开创未来。举例来说，在关东大地震之后拟定‘帝都复兴计划’的后藤新平（内务暨通信大臣）也曾被说是在画大饼。他在那个只有手拉车行走的年代，就将绿化分隔岛设在现在的昭和大道等道路中央，建设出宽44米的道路。第二次世界大战后，我们虽然拆除了绿化分隔岛，将其改建成车道，但现在道路已经不够宽了。所谓的远见，指的就是这样的事情。”原口大臣认真地将孙社长的发言打进计算机里。

“后藤新平就是现在的总务大臣。20世纪的后藤新平打造了车道。当时的社会基础设施建设指的是传送水流的水管、传送电流的电线等，而21世纪的基础设施建设就是传送信息的光之道。原口大臣身为21世纪的总务大臣，我希望他务必要推动原口愿景。”原口大臣一边敲击计算机键盘，一边微微点头。

“我也认真思考过企业能否实现光之道构想。以下是我的结论:现在电话使用的金属线路以每月1400日元提供,而在完全不动用税金的情况下,也能以同等价格提供100%的光纤网络。”不动用税金,每月1400日元,是孙社长与我和涉外事务部的成员彻底讨论的结果。

如果为了将光之道当成公共事业,而扩大财政赤字,国会一定不会通过。而且,唯有通过日本国债是最有效的投资这点来说服国民,才能以安定、安全为前提,颠覆社会。站在银行的角度来看光之道,能够长期提供稳定收入的光纤接入公司,是最理想的融资对象。而且,我们主张,如果有政府保证作为法律上的担保,即使不动用税金,也能调度民间资金。

再来是1400日元的根据。只要一口气废除现在使用的所有电话金属线路,同时铺设光纤线路,就能减少目前1年3900亿日元的金属线路维护费。根据这个价格计算,光是电话线路的维护费,10年就需要3.9万亿日元。只要一口气铺设光纤线路、废除金属线路,就能减少3.9万亿日元的花费。如果只有光纤线路的话,只要2.5万亿日元的维护费即可。

最花钱的部分,是一项12万日元的铺设工程,重点在于通过政策一口气执行。12万日元当中管理费占4万日元、工程费占8万日元。只要通过政策一口气铺设,管理费就能压到4000日元左右,几乎没花到什么钱。工程统一进行可以提高效率,因此工程费也可以压到2.6万日元。换句话说,总花费可以减少到3万日元左右。

再者,现在的线路租用规则设计成一次必须8条线路一起租用,线路费每月4600日元左右,只要用户数增加,8条线就能全部用到,这么一来费用就能减少到八分之一，每条线路的费用至少可以减少到1400日元。

以上是必要条件。而通过将光纤基础设施建设事业完全从NTT资本分离开后引起竞争则是充分条件。这些事情刚听到时虽然不容易理解，但孙社长精彩的简报，具有让人产生“啊，原来如此”的说服力。

“最后我想说一件事。我觉得这场听证会，不能变成企业之间互相陷害、彼此算计的场合。前几天，我看了大河剧《龙马传》。坂本龙马所做的一切不是为了幕府，不是为了长州，当然也不是为了土佐。我希望各位也可以超越这一切，只专注于思考为了日本该怎么做。为了日本的结构改革，我愿意尽绵薄之力，全面支持光之道构想。”孙社长的简报虽然慷慨激昂，却没有人拍手。

“各位对于孙社长刚才讲的内容，有没有什么问题或意见呢?”主席照例邀请听众发问。委员没有提出什么意见或问题，于是孙社长站起来，换接下来上台的KDDI小野寺社长与工作人员开始准备，会场呈现稍事休息的气氛。就在委员开始彼此交谈时，原口大臣合上计算机，站起来鞠了一躬。他走向正要从讲台回到自己座位的孙社长，两人用力握手。他在和我握手之后，便离场了。

之后，小野寺社长开始简报。他一开场就表明了自己的不快：“原口大臣刚才离场了，但如果可以的话，希望他也能听听我的简报，与NTT三浦社长的简报。”最后一个上台的NTT三浦社长也结束了简报，他主张组织分离只会浪费时间与金钱，会妨碍普及光纤网络。

单就这件事来看，原口大臣像是只为了帮孙社长加油而来场，结果却适得其反。但事实却没有那么单纯，背后有伏笔。这是我从政务官口中听到的。

听证会前的4月9日，NTT的三浦社长与原口总务大臣有一场会谈。

“现在的电话线，可以一口气换成光纤线路吗？”原口大臣问。

“企业与个人都会用到电话线，勉强替换，从经济上考虑不合理。”三浦社长回答。

“我希望你能告诉我，NTT可以为光之道做什么。”接下来，三浦社长就一直滔滔不绝地说明做不到的理由。原口大臣之所以为孙社长加油，也有督促NTT振作的意思。

不过，我却感到不安。嫉妒与情绪会影响政治。我觉得这件事给了KDDI的小野寺社长一个接近NTT的绝佳机会。

我的不安暂时先放到一边。当天晚上，原口大臣传给孙社长的推特大受好评。“真的很感谢您。您的简报令人热血沸腾。我希望能够完成光之道，打造复兴日本的基础。”

光之道，迈向公约

自此之后，光之道构想就开始朝着成为现实的方向前进。

2010年5月6日，原口总务大臣发布“原口愿景Ⅱ”，其设定的目标是在2015年之前实现100%的光之道（将宽带网络普及到所有家庭），借此达成每年经济增长率为3%的目标。

6月18日，内阁会议敲定新成长战略，其中的“IT立国·日本”也列入了光之道构想。新成长战略成为近期内举行的参议院选举的焦点公约。2009年8月，政党轮替前后，遭NTT看扁的民主党政权一口气改变主轴，光之道构想也浮上台面。

但是，政治的风水是会改变的。

7月11日，鸠山首相退下来，民主党在菅直人首相领导下举行的第22届参议员选举中落败，原本拥有的54个席位在改选之后减少10席，变成44席。在野党自民党则从38席增加到51席。

决定参议院选举胜败的，是拥有29个席位的一人区(改选时仅1人当选的席位)。在一人区当中，只要赢一票就当选，输一票就落败，竞争相当激烈，再加上选区扩及全县，选民也容易受到风向与风评的影响。执政的民主党在这次选举中的成绩是8胜21败。

“岛先生，社长找您。”我接到秘书通知，走过社长室楼层的走廊，进入摆着好几台计算机的社长室。孙社长立刻请我坐下。

“岛先生，今后会变得怎么样呢?”

“众议院与参议院无法互相配合，政治将因此而停滞不前。日本宪法赋予了参议院太大的权力，这是政策难以制定的原因。”

众议院的多数党是执政的民主党，参议院的多数党则是在野党。在这种互相牵制的政治下，没有在野党的配合，法案就无法通过。

不可否认，众议院在首相的指定与预算案方面较为强势，但法案如果遭到参议院否决，就必须经过两院协调，再次交由众议院表决，并且需要三分之二以上的议员赞成才能通过。

换句话说，即使众议院通过预算，在野党还是可以“挟持”预算相关法案，成为政策难以制定的一大原因。

“宪法成为推动国家政策的阻碍。换句话说，这就是宪法的系统错误吧!”孙社长做出了互联网企业老板特有的解释。

“这次的参议院选举以失败结束，秋天恐怕就会进行内阁改组。”

“不知道原口先生会不会留下来。”

“应该很难吧。不过，无论谁当大臣，都是我在议员时代的前辈或朋友，所以都能说得上话。原口先生也知道内阁即将改组，他应该也会做好布局，让光之道在他卸任之后能够继续推行。”

8月31日，任务小组在原口大臣的强烈要求下，拟定光之道的战略大纲。大纲中定下在2015年以前将宽带普及到每一户人家、在2011年的国会例会中提出光之道相关法案的日程。

9月17日，民主党联合政权进行首次的内阁改组。总务大臣由谁担任成为重点。

电视台字幕打上新闻快报：“总务大臣由庆应义塾大学教授片山善博出任，成为民主党内阁首位来自民间的大臣。”片山先生是自治官员出身的前鸟取县知事。总务省虽然是由自治省、邮政省、总务厅合并而成的单位，但真要说起来，还是以前内务省、自治省系统为主。由前知事担任总务大臣一点也不意外。但是，片山先生给人一种对通信行政没什么兴趣的印象。

原口大臣通过政治主导，将光之道构想一点一点地往前推进，而这个趋势恐怕将会改变。自治省出身者的特征是，喜欢依照顺序、按部就班地推动工作，因此虽然具备安定感，但应该无法像先前那样当机立断了。

另外还有一项重大变化。原本不管由谁担任大臣，我应该都能通过手机建立与大臣之间的热线，而这条线却断了。我的手机里输入了前原外务大臣、野田财务大臣、仙谷官房长官，甚至还有菅直人首相的电话，但就是没有片山总务大臣的电话。

原口先生的卸任，让NTT高管大为振奋。我们与NTT的战争因为内阁改组而进入长期抗战。我感觉到NTT将开始反击。

06 光之道，此路不通
2010年8月—2011年3月

推动计划的三要素之一——象征，已经瓦解。事到如今，必须转换战略。我身为政治人物出身的社长室室长，能走到这里，靠的完全是共同的理想。但是，原口大臣离开内阁，换上了民间出身的片山总务大臣。

成事不必靠政治献金

时间稍微拉回到2010年8月11日。我以前政治人物的身份，受邀参加在鸠山由纪夫先生的别墅举办的学习会，因此到轻井泽过暑假。会中讨论的是，日本的国内生产总值换算成美元之后被中国超越，成为第三的话题。

某位参议院议员对我说："岛先生，大家都说软银很小气。软银就连餐券都只买一张吧？这么做的话，没有人愿意帮你们护航到最后一刻哦。"他这么说并没有恶意。老实说，从政党轮替前的自民党时代开始，就有很多人向担任社长室室长的我要求政治献金，但是我全部拒绝了。"NTT的管理层自发地募集个人献金给自民党，工会成员也自发地募集个人献金给民主党的有力议员。岛先生的公司也应该这么做比较好，不这么做是没有胜算的。”也有资深记者给我这样的建议，但我却没有听。因为我听说所谓的自发，其实就是强制募集的意思。我还听说，尤其是在管理层，甚至还会根据职位直接扣除一定比例的薪水，当成政治献金。

NTT工会旗下确实有一个名为Appeal 21的政治团体，向有力人士提供政治献金。工会的信息是公开的，根据2008年的资料，他们给菅直人先生的献金是550万日元、给仙谷由人先生的献金是480万日元。软银当时却连一张餐券都没有买，菅先生与仙谷先生不知道是不是因为身为后辈的我在软银上班，所以比较客气。

为了守护名誉，我必须事先说明，政治人物即使收受政治献金，也不会因此扭曲政策。至少，企图扭曲的政治人物无法往上爬。原口先生就是最好的例子，他虽然收了NTT工会500万日元政治献金，但依然推动光之道构想。

8月15日，我为了搭上下午1点03分发车的新干线，在12点50分抵达轻井泽车站。

“咦，那不是细川先生吗？”妻子说。前首相细川护熙的确独自一人走在路上，无人随侍在侧，所以似乎没有任何人发现他。我靠近他打招呼。我们互相寒暄一番之后，身旁的人开始聚集，因此打过招呼就分开了。

我的妻子是个不可思议的人，她总是比我更早发现关键人物。我们再度朝着轻井泽车站的月台前进。

“咦，那不是菅夫人吗？”菅首相夫人在车站月台与细川先生谈话。

我向她打招呼。

“菅夫人别来无恙。”

“岛先生,你怎么突然对我说话这么客气。”

“那是因为……您现在是第一夫人啊。”

“别说笑了,也不知道会当多久,所以我们也没有在官邸放多少私人物品。哎呀,岛太太,好久不见。”

“好久不见。猫咪可可现在好吗?”妻子曾到菅首相的家中做客,当时和可可见过面。

“可可去世了。”菅夫人的语气听起来非常落寞。

“您一定很失落。下次把我们家贝尔(宠物猫)的照片寄给您吧!”

我踏上政治之路的契机,就是因为在1993年时帮细川先生成立了日本新党。现在回头看日本新党的创党宣言,依然觉得是篇杰作,我有时还会重新复习。

“当然,我也十分清楚,日本的政治改革没有简单到尝试一两次就能成功。但是,每当想到日本与世界的未来,我就不怕自己成为投身入海的基石。”实现光之道构想的情势,明显地转为劣势。然而,我原本就应该知道,这件事“没有简单到尝试一两次就能成功”。我在新干线上,拿出笔记本,写下今后的方针。

“基本方针……采取公开、公平的方式。”公开、公平的方式与关说不同。关说主要采取密室协商。相反的,公开、公平的方式,是在公正透明的情况下,采用多种沟通方式,进行开放式的协商与游说。换句话说,这种方式综合了关说与宣传。

我为了让社长室成员彻底执行,整理出下列“公开、公平的行动指南”。

1. 态度。不追求企业利益，而是以彻底追求公共利益与社会贡献为目标。

2. 协商。不进行密室协商，而是在公开场合讨论、协商。

3. 情报。不提供对软银有利的主观情报，而是有证据的、客观的高质量情报与数据。

4. 最终目的。通过民主、合理的过程，取得政策共识。

细川前首相在他的政治改革法案因为永田町的老狐狸反对而受挫时曾经说过：“剩下的只有依靠各位国民的支持了。”我现在的心境也一样，最后或许只能依靠国民的心声。总而言之，需要在全国性的报纸刊登意见广告或是在推特上募集联署吧！我在回东京的途中这么想道。

后来，妻子真的把贝尔的照片寄给了菅夫人，还因此收到了菅夫人的回信。菅夫人把贝尔的照片与自己的猫的照片一起装饰在官邸。她在信中写道：“对电子教科书感到有点不安。”这让我有点在意，因为首相拥有莫大的影响力。

展示建设光之道的决心

2010年9月21日，总务省的信息通信政策确定改由片山总务大臣与平冈秀夫副大臣为主导。平冈副大臣是大藏省出身的精英，拥有律师执照。我在担任民主党政策调查会副会长时，经常与他共事。他能展开严密的法律论述,因此又被称为“民主党的法制局”。

9月22日。当时孙社长为了专注于光之道构想,经常取消手机业务的经营会议,这似乎让第一线的人很头痛。

“岛先生,关于任务小组,我昨天发现了一件事。”任务小组中的几位委员批评软银的光纤接入公司构想不切实际。软银涉外事务部遵循行动指南,接连好几天都在拼命制作答辩用的资料。

“任务小组的工作,不就是思考该如何实现大臣提出的任务吗?他们的任务不应该是批评软银的提案,而是应该将其纳入参考,想出在2015年实现光纤100%普及的方法吧?”

“您说的没错。”任务小组的定义是,在军队中为了执行任务而组织的部队。后来不限于军队,在一般情况下也可使用,指的是为了实现某项具体而特定的目的,暂时做出的布局或编列的组织。

3月时根据大臣的指示,通过文件提出构思实现光之道构想的方法这个明确的任务。5月18日举行的任务小组会议中,在实现光之道构想的基本方向上,提出将NTT重组问题延后解决,做出了必须在1年后讨论的结论。对此,原口大臣明确下达没有推迟1年的空间,以及在今年内得出结论的指示。

“任务小组因为有任务在身,所以有针对任务思考的义务。好好想出答案是他们的工作吧? 我想到这点之后,就越来越火大。”孙社长这么说是危险的信号,因此我改变话题。

“我们与片山总务大臣的会谈,似乎定在9月29日。”

“太好了,一定要让他确实了解光之道的构想。”

总务省一开始给的时间是5分钟。这样的时间安排,完全就像企业家前往拜会知事一样。于是，我把从8月开始在网络上搜集的光之道的联署一起带去。“要求政府在国民监督下，公开讨论光之道构想的联署活动持续进行。赞成这个要求的人，麻烦请签名。”我们搜集到3.4万份联署书，会谈时间延长为15分钟。

9月29日，孙社长与片山总务大臣展开会谈。我们将装在8个文件夹里的3.4万份联署书搬进大臣室。媒体架好相机，准备拍摄送交联署书的仪式。

“该拿哪一本比较好呢?”片山大臣问。

“我想，把文件夹摆在前面，只要拿起一本就可以了。”孙社长在我的催促下，摆出将联署书交给片山大臣的姿势。接着，大臣请我们坐下。

“鸟取县也牵了光纤电缆，迈向信息化。当地称其为鸟取信息高速公路。”孙社长听到片山总务大臣这么说，马上强调这个不动用税金就能办到。会谈在15分钟内准时结束。察觉情况不比原口大臣在位时的孙社长，在回程的车上说:“我无论如何都要发展光之道。不过，如果只是提出建议，不可能达成目标吧！接下来，必须展现我们的决心才行。”

大长今与不毛地带

孙社长看见事态发展逐渐变得不利，想出积极对策以突破困境。相比他的态度，担任辅助角色的我考虑的则是被动响应与防御。我当了长达9年的政治家，当然也懂得攻击。但是，就相对优势来看，这样的角色分担比较好。

哈佛商学院教授约翰·科特提出“葬送杰出想法的四个基本战略”。我在拟定防御计划时，首先思考的就是对方阵营会采取哪些举动，以作为评估时的基本方针。

1. 煽动不安。分离接入网络将使NTT股价暴跌，进一步导致日本市场暴跌。

2. 借由拖延来消灭。在5月的任务小组会议上，主张将NTT组织问题延迟到明年再讨论就是典型手法。因为他们已经预料到原口大臣明年就不在了。

3. 陷入混乱。“这会变得怎么样”“那会变得怎么样”“另外那又会变得怎么样”，用一连串的问题轰炸。软银在8月到9月间就陷入了这样的情况。

4. 诽谤中伤。周刊杂志刊出多篇有关孙社长的报道。

任务小组会议上提出的反对意见、不知来自何处的抹黑、媒体的意见，都是应用基本战略的例子。

举例来说，有人认为孙社长满口远大理想，实际上只是想对NTT的光纤线路强取豪夺。这些人的想法，正可用《史记》中的“燕雀安知鸿鹄之志”来形容，他们总是认为孙社长背后隐藏着某种企图。

我完全能够预测出他们为了葬送光之道，会采取什么样的手段。但是，软银还没培育出足够的人才。应付这些手段的只有我与少数几人，我们的人力有物理上的极限。

我在这段时间变得越来越瘦，对外的解释都是我在减肥，但真正的原因是我几乎忙到连早餐都没时间吃。一大早，我就打电话给只有在这个时段找得到人的重要国会议员进行说明。接着再下达反击抹黑的策略指示。白天则约了学者专家、年轻政治人物等政策决定者，以他们为中心进行解释。

晚上一边与媒体聚餐，一边寻求他们的理解。回家后，过了11点后再度打电话给重要的国家议员。因为这个时段最容易找到他们，也有时间可以好好聊一聊。即使躺到床上，我也持续思考着对抗策略，所以总是睡不着。

夏天在轻井泽的时候，我的体重还有95公斤(我的身高为1.83米)，到了10月23日我已经变成约85公斤，在3个月内瘦了10公斤。

后来，回想起这段时间的孙社长说："岛先生，你那个时候变得越来越瘦，我还以为你生病了。但是，我觉得这个问题不能问，所以也没有问你。"孙社长似乎以为我得了癌症之类的不治之症。

2010年10月13日，软银学院开幕。孙社长在致辞中提到了韩剧《大长今》："大长今即使接连遭遇一个又一个的悲剧，她也忍了下来，靠着智慧渡过难关。我才看了30分钟，就哭得稀里哗啦。"孙社长即使遭受无数批评，依然朝着实现光之道迈进，他的这段话应该是在鼓励自己。而这个时候，我则在家观赏以濑岛龙三先生生平为原型的日剧《不毛地带》的DVD。但是，软银完全没有像这部作品那样涉及金钱收受问题。我们一路走到这里，靠的只有与官员之间的共同志向。

即使只有软银，也必须完成

"我要成立企业与政府共同出资的接入线路公司。"2010年10月

25日，孙社长在东京皇家王子大饭店召开紧急记者会，发布实现光之道构想的新提案——成立接入线路公司。

当天11点20分，孙社长在记者会开始前先向片山总务大臣，以及逢坂诚二政务官、内山晃政务官进行说明。平冈副总务大臣则因为时间无法配合，由我拨电话给他。

“这是新提案吗？我也认真考虑过该如何在2015年之前实现光之道。有新的提案的话，就让我看看吧！”我很感谢平冈副大臣这么说。

NTT认为光之道必须实现，但提出的方法是，先采取目前使用的金属线路与光纤线路并行的方式，再慢慢替换。相对的，软银考虑的提案，则是让光纤线路一口气普及开来。

孙社长的新提案是，由政府、NTT、KDDI、软银共同出资成立接入线路公司。也就是将NTT东日本、NTT西日本经营的接入部门进行资本分离，再增资5000亿日元进行经营。资本结构为，由持有约2万亿日元NTT股权的政府出资其中的2000亿日元，NTT、KDDI、软银各出资1000亿日元。

“我每天都会看推特，有人在留言里批评我：‘你只是在搭便车吧。NTT好不容易做好基础建设，软银只是捡便宜而已，还说得那么好听。’这句话一下子刺进我的心里。”孙社长会在意推特，是一件不可思议的事。我打过小选区选战，换句话说，选区里的半数都是敌人。在某种意义上，我对这些批评已经无感了。虽然我告诉孙社长“不要理会那些批评比较好哦”，但他还是会在意。在这件事情上也是如此。

“我反省过了，光是站着指责NTT也不太好。NTT东日本、NTT西日本的负债是2万亿日元，让我们帮他们扛起一半的债务吧！如果有必要，只有我们一家公司，也要增资5000亿日元给大家看看。让我们怀着觉悟，认真去做吧！”

这家新公司能够扭亏为盈吗？现在，NTT东西的接入部门，每年亏损大约2900亿日元。亏损的原因是什么呢？NTT东日本的金属线路，其中有20%已经设置超过20年，线路的维护费用就是亏损元凶。

这种情况下，首先应该“止血”。新公司只要完全舍弃成为亏损元凶的金属线路部分，就能够止血。尽管营业收入减少若干，变成9800亿日元，光纤以及其他成本，增长为几乎两倍的7500亿日元，两者相减还是能有2500亿日元的盈余。

此外，孙社长也断言，只要活用NTT丰富的人才，就能应付将金属线路一口气换成光纤线路的工作。

这场记者会结束之后，软银股份有限公司的网站上，以“给各位国民的话”作为开场白，写下了《现在“光之道”构想的讨论渐入佳境》《软银集团，全面支持政府提出的“光之道”构想》等内容。我想再次强调，软银之所以能够如此光明正大地表明支持立场，正是因为没有参与政治资金的收受等见不得人的行为。接着再回到网站上的内容：“接入线路公司在几年之后就能获利，成为健全的公司。其利润将以接线费等有利于国民的方式，回馈给国民。”

“孙社长虽然认为，由国家与企业共同成立新公司非常重要，但另一方面，他也表明为了日本的将来，‘即使只有软银一家公司，也必须完成’这样坚定不移的决心。”在公司的网站上斩钉截铁地告知利害关系人“即使只有软银一家公司也要完成”。我前面提过，实现这个光之道构想相当于“大政奉还”，也就是把原本靠着国民的纳税钱建设而成的电线、光纤电缆、通信网络等，再一次交回到国民手上。这就是光之道的真谛。

孙社长在这个时候，得到坂本龙马在庆应三年（1867）写给后藤象二郎的信件复制品，写的是关于大政奉还的内容。孙社长小心翼翼地解开绳结，把制成卷轴的信，摊开给交换过光之道意见的政治人物与官员看：

先生（后藤象二郎）商议之建白，万一行之不可，吾等本有必死之觉悟，故御城移交失败之时，海援队将独待于将军所经之路，为社稷报不共戴天之仇，无论事成与否，将于地下与先生相见。（中略）是故营中所仪（议）论之目的，唯此一耳。（中略）万一因先生一身失策之故，失天下之良机，其罪天地难容。果真其然，小弟亦难免萨长两藩之督责，岂徒难立于天地之间。诚恐诚惧。

龙马　十月十三日

这封信表达出了龙马的觉悟。如果因为先生失策而失天下之良机，上天不会原谅这条罪状，而我也难以立于天地之间。他的意思是，自己唯有一死吧！真了不起。孙社长完全就是挟之以义。

NTT的股东是财务大臣

孙社长的记者会结束之后，由我进行收尾。我向任务小组第一部会主席、法政大学教授黑川和美与第二部会主席、一桥大学教授山内弘隆说明软银的提案。他们对我说“你们的提案，准备得很用心”，这让我松了一口气。老实说，孙社长直到最后一刻，都还在烦恼该不该将提案公布出来。

10月26日，任务小组举行会议，归纳出《更加促进公平竞争的相关论点整理（案）》作为今后讨论的基础，并针对众所瞩目的NTT东西接入网络管理部门的理想形态，提出功能分离、结构分离（组织内分公司化）、资本分离（完全分公司化）等组织重整方案，以及维持现状共四个方案，进行评估比较。

比较的标准是，"国民接入权的保障""设备竞争的促进""服务竞争的促进""全球竞争的处理""对NTT股东的影响""实现所需的时间、金钱""光之道的整备促进"等七个项目。并在11月9日将再度举行企业家听证会。

平冈副总务大臣宣布："无论如何，都要在2015年之前，完成光纤网络普及率达100%的光之道。"这也为任务小组会议的结论。孙社长宣布："即使只有软银一家公司也要完成。"平冈副大臣则宣布："无论如何都要完成。"我感到双方再度建立起了良好的默契。

再下一步，是说明由持有NTT股权的政府出资2000亿日元，三大电信公司分别出资1000亿日元的构想。

我再次思考，谁是代表政府，掌握NTT股权的股东呢？我原本以为是总务大臣，结果似乎是财务大臣。

我打电话给野田佳彦大臣，跟他约了29日的时间。当天我与孙社长一同前往财务大臣室。

"野田大臣您好，感谢您今天拨冗与我们见面。"

"岛先生太拘谨了，真不像你。"

“我从以前就被称为是长幼有序的岛啊,总是很尊敬前辈的。”

“什么啊……岛聪从以前就不是‘长幼有序’的人。”

我们与野田先生的会面从这样的对话开始,所以孙社长说明构想时也比平常更加意气风发。虽然野田先生后来成为总理大臣,但他就像亲切的西乡隆盛一样,是个有魅力的人。

“这个构想不需要税金就能完成。”

“来这里的人,都是来找我要钱的。财务省现在手头很紧,不需要税金真是谢天谢地。岛,我可以把这段话说给官员听吗?”

“当然,我们已经在记者会上发布了。但是,请说给不像官员的官员听,不然一开始就会被否决。”

后来,孙社长前往外国特派员协会发表关于光之道的演讲。

“您把见过野田大臣这件事也说出来应该比较好。”

“说出来没关系吗?”听到平常总是喜欢将行动保密的我这么说,似乎让孙社长吃了一惊。孙社长与财务大臣见面,讨论光之道构想是一条大新闻,路透社等媒体一定会报道出来。我考虑的是将这件事诉诸国际舆论。

孙社长在外国特派员协会说了下列这段话。他的演讲以英文进行,因此这段话是我的翻译:

热情就是解决之道!各位如果有热情,请一定要付诸行动。各位的国家,也有着与日本类似的问题。什么都不做,就无法开创光明的未来。如果日本无法迅速地采取行动,各位必须立刻动起来。通过国家之间的互相刺激,能够产生良性竞争。我是日本的国民,所以希望日本政府与日本人能赢，但是，我并没有怀着只要日本胜利就好的狭隘想法。

今天，我向各位介绍了“实现光之道的新提案”这个新的想法。如果有人听了我的演讲就立刻采取行动，将成为很好的案例。各位回国之后，请一定要在自己的国家宣传这个想法。让我们彼此互相激励吧！

全场的特派员，都真心诚意地报以热烈掌声。

四面楚歌与拍手喝彩

孙社长在2010年11月9日、10日，连续两天发表演讲。

9日是在信息传播科技任务小组会议上、10日是在民主党信息通信议员联盟上演讲。这两场演讲，刚好呈现四面楚歌与拍手喝彩的绝佳对比。

首先，是9日举行的信息传播科技任务小组会议。与会成员以“数字不可信赖”的意见，猛烈抨击软银一直以来主张的将NTT的接入线路部门分公司化、整备光纤线路的提案。根据我们估算，新的接入线路公司的设备投资额为3.1万亿日元、负债额为1万亿日元、增资额为5000亿日元。孙社长已经宣布，如果没有其他企业共同出资，“软银已经做好独自承担这项风险的觉悟”。任务小组的成员针对我们的估算提出质疑：“这里面没有包含向NTT收购的资金。”“因为有1万亿日元的负债，所以等到股价归零也是一个方法。”孙社长小心地回答道。但委员却不满意他的答案，继续质问：“怎么可能去买破产的公司？股东也不会同意的。这个数字的前提无法成立，所以没什么好讨论的。”

有线电视企业联盟也反对软银的提案。他们已经自行整备光纤线路,企业竞争激烈的近畿地区与其他城市地区,光纤线路已经相当普及,因此他们在这样的基础上表示:“软银的提案以提高接入线路公司的收容比[①]为优先,这么一来就无法导入新的技术。”

在我看来,软银完全是“四面楚歌”的状态。但孙社长却不这么想。他说:“任务小组成员的眼睛,也从原本的三角形变柔和了。只要敞开心胸,对方的态度也会变得开放呢。”领导公司的孙社长,与担任幕僚角色的我,差别就在这里。孙社长相信人性本善,而总是意识到要设想最坏情况的我,则根据人性本恶进行判断。委员的发言让我感到莫名的不安。

另一场令人拍手喝彩的演讲,则是在民主党信息通信议员联盟举行。

议员联盟是议员怀着特定目的参加、成立的组织,例如以推动保护邮政事业的政策为目的的邮政事业恳谈会,或是以达成政治课题为目标的北海道新干线建设促进议员联盟等。信息通信议员联盟的会长,是原口前总务大臣。会场设在众议院第一议员会馆,原口先生、孙社长与我并排坐在正前方的桌子前。原口会长站起来致辞:“今天感谢这么多人在百忙之中,抽空前来参加信息通信议员联盟的第一场大会。日本的经济在这失落的20年间没有成长,但中国与印度的经济却快速起飞,导致日本的国际地位逐渐下滑。现在是日本靠着IT重新站起来的时候,我邀请感受到强烈危机感的各位参加这个联盟,最

---

①共同分享同一网络的用户数。

后参众议院共有161名议员响应。”出席者拍起热烈的掌声。161名议员参加的联盟，将拥有相当程度的政治影响力。

“今天有81名议员亲自出席、62名议员派代表出席，真不愧是孙社长的演讲，会场大爆满。下次我会找更大的场地。”“未来的日本，需要洞察先机的能力，以及改变典范的意志力。我从孙社长身上感受到与盖茨及乔布斯相同的企业家的意志。接下来，就让我们把麦克风交给孙社长。”

孙社长拿着投影仪的遥控器站起来，说道：“我是孙正义。今天来的都是忙碌人士，所以我就从结论说起。日本必须以IT立国，朝着世界第一的IT国家迈进。民主党的成长战略包山包海，不够集中。即便列出一百种战略，无法实行也都是空话。因此我锁定其中的一种。乔布斯靠着锁定一种产品让公司复活，日本也一样。”

接着，他更进一步向在场的政治人物提出呼声。“各位手上掌握了我所没有的莫大权力。因为各位可以制定法律、编列预算，也能决定教育的内容。刚才，原口先生指出，日本在失落的20年中没有成长，但各位是国家的经营者，只要好好经营国家，立刻就能让国内生产总值增长3%。”

讨论的时候，孙社长原本想讲的是“增长10%”。我建议他“请说增长3%，而且要说是名目”。因为如果是一般人就算了，在政治人物面前夸口，会让人觉得过于不切实际。但或许是我想太多了，他们似乎一下子就被孙社长的演讲吸引了。

孙社长接着说道：“我想以IT为基础，复兴金融、流通、制造业，因此必须把光之道拉到每个角落，利用IT实施教育。我指的是像新加坡或韩国那样的电子教科书。在医疗方面,则换成电子病历,这么一来,医疗费用就能大幅度减少。为此,我们需要光之道。NTT的接入部门应该分离出来,由我们通信企业共同出资成立公司,让我们重新铺设日本百年一度的基础设施。这个方案因为有民间资金的投入,不需动用税金即可完成。”

政治人物听到不需要动用税金即可完成,反应相当热烈。尽管政党轮替,2008年的金融海啸还是让税收遽减。即使想要推动大规模的构想,没有财源也是束手无策。

“有件事只有各位做得到,那就是制定法律。在这里的各位,都是国民的代表,都是立法者。而这件事我完全无能为力。为了日本的复兴,请各位一定要发挥自己的力量,通过原口前大臣提议的‘光之道三法案’。拜托你们了。”孙社长深深一鞠躬,会场响起掌声。这让我觉得,将密室关说的战略转换成光明正大向身为政策决定者的议员提出要求的公开、公平的战略是值得的。

诉诸舆论,仍然不敌政治

我策划的另一个公开、公平的方法,是在报纸上刊登全版意见广告。广告内容是《光之道,你要A还是B》,这个广告也掀起了话题。

下面是孙社长与我在2010年11月8日去了总务省后在回程时进行的对话。

我说:“如同刚才局长所说,做决定的是片山大臣、平冈副大臣等政务三巨头。政治家对舆论很敏感。即使委员的反应不好,我们依然有胜算。让我们直接采取诉诸国民的手段吧!”

“有什么好方法吗？看来要在报纸上刊登意见广告了。”孙社长立刻回答。

10日，我们在信息通信议员联盟的简报结束后，与创意总监开会。最早的提案是刊登孙社长的照片，但被孙社长否决了。

12日，我们在社长室举行第二次会议，对话节奏良好。

“意见广告必须传到官邸。”我说。

“没错。必须一口气传到首相官邸才行。”孙社长说。

工作人员有点犹豫：“传到官邸有点……”

“没问题的。”我说。

“你该不会是NTT派来卧底的吧？”孙社长说。这句话让大家爆笑。

17日，孙社长与我一大早就一一拜会了平冈副大臣、原口前总务大臣、森田政务官，说明预定在第二天刊登的广告。

“如果只考虑商业利益，做到这个程度不知道合不合算。但我之所以会这么做，是因为觉得现在不能投降。”孙社长对原口前大臣这么说。

18日，全国性报纸刊登了《光之道，你要A还是B》的意见广告，同时也希望大家到网站上联署。

当天早上收集了1.3万人的联署，起跑还算可以。

20日，联署人数超过16万人，超过NTT工会的人数，让我们大为振奋。

22日，总务省召开信息传播科技任务小组会议，在会议上发布《光之道构想最终报告案》。然而结果却不是我们想要的。最终报告通篇都是官腔官调的文章，因此我将重点摘录如下：

1. 不重新讨论NTT的组织，功能分离应是现阶段最实际、最有效率的方案。

2. 软银提出成立光接入公司的构想，在种种考虑之下，似乎过于不切实际。

软银的提案遭到驳回，光之道构想无法通过。我与孙社长都旁听了这场会议，孙社长像是从齿缝中把“可恶”两个字挤出。

正午过后，任务小组会议结束。孙社长在记者围绕下破口大骂：“他们是国贼。这个结论真是太离谱了！”他在推特上也毫不保留地写道：“功能分离，期限、金额、数值都不明确！我快气炸了！”“当然，我还没有放弃！老子接下来要展开突击！”

光之道，此路不通

2010年12月7日。孙社长在推特上的发文以及接受外部访问时的发言都斗志昂扬。但是，他却喃喃对我透露出内心的不安：“最坏的情况，一切都会在14日结束吧。”因为，总务省将在14日发布实现光之道的基本方针，这将是最终结论。我的想法是，尽管情况不利，但不到最后一刻都不能放弃，即使只有一步也要往前迈进。

12月8日。我与平冈副总务大臣两人单独见面。

“我们也不可能直接采用任务小组的意见。”虽然平冈副总务大臣这么说，我还是试着进一步拜托他：“有办法在最后阶段让我们与片山大臣见面吗？”平冈副大臣虽然面有难色，但依然答应了我的要求。

12月13日,孙社长、我与片山总务大臣、平冈副大臣在总务省会谈。一般来说,像这种最后阶段的首脑会谈,都会准备某种妥协方案。但是,孙社长完全不做这种加起来除以二的事情。

“时间表模糊的功能分离没有意义。NTT依然能够保持优势。分离接入网络、将NTT分割成不同公司,是必要措施。”孙社长投出直球,这次他没有提到零税金的事情。

“孙先生的提案我知道了,但这样的提案无法取得共识。我不能完全无视这1年来的讨论,作出相反的结论。如果这么做的话,任务小组的讨论又算什么呢?”片山大臣的这段话让孙社长相当激动,争论也升温到白热化。

12月14日,片山总务大臣、平冈副大臣等政务三巨头根据任务小组的报告,提出光之道构想的基本方针。

光之道构想的基本方针:

第一,关于信息传播科技任务小组最后结论指出之事项,将以下列方式进行。

1. 关于实施功能分离方面,必须尽快确定具体内容,并于下期国会提出《电气通信事业法》以及《NTT法》的部分修正案。

2. 关于光纤网络的接线费方面,总务省及NTT应朝着低价化的目标,在本年度内成案。

第二,关于本次信息通信小组于最后结论中采用之光之道构想,应每年度持续观察其进行情况。再者,制度整备的实施也应以3年为目标,针对有效性进行整体验证。

第三,若整体验证之结果,判断光之道之实现未有充分进展,则应讨论包含结构分离、资本分离等在内的方案。

孙社长看起来相当不满。因为无法一口气达成结构分离、成立接入公司的目标。但是,德国政治经济学家马克思·韦伯曾说过:**“所谓的政治,就是在坚不可摧的板子上一点一点挖出洞来。”**

这份基本方针采用的是官方用语。方针内的“以3年为目标”给想要拖延的NTT,“3年”是个明确的时间;在结构分离方面,使用的语言也是“讨论结构分离”。换句话说,总务省给NTT的条件是:如果不好好执行,之后必须再度面对分离问题。

隔天的12月15日,《日本经济新闻》的社论是这么写的:“政府与NTT都全力支持光之道……3年后进行结构分离也纳入考虑……若总务省判断新政策效果不彰,3年后进一步考虑结构分离也是理所当然。”

《朝日新闻》写道:“光之道构想也将3年后重组NTT纳入考虑……实际普及率为30%,目标是将其提升到100%。若3年后普及率与竞争没有进展,将再度评估NTT的重组。”

在战争中失败,在外交上胜利

战后长期担任首相的吉田茂,留下了“历史上有过在战争中失败,在外交上胜利的例子”这句名言。当时,东西阵营针对第二次世界大战的战后处置反复拉锯。吉田目睹同为战败国的意大利被迫支付巨额的战争赔偿,割让部分国土,因此他心想,与其急忙讲和,不如优先考虑在讲和时争取稍微有利的条件。

即使光之道战争败象已现，我在台面下依然动作频频，希望软银即使在战争中失败，也要在外交上胜利。我想在两个方面争取有利条件，一个是频谱重整，另一个则是分支问题。

2010年11月25日，有一个在报纸与电视新闻上都没什么版面的大消息。总务省实现无线宽带的频率评估工作小组，在这天会议拟定的草案中，作出将700兆赫频段中的100兆赫，分给下一代4G无线网络使用的结论。

读者看到100兆赫或许没什么感觉，但这几乎相当于当时日本手机使用的频率的一半。根据估算，日本的频率每1兆赫，约有130亿日元的价值，假设将这100兆赫拿去拍卖，当时约可卖到1.3万亿日元。

总务省在2010年4月，暂时订出700兆赫这个不同于亚洲标准的频率分配方针。软银的孙正义社长在推特上对此提出异议，当时的原口总务大臣响应孙社长的异议，答应将重新评估。

大臣推翻电波部决定的频率分配，这种事情闻所未闻，但经过半年讨论，决定配合国际标准。作业部也评估导入频率拍卖制度，不过这次没有通过。电波部对包含900兆赫频段在内的130兆赫频段，进行了频谱重整。这件事情，成为软银在两年后的2012年3月取得白金频段的重要布局。我以软银社长室室长执行的工作中，这很有可能是与经营最直接相关的一项。

另一个是单条通信线路租赁的问题。“我们的主张非常合理。只是要求改掉一次必须租借8条线路的规则，希望只要租借1条线路即可连上网络。”孙社长在2007年12月的《中央公论》上刊登以《与巨大垄断企业NTT的“最后战争”——开放光纤网络能够拯救日本》为题的文章,强烈主张政府应该同意单条通信线路租赁光纤线路。

在此稍微说明一下。与NTT东、西地区公司签约的光纤网络,使用的是称为PON(Passive Optical Network,无源光纤网络)技术,这项技术主要采用“共同接入方式”,一条光纤在用户家附近会分成8条分支。孙社长所说的8条线路,指的就是这8条分支。

但是,软银与KDDI等通信企业即使一次租借8条分支,实际上多半只会使用其中一条,这就是接线费高于其价值的原因。用生活中的例子来比喻,就像明明只想吃1盘咖喱饭,店家却以8盘为单位进行销售。

实质上揭开宽带革命序幕的ADSL为什么能够普及?靠的就是NTT完全开放固定电话线,能够一条一条分开租借。因此软银主张,光纤线路应该照此办理。

如果结构分离不行,至少也要取得单条通信线路租赁的成果。这就是在战争中失败,在外交上胜利。光之道的基本方针中也提及:“在加入光纤的接线费方面,总务省及NTT应朝着低价化的目标,在本年度内成案。”这件事在当年度结束之前就能见真章,而我的优点,就是“不放弃”。

主张单条通信线路租赁

这个时候,软银在电视上播放《陨石接近中,光之道》的广告。巨大陨石“光之道”逐渐接近地球。狗爸爸一边说着“啊,好烦啊”,一边团团打转。小彩举起左手说:“有什么不对劲!”不清楚光之道争议的人可能看不懂,但这个广告却能发挥引起兴趣与关注的绝佳效果。光之道的知名度超过了80%。

软银大概是第一个将自家广告用于政策辩论的公司。这个广告从12月开始播放，过了一个年也没有下档。

“万一因先生一身失策之故，失天下之良机，其罪天地难容。”我仿佛在坂本龙马的催促下，奔走于各议员、专家之间，请他们支持单条通信线路租赁。我在年后的2011年1月9日到14日间，前往英国出差。出发时碰巧与平冈副大臣搭乘同一班飞机。只不过，副大臣坐的是头等舱，我坐的则是商务舱，因此没有机会说话。

之后，我以伦敦的软银电信事务所为据点进行工作。早上正打算在旅馆吃早餐时，发现平冈副大臣也在那里。这也是巧合，但我们就在那里交谈。

1月14日早上，我又和平冈副大臣搭乘同一班飞机。平冈先生原本预定之后才回国，但他收到了菅直人内阁将要改组的信息，或许因为这样的关系，他提早了回国时间，结果我们往返的班机都相同。

回国之后我从成田机场直接到公司，下午2点与孙社长开会。

1月15日，这天虽然是周六，但我再次与孙社长开会。

1月19日，孙社长与片山总务大臣会谈。我从1月16日开始就到印度出差，因此没有出席。

1月20日，孙社长对我说：“岛先生，大臣在会谈的时候问我：‘如果政府同意单条通信线路租赁，那个异想天开的广告就不播了吗？’我听到他这么问，就知道广告奏效了。”

我继续在委员、议员之间奔走游说。原本95公斤的体重，降到约80公斤。我向近旁的人解释“这是因为碳水化合物减肥法成功了”，但实际上或许是压力的关系，让我吃不下东西。晚上即使躺在床上，也因为继续思考对策而睡不着，早上又一大早就醒了。老实说，我在当议员的时候，还没有像这样对一件事情投入过，或许是孙正义这个人的热情，驱使着我前进吧！孙社长曾好几次向政治家与官员介绍龙马寄给后藤象二郎的那封信。他的话语犹在耳边。

如果结构分离行不通，我就要想办法说服政府接受单条通信线路租赁，打造让许多企业都能进入光纤市场的环境。一步也好，两步也好，我都要让日本更接近在2015年之前实现光纤线路100%普及的光之道构想。我当时只想着这一点。

2月22日，我的体重降到了79公斤。当时给人的感觉可说是形容枯槁了，大家都很担心我。

总务省的信息通信行政审议会、接入委员会举办企业听证会。为了讨论关于单条通信线路租赁的接线费，我与孙社长一同出席，气氛与任务小组的听证会相比，更能让人感觉到善意。

3月2日，甲南大学的佐藤治正教授在参与了企业听证会的接入委员会上表示："在只剩两次的会议中很难得出通过单条通信线路租赁的结论。但也不是时间到就结束，我想通过课题整理、验证问题点的实验等得到接近结果的讨论。"

3月4日，我与孙社长开会时，因为全身无力而测量体温，结果发烧到38.5度。考虑到若精神、体力不佳，可能会影响判断力，因此提早回家。5日、6日与周末，我都在家拼命打电话给政治人物。

3月8日，我与平冈副大臣会谈。NTT似乎做了不少说明，让我感到了危机。因为NTT需要花费成本，才能导入一条分支的制度。我再度请他与孙社长会谈，平冈副大臣要求负责的局长也一起加入。让负责的局长加入，代表他在与会之前，将归纳出总务省一直以来的意见。

3月10日，孙社长与平冈副大臣、负责的S局长展开会谈。这次的会谈不同于以往，孙社长与总务省彼此互开玩笑，颇有互相熟稔的气氛。平冈副大臣在8日的会谈之后，似乎做了不少调整，与软银的互动良好。我在日记中，记录了在回程车上与孙社长的对话：

我与孙社长一起见了平冈先生、S局长。孙社长说："虽然不能大意，但从会谈的气氛来看，只要再加把劲就行了。"对此，我回答："嗯，我想这次可以成功。"平常慎重的我这么说，似乎让孙社长很开心。我去了许久没去的健身房，在游泳池游了300米。虽然距离不长，但很久没有这么爽快的感觉了。

2011年3月11日

2011年3月11日，下午2点46分。我从议员会馆回到软银的汐留总部，当时正在一楼等电梯，结果听到"因为地震的关系，电梯将紧急停止"的广播。

"还没开始摇就紧急停止，这部电梯的性能真好。"正当我为此感叹的时候，整个楼层开始剧烈摇晃，同时还能听到外面大楼共振的巨大声响。我当时觉得好像摇了很久。后来虽然摇晃暂时平息下来，电梯也没有重新启动的迹象。我想打电话到社长室，但这里虽然是电信公司总部，手机却打不通。

无论是手机还是室内电话，平常一天都有3分钟的使用量。各公司虽然都有10倍左右的带宽，但却无法应付100倍的流量。我决定爬楼梯回到位于高楼层的社长室。途中顺路到九楼的涉外事务部打内线电话与社长室联络。

秘书室的员工问我："社长没事，他正在开会。岛先生您呢？"

"我先回社长室。"我进入会议室，孙社长紧盯着NHK的新闻。电视上播出了船只、房屋被冲走的画面。房间里的五六个人都沉默不语，孙社长自己也看起来怅然若失。

我心想，无论如何都必须搜集信息、思考对策，于是回到了室长室。当时偶尔还会发生余震。

孙社长原本预定在傍晚参加今年由他担任会长的电气信息通信协会的大会与交流会，他认为活动必须中止，我们把这个消息通知了各相关机构。这时我听到有个人脚步忙乱地跑到门边敲门："岛先生，您认识NHK的高层吗？"

敲门的人是K。他从社长室被派到了经济产业省，2010年才刚回来。因为他刚从政府部门返回社长室，有点抓不住商场上的感觉，于是我将他调去经营日文版Ustream的新事业Ustream Asia，没想到做得有声有色。

"认识是认识，有什么事吗？"我问他详情。原来是有中学生直接翻拍NHK播放的地震速报电视画面，通过Ustream直播。这个中学生的行动属于违法行为，但是已经有许多使用者同时观看这个违法直播，因此Ustream Asia想要向NHK取得影像的使用权。

他拼命的样子让我动容。我请满身大汗的他坐到椅子上，打手机给在NHK的熟人。手机打不通。我试着用桌上电话拨打，还是打不通。只好从数据库里找出电子邮件信箱，一个个发信。其中一位NHK的理事回信给我，信的内容是：详细情形请Ustream Asia的K与我联络。K于是从隔壁的工作人员房间发信过去。

过了不久，收到了一封写着“NHK通过这封信，准许新闻画面的二次播放”的邮件。NHK的回应相当迅速。NHK认为目前的第一要务，是为收不到电视信号的受灾户以及住在海外的人士提供灾害信息，因此准许Ustream的二次播放。

NHK之外的各家民间电视台也向NHK看齐。民众可以在网络上直播各电视台的地震报道。长年以来争论不休，一直没有进展的“广电与通信的融合”，在面对“3·11”大地震这个危机时，一下子就实现了。

我继续搜集信息。地震造成的损失远远超乎想象。孙社长当机立断作出决定。“这是千年一遇的灾害，我们必须专注于灾后重建。”他已经完全将再加把劲就能实现的单条通信线路租赁抛在脑后。软银整个集团倾全力专注在灾后重建上。

3月12日，中午12点半。软银发布对地震的遗憾之意，以及宣布短信免费：“愿地震受害者都能安息。软银决定免费提供短信服务一个星期。”接着，孙社长接二连三作出灾后重建的指示。员工也一一地执行、完成。

孙社长发出一条又一条的推特。“‘灾害用留言板App’上架，可通过iPhone登录、确认安危。”“软银的WiFi热点免费开放。”“白户轩拉面本日将借助日本红十字会的力量，提供1.5万份泡面给受灾地区的医院等单位作为紧急食品。希望多少能提供一点帮助。”

晚上11点。他发出这天的最后一条推特。“我想开放软银所有用户免费传送电子邮件一个星期。详情之后再说明。愿所有在地震中失去生命的人安息，并祈祷活下来的人能够获得好运。”我从来没有像现在这一刻般，以身为孙社长及软银的员工为傲。

SON MASAYOSHI NO SANBO

第二部分

孙正义的良心

用自然能源发电计划挑战日本

07 前往福岛

2011年3月

阳明学的“知行合一”，影响了日本江户时代末期的倒幕运动志士吉田松阴、高杉晋作。这是一种人若知晓事物道理，就必须身体力行的学问。

阳明学始于立定志向，并通过行动升华，也就是“行动中有真，行动中有狂”。所谓的“狂”，指的是专心致志地朝着一个目标奋勇前进。吉田松阴也好，高杉晋作也好，他们都是“狂”人。

2011年3月11日之后，我的眼前也出现了一个狂人——孙正义社长。他在董事会做出这样的发言：“如今的灾后重建工作，比担任CEO的工作更重要。为了专注灾后重建，请各位让我离开CEO的工作至少3个月。”董事会当然不可能答应这种要求，因为我们对顾客、股东、员工等都负有责任。光在日本，软银就有3500万名顾客。

“那么，在继续担任企业经营最高管理者工作的同时，我也希望自己的活动能够拯救更多国民，即使只有一两人也好。因此，我想把自己的时间、力量、智慧用在这上面。至少，希望各位同意这点。”董事会最多也只能答应这个要求。

我是孙正义的参谋。因此,我发誓要通过自己的奔走,“百分之百”实现孙社长在灾后重建上的想法。我,也变“狂”了。

福岛核电站的炉心熔毁

3月12日,我驻守室长室,并动用自己所有的人脉网搜集情报。为了保护员工的生命安全,我想了解福岛核电站的真实情况。而最有用的工具,就是储存了当时的阁员,甚至是首相电话号码的手机。

我看着自己尊敬的友人、官房长官[①]枝野幸男以冷静的口吻召开记者会,顿时理解到:“他虽然没有说谎,但也没有说出实情。”社长室的Y联系了我。当初为了促销,制作了使用“狗爸爸”这个角色当包装的“狗爸爸泡面”,他想送1.5万份到灾区,因此向我请教捐赠渠道。

“如果把泡面送到没有碗筷或煮水设备的地方,也是徒劳无功。你先想想看要送到哪里比较好。”我根据自己担任议员时曾在民主党代表室负责危机事务管理的经验给他建议。Y评估后,决定将泡面捐给医院的医生与工作人员。如果是医院的话,就一定有厨房设备。

这时,我的手机响起,是首相亲信的回电。我说:“面对国家存亡的危机,您辛苦了。我就直接进入主题,请问政府是否可以请求石油公司,优先将重油分配给移动通信基站?灾区目前正在停电,各个基站虽然都有应对停电用的蓄电池,但如果用电量超出蓄电池的容量,通信网络就会停摆。我们需要重新作出弥补电力不足的对策。”

首相亲信立刻理解了事情的重要性,并且承诺我会立即作出指示。

---

①日本内阁成员,相当于政府秘书长,工作接近中国国务院秘书长。

虽然无法立刻解决，但会采取优先将重油分配给基站的原则，维持电话这个救生线路的通畅。

在我还是议员时，曾有人告诉我，基于立场的关系，政治人物无法告诉其他政治人物明确的信息，却能给出某种线索或信息。能够察觉到这点，才是一流的政治家。这时，首相亲信压低声音说："岛先生，如果打这个电话，随时都能联络得到您吧？"

我心想，为什么事到如今才问我这个呢？"是的，我们这边也24小时待命，您随时都能打来。"

"请随时保持电话畅通。"电话挂断了。我在通过电子邮件对亟待解决的问题作出指示时，忽然意识到不寻常的信号。"是不是发生了什么严重的事情？"我有隐约的预感。

"请随时保持电话畅通"这句话，是否表示如果发生最坏的情况，将会与我联络呢？不过，这也只是我的推测。

两个月后，我才知道福岛核电站的情况：3月11日晚上7点，福岛核电站的1号机已经发生炉心熔毁。并且，事情正往更严重的方向发展。

接下来，熔融的核燃料穿透20厘米厚的压力容器底部，事态演变成了核燃料溢出压力容器外部的熔穿事故。为了防止核燃料外泄造成危险，压力容器外部还包裹了一层围阻体，其底部是厚达1米的水泥。滴滴答答落下的核燃料，已经开始侵蚀围阻体了。

根据东电分析，所有的燃料，都已经从压力容器落入围阻体厚达1米的水泥底板上，由于已经被核燃料侵蚀了63厘米，只要再侵蚀37厘米，就连围阻体都会被熔穿。如果燃料溢出围阻体外，最坏的情况就会发生。

这时还好“神明保佑”。原本应该注入压力容器中的水，从孔穴中漏出流进了外部的围阻体中。这些水冷却了熔融的燃料。如果没有这个偶然，事情就会演变成最坏的情况。

菅直人首相委托原子能委员会的近藤骏介会长，模拟出一套“最坏的剧本”。在这套剧本中，强制避难的范围是福岛第一核电站半径170公里内的区域，宫城、山形、新潟、栃木、茨城县都包含在内。自主避难的区域为半径250公里内的区域，几乎涵盖了整个东京，千叶、埼玉、群马也大致包括在内，就连神奈川县的横滨与川崎都成为避难区域。住在这个区域内的人口有5000万人，日本这个国家将直接面临瓦解的危机。

东电在两个月后的5月，才正式发布发生炉心熔毁的消息。在此之前，国民都没有得到炉心熔毁的正式通知。我的预感成真了。

3月12日下午两点，就在我接到首相亲信的回电之后，1号机发生氢爆，窜出了白烟。我在电话中告诉孙社长：“福岛核电站发生了不得了的事情。”

“我也正在各处搜集情报。我想，是否应该让灾民尽可能早一点撤离福岛，到其他地方避难。请岛先生为我（向官邸）传达这个想法。”

3月13日，孙社长断断续续打来电话。“岛先生，我已经打电话给佐贺与高知等17位县知事了。他们似乎都愿意收留从灾区前来避难的灾民。不只福岛县，我们也应该呼吁宫城县与岩手县的民众，让他们从东北地区疏散到西日本。”

3月14日，软银早其他企业一步，最早要求员工在自家待命。3号机在这时发生了氢爆。

3月15日早上6点，2号机下方传来氢爆的声响。就连最强的现场指挥官吉田所长，也觉得事到如今“已经没救了”。接着，4号机也发生氢爆。

这时，好几位亲朋好友都打电话来问我：“岛，你应该知道福岛核电站的真实情况吧？”当然，媒体没有报道的事情，我也不清楚。

我想，告诉这些老朋友我的行动方向应该是最好的方式，所以我老实对他们说：“虽然我觉得应该不会有什么大问题，但年轻人还有未来。我女儿是大学生，现在正逢春假，所以我打发她到岐阜的老家去玩了。”

女和歌诗人俵万智曾写了这样的短歌：“带着孩子往西逃往西逃，你们要说我是愚蠢的母亲就说吧！”我的心境也一样。

30万人撤离计划

孙社长的脑中经常有天马行空的想法，可以说是个拥有跳跃式思维的人。

政府在3月11日晚上8点，对福岛第一核电站半径两公里内的居民作出避难指示。接着，避难范围逐渐扩大，12日清晨是半径10公里，到傍晚变成了20公里。就孙社长来看，这是错误的行动。他认为，首先应该一鼓作气将灾民疏散到远处，接着再看情况慢慢往回搬。这个想法，就是一口气从东北地区撤到西日本。

再者是规模。在避难所生活的灾民有38万人。即使拯救了1000人或2000人，也顶多只是摆出“支持灾后重建”的样子而已，如果真的想要救助灾民,应该以30万人为目标。这就是“30万人撤离计划”。

孙社长想将东日本大地震的灾民撤离到西日本去,并且希望由民间主导这个行动。费用他会负担,但同时也希望各家企业在自己做得到的领域内提供协助。到此为止,每个人都赞成。

我打电话给航空公司的副社长。“原来如此,你们已经和县知事谈好了啊！这是个不错的想法,我们也在考虑同样的事情。那么,你们打算采取多大规模的行动呢?”

“是的,孙社长的建议是30万人。”我可以想象电话那头从惊讶到无语的表情。

孙社长的想法总是大规模且躁进,结果就会导致行动过于极端。用“飞人”这个名词,正好可以贴切地形容他这个人。

孙社长无论什么事情都绞尽脑汁彻底思考。他单纯地埋头苦思,提出最简单的方针。他提出的办法总像是在画大饼,构想也总让人觉得天马行空,但我身为社长室室长,职责就是将这些天马行空的构想化为现实,调整成可以实现的样子。

在那个时候,我其实已经掌握了福岛第一核电站发生炉心熔毁的确切证据,也从某处听说了在最坏的情况下,可能必须要求5000万人避难的这个最糟剧本。

政府不可能说出这样的事态。如此一来,就先由民间开始着手准备吧！如果这些准备后来变成白费工夫,其实就是最好的情况。

我打电话给枝野官房长官,他经过连日来的记者会,应该已经精疲力尽了,但却出人意料地立刻接起了电话。

“岛先生,辛苦你了。”

"没这回事，枝野先生才辛苦了。我打来想告诉您的是，孙社长打算与各县知事及民间人士，共同推动将灾民从东北撤离到西日本的计划。撤离的目标人数是30万人。"我想他应该很忙，所以一口气把事情说完。

"30万人吗……还蛮多的呢！"真不愧是枝野官房长官。他似乎在实际地考虑30万人这个数字。顺带一提，陆、海、空自卫队的总编制人数，大约就是30万人。

"岛先生，其实仙谷（由人）先生被召回官邸。他将以官房副长官的身份指挥灾民生活支持重建对策总部，请您与仙谷先生联络。"

孙社长亲自与以西日本为中心的17名县知事交流，差不多就要敲定总计30万人的灾民收容人数。光是佐贺县就能收留3万人，产生的费用由孙社长负担，佐贺县将无偿收容灾民。餐点也好、医院也好、学校也好，全都做好准备。我们在这些都确定之后，才向首相官邸报告。

我曾想过，为什么一介民间人士孙社长，愿意做到这个程度呢？

《孟子》是这么写的："所以谓人皆有不忍人之心者，今人乍见孺子将入于井，皆有怵惕恻隐之心。"突然看见幼儿快要掉进井里，每个人都会产生心痛、怜悯的情绪，这就是儒家所谓的"仁"心。恻隐之心由"仁"而生。这在阳明学中，就是"知行合一"。因为狂，所以不得不采取行动，而孙社长在这时就变得"狂"了。

超常规的处理方式

菅首相召回仙谷由人前官房长官，命其担任官房副长官，在人事上算是降职。

政府高官曾指出，仙谷先生的工作是“串起各部门的中间人。这需要超越常规的处理，也需要仰赖跨部门的强大力量”。换句话说，为了灾后重建，可以先不考虑法规。

我认为，如果是这样的紧急事态，即使牵涉到政治，孙社长也能够发挥力量。政策的制定比世人一般所想的还要难。在民主社会中，所有的经济政策都必须通过民主的“政治程序”决定。

孙社长在演讲方面，拥有堪与乔布斯匹敌的能力。但是，对于这样的政治程序却感到相当棘手。

“光之道”没有成功，虽然是我不够努力，但孙社长无法克服棘手的政治因素，与同行、委员、官员为敌也是原因。

戴尔·卡耐基的名作《如何停止忧虑开创人生》(*How to Stop Worrying and Start Living*)中提到，要说服人有两个原则，其中的第一个原则是“**想要在争论中获胜，唯一的方法就是避开争论**”。如果只有正式简报还算好，但在与任务小组的委员等进行公开讨论时却不能这么做。因为，即使在争论中胜过对方，但拥有决定权的依然是他们。

然而，灾后重建是紧急事态。如果是仙谷先生，应该会采取孙社长喜欢的“超越常规的处理方式”吧！孙社长担心地问：“岛先生，如果与官邸讨论，官邸不会踩刹车吗?”

“没问题的。不如说，要想实行撤离30万人的计划，只是民间企业的话反而无法取得信任，最后导致谁也不愿意行动。只要是‘撤离’，就必须有政府的参与。”

在软银的历史中，当孙社长想根据他天马行空的点子，实行一个又一个的计划时,似乎经常因为行政上的事前控制而踩刹车。自从我担任社长室室长之后,这样的情况虽然减少了,但在孙社长的观念中,好像还留有政府是约束行动自由的单位的强烈印象。

我联络了首相官邸。3月18日下午两点半,我和孙社长前往首相官邸,与仙谷官房副长官、松井孝治前官房副长官、长岛昭久前防卫政务官会谈。他们是灾民生活支援对策本部的主要成员。

罗森(Lawson)便利商店的新浪刚史社长也来了。因为松井先生问他:“要不要一起参与会谈呢?”他当然答应了。

孙社长提议:“我正在构思一个30万人撤离计划,如果灾民希望搬到其他地方住,可由民间义务提供住所。我希望政府也能协助这个计划。”新浪社长则建议应该建立一个能将捐赠物资迅速送抵灾区的物流体制。

对此,仙谷副官房长官如此回应:“政府也将尽快理出可以提供的帮助。”

“这是千年一遇的灾害。总而言之,为了日本好,我希望政治家们能有放手一搏的觉悟。”孙社长说。

仙谷副官房长官听完孙社长的发言后总结发言:“政府也会将集体撤离纳入考虑。我们十分感谢各位提出的意见。窗口就由岛担任,可以吧?”

会谈之后,记者们已经等在外面,他们包围了孙社长。

“如果政府与民间能够齐心协力,彼此合作是最好的。我已经与九州等地的15位县知事谈过,将号召各界协助,朝着确保能有更多地方收留灾民而努力。”我一站到稍远的地方,就看见枝野官房长官快步走来。我向他点头致意后，他走向了我。

“仙谷先生怎么说?”

“嗯，他决定由政府与民间共同推动这个计划了。”

“真是太好了。那么，我等一下将在记者会上说明。”这段时间，网络上相当流行“枝野，快去睡！”这句话。只要一发生事情，无论昼夜，枝野官房长官就会在第一时间出来召开记者会，将发生的事情清清楚楚地向国人说明。越来越多人被枝野官房长官的态度所感动，成为记者会的观众，并且开始通过推特为他加油。

我看着枝野官房长官疲惫的背影，忍不住也想对他说：“枝野，快去睡！”他在记者会上，为“集体撤离”计划做出了积极的发言。

我也和长岛前防卫政务官在推特上交流。

“岛前辈，昨天感谢您特地到官邸来。我很感谢孙先生想要拯救日本的热情与诚意。我们也会努力的。”

“彼此彼此。看到擅长危机管理的长岛先生，我也觉得很放心。”

政府与民间齐心协力开展了行动。

决定前往福岛

3月19日凌晨1点21分，孙社长在推特上写下这则信息：“我刚才与宫城县知事谈到，现在整理遗体的进度缓慢，还有许多遗体无法处理。这真的很让人痛心。我们希望能够尽可能做出各种努力。”

宫城县知事村井嘉浩是我在松下政经塾的学弟。宫城县约有22万名的灾民。村井知事在18日的记者会上表明：“避难所的条件非常恶劣，必须考虑请灾民前往其他地方避难。许多县市都来找我讨论这件事,所以我想成立对策小组。”

此外,他也提到:“由于整个东北地区都遭受了灾害,所以我想将灾民交给稍微远一点的地方收留,这样也比较安心。”这正是“集体撤离”的想法。

我向孙社长报告记者会的内容之后,孙社长想与村井知事谈谈,因此安排了电话会议。

发“狂”的孙社长,提到“30万人集体撤离”的想法。村井知事是前自卫队干部,可以说是危机处理专家。我觉得村井先生在“3·11”大地震时担任宫城县知事,是上天的安排。正因为他有这样的经历,所以相当冷静。

但孙社长在自己发“狂”的时候,如果对方保持冷静,他就会变得更激动。于是我居中缓和:“村井先生,我是岛。真的辛苦你了。我们已经十分清楚情况。还有许多人因为海啸而下落不明,也有人一直无法举行葬礼,所以要迅速展开‘集体撤离’还需要一点时间吧!我想知事也应该很忙,接下来我们该找谁讨论才好呢?”

“这样的话,请你们与U总务部长讨论。他是从总务省①过来的人。”

受到海啸侵袭的宫城,还不到能够开展集体撤离的时候。

孙社长说:“岛先生,我想去福岛见福岛县知事,说服他作出集体撤离的决定。靠近核电站的福岛,情况更严重。”

---

①日本中央省厅之一,是在2001年中央省厅再编中新成立的政府机关,是由总务厅、邮政省、自治省“三合一”而来的部门。其主要管理范围包括了行政组织、公务员制度、地方行政及财政、选举制度、消防防灾、资讯传递、邮政事业、统计等。

孙社长在推特上写下为实现撤离计划而奔走的心境。“蔬菜与自来水的危险性逐渐增加。应该没有人能够证明，福岛核电站的灾民遭遇的情况不会越来越危险。我觉得这段时间，他们必须尽早到远处避难。”

福岛县知事佐藤雄平是前民主党的参议院议员。虽然我不知道他愿不愿意在这段极为忙碌的时期与我们见面，但想要帮助孙社长百分之百地实现他想做的事情的我，还是想办法联络到了佐藤知事，并且敲定在22日与知事会谈。

接下来是最麻烦的部分。普通车辆无法开上东北高速公路，但我们是电信公司，所以能取得许可。然而余震依然持续，况且我们不晓得福岛核电站现在的情况。

对于投资软银的投资人来说，孙正义的健康情况也是风险因素之一。软银由孙社长主持大局，孙社长在福岛发生任何事情都可能造成严重的影响。我们必须做好最坏的准备。

在车辆方面，我们打算派出两辆车。这么一来，无论哪辆车出故障都无所谓。一辆车只能请孙社长的司机同行，但另一辆车，也就是我的车，该由谁驾驶呢？就在我思考这件事的时候，有人来敲门了，是社长室成员兼人事部长A先生。

“做这么多准备真是辛苦你了。为了防止在福岛遇到什么情况用不了信用卡，可以请你准备些现金吗？”

“我知道了。”他回答之后似乎还有话要说，于是我示意他接着发言。

“我现在虽然与社长室的年轻人一起在做准备，但老实说，大家都在担心会派谁与孙社长一起去福岛。每个人都很害怕。从编制上来说，我想只能由我与岛先生一起去了。”

我心想，“啊，原来如此”。我以前从政，所以觉得在危机时挺身而出是天经地义的事，但是民营企业却不是这样。我想A先生说出这番话也是下了相当大的决心。

“A先生，我会去的。我是前议员，即使发生事情我也有各种方式能够处理。我们各司其职，就请A先生与其他成员待在总部，做好后勤支持。”那么司机与社长的助理该怎么办呢？我打电话给社长室的成员Y。由于他的父亲也是政治家，他很爽快地答应同行：“我已经做好心理准备了。”

我们还需要另一名司机。这么一说，我想起在3月11日实现“通过Ustream播放NHK新闻”的前社长室成员K。我打电话给K，他也应允了。后来再问他，他当时好像也是没有想太多就答应了下来。

因为是星期六，我做好这些准备后，就发电子邮件给人在家中的孙社长。“我会与您一起去福岛。因为我是前议员，如果发生什么事情，我能够处理。”

孙社长立刻回信：“我虽然很庆幸岛先生愿意一同前往，但您的家人没问题吗？”我很感谢孙社长对我与家人的体贴之情，同时也了解到，孙社长也知道情况十分危险。

我不知道福岛核电站现在变成什么样，为此我必须尽可能地取得详细信息。虽然觉得抱歉，但我还是在22日早晨拨电话给百忙之中的首相亲信。因为我觉得自己身为社长室室长，对员工、股东都有责任，所以必须了解福岛核电站的实际情况。

我向首相亲信表明自己将与孙社长一同前往福岛县，并向他询问情况。对方回答，三四天前的事态糟糕到必须做最坏的打算，但现在已经脱离险境了。于是我向孙社长报告，前往福岛的计划可行。

孙正义，向福岛前进

3月22日，春雨让东京充满湿气。我6点起床。我早晨有练字的习惯，今天写的是"知行合一"。

8点抵达公司。出发前拿到一个测量辐射值的盖革计数器，我听说如果超过0.3微西弗，就要戴上口罩。汐留总部测到的数据是0.08微西弗。

社长室的成员成立了后方支持总部，并和与社长同行的A约定，即使什么事都没有，也要每30分钟回报一次。

我们与福岛县知事见面还有一个任务，那就是转交一封来自佐贺县知事古川康的亲笔信。这代表不只民间人士，就连各县知事也在展开行动。古川知事在这封亲笔信中，对佐藤知事写道，光是佐贺县就做好了收容3万人的准备。这封信将由佐贺县武雄市市长樋渡启佑代表佐贺县知事带到福岛。因为武雄市也准备收容2000人。

我们在上午9点出发，目标是在下午1点进入福岛县厅(县政府)。樋渡市长在推特上说，他可以看见"孙社长带着悲痛的觉悟"。

孙社长的车、我的车、武雄市长的车等3辆车从汐留的首都高速公路入口往东北地区前进。或许是因为日本列岛完全停止了外出活动吧，首都高速公路上空荡荡的。帮我开车的K因为小时候住在印度尼西亚，总是乐观而有精神。"岛先生，东北高速公路也因为地震而损坏了吧？不过请您放心，我更擅长开糟糕的道路。"他像是要去兜风一样，开朗地对我说。

当初，孙社长与我讨论的计划是下午1点拜访福岛县厅的对策总部，将古川知事的亲笔信交给佐藤知事。如果福岛县要求协助，就立即展开协调。孙社长因为傍晚有要事，在此之后必须赶回公司；我则留下来前往田村市的避难所，晚上8点之后再回到公司。

我在推特上说自己正朝着福岛前进，古川知事在下面留了"岛先生，拜托你了！"的信息。

上午9点53分，孙社长发布这天的第一条推特。我看着前方行驶的孙社长专车，猜测孙社长的心情。

"我是胆小鬼，担心福岛核电站的情况，所以从东京出发前往福岛。等一下将与福岛县知事见面，希望他可以作出决定，迅速将在核电站附近避难所的人撤到更安心、安全的地点。"

推特是匿名的自由空间，很多留言从我的角度看来相当轻率。针对"你这家伙还是专心恢复东北的手机信号吧！"的留言，孙社长仔细回答道："福岛县的部分地区手机信号不通，我无法尽到作为移动通信运营商的责任。如今引导灾民前往安全的地区避难，也是通信公司的责任之一。"

在我们经过那须盐原附近时，盖革计数器的数字超过了0.3微西弗。

东北高速公路只有自卫队的车与油罐车通过。社长的车必须安全行驶，樋渡市长的车又是小巴，开得有些慢，所以自卫队的车超越了我们。

到了郡山附近，我们车上测到的数据已经超过4微西弗了。或许因为孙社长的车钢板较厚、较坚固，测到的数据似乎比我们低，是3微西弗。

K的话从那时开始渐渐少了。排成一列的灵柩车超过我们，大约有20辆。K看着往北行驶的灵柩车说道："岛先生，好真实啊。"

我们抵达福岛。春天还很远，光秃秃的行道树看起来相当寂寥。我们的盖革计数器指向6.4微西弗。大家都绷紧了神经。如果自卫队的车没有停在县厅停车场，那静静等待春天的福岛就和平常没什么两样。

"狂"人

下午1点，我们抵达福岛县厅。灾害对策总部的气氛就像竞选总部一样乱糟糟的。房间似乎不够大，就连走廊也被用来办公。走廊上摆着桌子与折叠椅，暖气不够热，所以员工直接穿着羽绒衣在计算机前工作。

我们被带到会议室。墙上贴着好几张福岛县的地图，地图上以核电站为中心，画着几个以公里为单位、不同半径的圆。

身穿防灾服的福岛县知事佐藤走了进来，与孙社长、樋渡市长和我握手。他对孙社长说："我和岛从以前开始就是伙伴，今天感谢你们前来。"

他先收下樋渡市长代古川佐贺知事转交的亲笔信。

虽然是简单的亲笔信转交仪式，但孙社长却气势汹汹地盯着佐藤知事看。媒体离开会议室后，我们向佐藤知事说明现在的情况，并表明软银愿意在手机等方面提供协助。“我们愿意将手机免费租给在震灾中失去双亲的孩子,直到他们满18周岁。此外,目前,我们也已将两万台手机免费租给了赶往灾区的义工,希望能够略尽绵薄之力。此外,如同佐贺县知事在亲笔信中提到的那样,应该暂时让居民赶紧避难去。”

“现在光是处理核电站的问题就让我们分身乏术,但这在下一阶段将是主要任务,非常感谢你们的提议。”

佐藤知事的回答,让原本还很冷静的孙社长发“狂”了。他对佐藤知事拍桌控诉道:“这不是下个阶段的任务,是现在,现在的问题!知事,你应该发挥领导力,带大家离开!就算民众哭泣、叫喊、捶打,都要把他们带走,这才是真正的领导者!这是知事应该做的事情!”孙社长的眼睛中泛着泪光。

我了解经营与政治,所以知道佐藤知事无法轻易下决定。站在知事的立场,要作出建议福岛县民撤离的决定相当困难。因为,这很有可能演变成让居民抛弃故乡福岛,而且,撤离灾民的方针,基本上需要由日本政府来决定。

但是,孙社长仍然坚持主张,最后差点都要吵起来了。

约定的时间已经过了15分钟以上,秘书官两次递来纸条,到了第3次,佐藤知事都站了起来。即便如此,孙社长依然不退让。他在知事站起来时抓住知事的肩膀,浑身颤抖地说:“我知道政府没有这样的方针,也知道还有补偿的问题。但是,知事,如果你不做的话,该由谁来做呢?能做这个决定的人只有你了。”

知事接下来还有行程,我们也不能拖累福岛的重建进度。于是,我对佐藤知事说:“佐藤知事,请您务必评估撤离计划。我想,这应该需要与政府协调,官邸那边我也会为您说明的。”

“我知道了,我会认真评估的。”孙社长的手终于放开了知事的肩膀。

记者会之后,我们离开福岛县厅。我原本想,按照原先计划,必须让孙社长尽早回到东京。但是与社长同车的社长室成员Y来电:“孙社长说,他也要一起前往田村市的避难所。”我稍微思考了一下。因为长时间待在福岛有风险,或许还会发生余震。“我知道了。既然孙社长作出这样的决定,应该有他的考虑,我们就听他的吧!看起来似乎会下雨,请你不要让孙社长淋到雨。那么,我们就尽快完成视察回东京。”3辆车朝着福岛县田村市的避难所前进。

我们的车从一位踩着自行车的长者身旁开过,他看起来超过了70岁。我们看着盖革计数器紧绷着神经,他却缓缓而悠闲地骑在路上。无色、无味、看不见的恐惧让我毛骨悚然。

体育馆避难所的游说

我们抵达田村市综合体育馆,660名来自大熊町的灾民在此避难。

日本茶、乌龙茶、乐之(Ritz)饼干、山崎面包送来的高级大颗粒红豆面包等救援物资的纸箱堆积如山。

手机充电器占满了插座。贴在一旁的纸上写着:“用完之后请将电源线卷回去,不然会缠在一起。”

陆上自卫队练马驻屯地提供了名为“练马之汤”的澡堂。自卫队的装备之所以与警察不同,差别就在于活动的时间是平时还是非常时期。在非常时期活动的自卫队，必须自己烹调食物，因此备有炊事车，也能提供沐浴设备。警察原则上在平时活动，因此食物只要找个地方买，洗澡也只要找个地方洗就行了。

澡堂外贴着“有发烧、腹泻、呕吐症状者请勿入浴”的告示。似乎有很多人生病。自卫队提供澡堂的行动让我很感动，但孙社长却有不同的感触。

“体育馆的地板上只铺着瓦楞纸板，660人只有一间澡堂……”

孙社长走近依偎在体育馆地垫上的一家人，蹲跪下来：“我是孙正义。”

他双手指着自己的胸口，报上名字。

“啊，你是‘狗爸爸’的老板。”

“辛苦你们了。虽然义工们都做得很好，但一直待在这里也会很累的吧！我在福冈及佐贺都安排好了安置点，请你们务必到那里避难。你们的旅费及未来1年的生活费由我全额负担。”灾民的心愿只有一个，那就是早日回到自己的家。但是孙社长和我都知道，要实现这点有多么困难。

孙社长似乎有点不知所措，他谨慎地选择用词：“请尽早远离这里，就算只有1公里也好，不然可能会对健康造成危害。那样孩子就太可怜了。”

已经92岁的老奶奶说：“我不想去那么远的地方，我想待在这里。”

我太了解这种心情了。每位灾民都拥有在这块土地上的生活与记忆。“就算你突然叫我去那么远的九州，我也没办法去啊。”他们心里应该会这么想吧！这家人慎重地谢绝了孙社长的提议。

于是,孙社长只好走向旁边的另一个家庭,再度报上名字,劝他们:“到九州避难吧!”

“这个提议虽然很好,但实在是……”尽管遭到4个家庭拒绝,孙社长依然锲而不舍地继续劝灾民前往九州避难。时间一点一滴地流逝,我对孙社长说:“就算请他们现在立刻去避难,但大家都有自己的苦衷……”

“岛先生,只要有一个人采取行动,大家就会动起来。”

我心想,原来如此!即便有各式各样的阻碍,只要能够说动一个内心想去九州,但因为考虑到周围的人而无法行动的人动起来,大家就会跟进。孙社长认为,只要自己能够说服一个人行动,就能创造一个大趋势,这么一来政府也必须开始运作。

孙社长继续劝说。他蹲跪下来平视对方,看着对方的眼睛说话。他手臂激动地颤抖着,泪水也在眼眶里打转。

他劝说了超过10个受灾家庭,但大家都只是摇着头。孙社长激动地对着一个由祖父母、母亲及两个孩子组成的5人家庭说:“前往九州的交通费由我负担。你们到九州悠闲地泡温泉,等(核电站事故)稳定之后再回到福岛好吗?”祖母在这时说话了:“我们就算了,请你照顾他们这些年轻人吧!”

我觉得这在某种意义上是决胜的关键。孙社长也使劲说服他们。母亲看着孩子说:“但是,孩子的爸爸还有工作……”大熊町有很多从事核电相关工作的人,“爸爸的工作”说不定就是。

到此为止,孙社长也放弃劝说了。我们走向出口,他像是自言自语地说:“真令人心痛。”

回东京的途中,孙社长在推特上说:“我刚刚去了田村市综合体育馆,那里是福岛核电事故的避难所之一,灾民有孩子、老人、病人等各式各样的人。我觉得政府应该尽快作出决定,让灾民前往安心、安全的地点避难。同行的佐贺县武雄市长也积极地表达了这点。”

对此,有人在推特上回复“这好像不是孙社长的工作”,孙社长的回答如下:“这终究是中央政府与地方政府的工作,我只是提供一个契机而已。”

车辆行驶在东北高速公路上,外面开始下雨了。K与我体验了看不见的恐惧,一路上都没有说话。

我在担任议员时,也曾站在认为“核电是必要的恶魔”的那边。虽然没有盲目听信电力行业相关人士的说法,但也认为缺乏资源的日本“不得不依靠核电”。

但是,3月22日,我与孙社长一同拜访福岛,体验了“看不见的恐惧”。核电让人失去故乡与历史,总有一天必须完全废除。核电是否真的安全,只能交由科学家来判断。我已经不是政治人物了,所以无法作出“废除核电”的决策。

许多国民与议员时代的我一样,心里虽然认为不要核电比较好,但因为没有替代方案,所以认为使用核电也是“没办法的事情”。现在,我是企业家,是孙正义的社长室室长。所以,我是否应该向孙社长建议,身为企业家就要挑战替代方案呢?

知行合一。孙社长与我都了解“看不见的恐惧”。既然了解,就必须采取行动。我们就以“企业家”的身份,创造代替核电的能源吧!总有一天,要打造零核电的日本。我的心里涌现了这个想法。

来回8小时，在福岛停留5小时。回到汐留总部时，早就过了晚上9点。不管怎么说，孙社长能平安回到东京让我松了一口气。

是政治人物就给我学会担当，蠢材！

孙社长只要专注在一件事情上，就做不了其他的事。他的行为正体现了成功者就像锥子一样朝着一个点前进的说法。

但是，身为社长室室长的我必须综观全局。话说回来，从“光之道”战役后到3月10日为止，我们都还站在“在战争中失败，在外交上胜利”的立足点上，为实现“单条通信线路租赁”而运作。平冈副总务大臣与孙社长在3月10日的会谈中，甚至得出“没有人反对单条通信线路租赁”的结论。

当然，NTT也尽全力恢复通信线路。虽然不是立刻。但这种时候，正是“在外交上胜利”的好机会，我马上安排了平冈副大臣与孙社长的会谈。

原本计划讨论的题目，当然是“单条通信线路租赁”。

3月29日，副总务大臣室。简单寒暄一下后，孙社长就开口说：“我去了 趟福岛。政府应该尽快撤离灾民。”

平冈副大臣来自财务省，是超级精英聚集的部门。在这个时候，他同样站在掌管地方政府的总务省副大臣的立场上，基于法理说明为什么孙社长的建议难以立即实行。我能够充分理解实现这个建议需要各方面的评估。

为了说明这次主题——实现单条通信线路租赁的方案，桌上摆着准备好的文件。孙社长粗暴地将桌上的文件扫落在地，说道：“什么手续之类的话我不想听。政治人物的工作不就是要想办法解决这些问题吗?是政治人物就给我学会担当,蠢材!”平冈大臣是傲视全国的秀才,他恐怕是第一次被人指着鼻子骂“蠢材”吧!即便如此,他依然没有失去身为副大臣的冷静。他捡回被孙社长扫到地上的文件,准备开口说明。

“蠢材。这些规则怎样都好,不要把人命当赌注。”

第二次的“蠢材”,让平冈大臣也忍不住反驳:“这种事情不用你说我也知道!担心的人不是只有你。”

“知道的话就立刻发布避难命令!浑蛋!”

总务省是管理通信行业的机构,而且平冈副大臣身为负责信息通信的副大臣,他对“光之道”构想的回应算是很有诚意的了。

后来“单条通信线路租赁”的方案,也确实不再有进展了。

隔天的3月30日,孙社长在推特上叙述当时的情形:“昨天,我与某副大臣认真地大吵了一架。‘不要把人命当赌注!混蛋!’‘这种事情不用你说我也知道!’‘知道的话就立刻发布避难命令!’‘这需要各方面的评估……’我到现在还是很生气!”

我身为社长室室长,在这之后得想办法修复软银与平冈副大臣之间的信赖关系。我很感谢平冈副大臣大人有大量。原本以为孙社长只骂了两次“蠢材”,后来看到总务省的面谈记录,他似乎骂了“3次”。看来总务省留下的记录中,把“混蛋”算成一次,再加上“蠢材”两次,总共3次。

我想起第二次世界大战后吉田茂在国会中大骂“混蛋”的事。吉田首相在第二次世界大战后,与驻日美军最高指挥官麦克阿瑟将军达成合作关系，借此重建了第二次世界大战后的日本。

后来杜鲁门总统害怕麦克阿瑟在朝鲜战争的指挥中独断专行，因而将他解职，吉田随后发布声明：“将日本从第二次世界大战后的混乱与虚脱中拯救出来的人，就是麦克阿瑟将军。民主主义之所以能够在我国的各个领域中扎根，也是因为将军的努力。”

如果想将日本从“3·11”大地震与福岛核电站事故的混乱与虚脱中拯救出来，有什么是我可以做的吗？能不能让发“狂”的孙社长，把精力用在帮助日本重建上呢？

我仔细思考了麦克阿瑟将军与吉田茂首相的关系。麦克阿瑟曾是最高指挥官。在这千年一遇的危机中，我想让代表最高权力的首相官邸与孙社长携手合作。这么做或许会招致批评，或许还会被说成是“官商勾结”吧？但为了推动日本重建，就大胆地面对批评吧！我，也发“狂”了。

下定决心之后，我检查了手机的通信簿。里面有官房长官、官房副长官，甚至还有内阁总理大臣的电话。

08 神的旨意——推动《可再生能源法》

2011年4月—2012年7月

2011年3月11日上午。“3·11”地震发生的数小时前，内阁会议提出了一条法案——《可再生能源特别措施法》（以下简称《可再生能源法》）。

这条法律规定，国家有义务在一定期间内，以固定价格向电力公司收购太阳能、风力、地热等产生的电，称为“固定价格收购制度”。德国为了推广再生能源，已经在2003年采用这个固定价格收购制度了。

孙社长与我从福岛回到东京后，曾请教过许多专家有哪些能源可以代替核能，最后得到的结论是，可再生能源，也就是来自大自然的能源，才是今后能够取代核能的能源。我们也在这个过程中，得知了《可再生能源法》。孙社长说：“原来有这样的法案！这条法案非通过不可。”

内阁会议在即将发生“3·11”地震之际提出《可再生能源法》，让我感受到某种命运的安排。我觉得通过《可再生能源法》重建日本，或许是神的旨意。然而，情况并不乐观。经团联[1]等商界团体都反对《可再

---

①“经济团体联合会”的简称。日本最大的经济团体。

生能源法》，在野的自民党也站在反对的一方。

在审查《可再生能源法》的经济产业委员会中，有许多与电力公司过从甚密的议员，所以这条法案的优先级原本就低。再者，许多灾后重建的相关法案等着通过，《可再生能源法》就会被束之高阁。许多意见都认为，再这样下去，就算等到本会期结束，《可再生能源法》也无法通过。

我下定决心，即使动用我所有的能力与人脉，也要想尽办法在本会期内通过这条法案。

推动自然能源之钥：固定价格收购制度

4月22日下午4点，议员会馆会议室。距离我们从福岛回来刚好1个月。执政的民主党的“重建愿景项目小组”邀请孙社长担任讲师，我也一同出席。这是一个能够主张固定价格收购制度重要性的绝佳机会。

演讲从担任主席的前经济产业大臣直岛正行的致辞开始：“今天感谢各位在百忙之中抽空前来。身为项目小组的一员，到目前为止都为了规划重建愿景而进行视察等工作，现在终于到了必须考虑第一次修正预算的时期。今天，为了重建日本而四处奔走的软银孙正义社长，以及各位熟知的岛先生也来到了现场。接下来，就让我们欢迎孙正义社长。”

孙社长拿着麦克风与遥控器站了起来。“我是软银的孙正义，请多多指教。”他说这句开场白时，总是看起来很谦虚，让我相当佩服。

“最近，我总是24小时随身带着这个，这是盖革计数器。不久前我去了关西一趟,听说0.05微西弗才是正常数值,但在关西的数值却是0.22。不只是关东,就连关西的数值都变高,这点让我十分惊讶。"

孙正义的演讲风格,就像乔布斯一样,一开始会先展示小道具。

"全球的核电站平均22年退役,但日本却过了40年还在使用。既然都过了40年了,就让我们废弃核电站,不足的发电量就用自然能源发的电来取代吧!所有的太阳能发电,由电力公司以固定价格收购。这点欧洲已经在做了,日本慢了一步。虽然成本会增加,但以每月电费大约8000日元的家庭为例,只要再增加500日元的电费即可。如果能够买到安全与安心,这个价格很便宜。"

这段发言明确指向废核。上市公司的社长,在执政党的项目小组会议中,表明了废核的关键就在于固定价格收购制度。

"现在正是转换能源政策的时候,全体国民都应该推动安全的自然能源发电。政策是关键。只要在政策方针中,加入固定价格收购制度这短短的一行规定就可以了。只要有了这个制度,民间就会争相投资自然能源。"

德国与西班牙已经证明,固定价格收购制度是各种自然能源普及政策中最具效果的一项。日本也需要"适当地"使用这项制度。

我之所以会特别强调"适当地",是因为日本在表面上虽然也存在固定价格收购制度,但是日本的制度设计的不完全,忽视了不同发电方式的支持率、技术成熟度、地区特色明显的发电潜力,以及收购年限。

俗话说"魔鬼藏在细节里"。日本为了表示自己重视自然能源而导入了这项制度,但却设计出现实中无法推行的细节。以前就有人嘲笑这个制度是"唬人的固定价格收购制度",并且强烈要求改进,但在以核电集团(由核电行业的产、官、学组成的利益集团。这里是一种讽刺用语)为主的电力垄断行业的妨碍下,很难有所进展。

固定价格收购制度的重点在于价格要定多少钱,以及收购年限要定多少年。

德国等欧洲国家的太阳能发电价格为1度电40—60日元。收购年限为20—25年,而且是全量收购。孙社长参考欧洲的制度,主张太阳能发电的“收购价格应该定为40日元,收购年限应该定为20年”。

“我觉得光说不练是缺乏责任感的行为。所以,我将成立自然能源财团,找来全球100位专家,提出促进自然能源开发的政策建议。成立财团的资金不包含在4月3日公布的100亿日元捐款中。我决定豁出去,再拿出10亿日元成立财团。”

4月初时,孙社长便表明将自掏腰包捐出100亿日元,作为重建之用。但是网络上却充斥着批评他作秀的留言。我也看到有人怀疑“真的捐了吗”。因为这么大笔的捐款,手续也会拖很久。

孙社长还要再捐出10亿日元成立财团,财团的成立手续必须加快脚步。

“我有一件事想拜托各位,那就是请各位通过《可再生能源法》。因为我有一个复兴日本的构想,必须在《可再生能源法》通过的前提下才能实现。这个构想,是‘东日本①太阳能带’。”

东日本大面积的水田、旱田因为海啸而遭受盐害,光是去除这些

①是对日本进行大地理区分使用的词语。泛指整个日本东半部地区,对应词是“西日本”。

盐分就要耗费10年的时间。既然如此，何不干脆在去除盐分的这段时间内，一口气、大规模地设置太阳能板，打造一条太阳能带呢？

只要大规模制造太阳能板，就会产生工作机会。日本原来拥有世界第一的太阳能发电产业，现在却输给中国，逐渐失去了国际竞争力。打造世界上最大的太阳能带，就能再一次夺回世界第一的宝座。孙社长如此主张道："来这里的途中，我在推特上看到一则'孙正义终于要与民主党对决'的留言。我来这里不是要掀起一场战斗，而是想要利用安全、干净的能源重建日本。我想最后再强调一次，促进自然能源的关键就是固定价格收购制度。40日元，20年，全量收购。如此一来就能开拓日本的未来。在此拜托各位，创造一个能够开拓日本未来的愿景吧！"

演讲结束后，许多议员来找孙社长交换名片。我与连任的议员彼此已经十分熟悉，因此能为孙社长简单引介。至于新科议员，很多人我也是第一次见到。

这场演讲通过网络全程转播，在完全公开的状态下进行。公司的宣传负责人问我："岛先生，《世界》杂志想要刊登这场演讲的全文，没问题吧？"我同意了。这本《世界》杂志中，收录了一篇倡议东日本太阳能带构想的论文。菅直人首相读了这篇论文，这也成为他与孙社长会谈的契机。

2小时44分的会谈

5月9日，菅首相举行了要求滨冈核电站停止运转的记者会。"向各位国民报告一个重要消息。本日我以内阁总理大臣[1]身份，通过梅江田经济产业大臣要求中部电力公司停止滨冈核电站所有核反应堆的运转。”

在同一天的记者会上，孙社长针对菅首相要求滨冈核电站停止运转这点，给予了正面评价：“总理作出了适当的判断。为了在万分危险的情况下保护人民，这个判断非常适当。”

5月13日，副官房长官福山哲郎来电。福山先生是我在松下政经塾的学弟。他在电话中提到，菅首相读了《世界》杂志刊登的论文之后，无论如何都想见孙社长一面，因此调整了行程，最后决定在明天与孙社长会谈。

大家往往以为总理的行程相当有计划，很久之后的行程都会事先安排好。但实际上并非如此，总理经常会因为国会日程或突发事项而临时变更行程。根据当过秘书官的人的说法，总理的行程似乎都是临时才决定的。不过话说回来，没有人会拒绝首相官邸的邀请，突然提出见面的要求也没问题，所以才会变成“临时决定”。我无法出席，所以拜托社长室的Y随行。

总理的行程全部都是公开的。总理在14日的晚间7点，将与日本总工会主席古贺伸明展开1小时27分钟的会谈。接着在8点34分从官邸出发。晚上8点43分至11点27分，则是菅首相、福山副官房长官与孙社长的会谈，时间长达2小时44分钟，这样的例子很少见。

---

①日本内阁总理大臣简称日本总理大臣、日本总理，通称日本首相，是日本内阁的最高首长，也是日本国政府首脑，领导各行政机关运作。本书中的称谓照原著译成。

我总觉得，喜欢高杉晋作的菅首相与喜欢坂本龙马的孙社长，应该很合得来。不过我曾经试探着问过孙社长：“您觉得鸠山前首相与菅首相，哪一位的磁场与您比较合呢？应该是菅首相吧？”孙社长给了一个相当官方的回答：“不，我与这两位都很合得来。”

坂本龙马、桂小五郎与西乡隆盛的会谈促成了明治维新。孙社长的会谈对象，是在“3·11”大地震后领导日本的伟大总理。我深信，这两人的深度讨论对于重建日本来说是必要的。

日本的政治人物与企业家，全都陷于私欲，胸无大志，这是一切灾难的祸源。人类会用自己的标准来评价事物。虽然有人怀疑孙社长为了进入电力行业而企图笼络总理，但实际上绝对没有这回事。再说，如果孙社长是这种人，我也不会在他身边辅佐。

“这不是官商勾结吗？”我已经准备好面对这样的批评。对于被说成是为这两人牵线的我来说，内心希望他们可以仔细讨论日本的重建事宜，因此我认为至少需要两小时的时间。最后的结果是，会谈时间长达2小时44分钟。

我在菅首相担任民主党党魁的时候，曾以代表室所属议员、幕僚的身份，在菅首相手下做事。如今，我是孙社长的社长室室长。换句话说，总理大臣是我的前任上司，孙社长是我的现任上司，像我这样的经历在日本应该算非常少见。

从政局来看，菅首相正面临紧要关头。我希望菅首相能够像个政治家，为国家的百年大计牺牲自己，果断行动，将评价留给后世史学家。而我也打算为现任上司孙社长准备一个舞台，让他可以大展宏图。为前任上司与现任上司打造共同战线，我想这就是我的任务。因为前后两任上司，分别是总理大臣与日本少数企业大佬的人屈指可数。借用江户时代儒学家佐藤一斋的话："人须自省。天，因何故孕育我身，要我为何使命奉献。"

我没有列席，孙社长与总理的谈话也没那么容易泄露，所以我不知道他们谈了什么。只不过，他们似乎在以自然能源推动日本重建的大方针上达成了共识。

隔天5月15日是星期天。我在全家出门的时候接到福山副官房长官打来的电话，确认了今后将朝着加深合作的方向前进。

顺带一提，几天后我从某阁员口中听到滨冈核电站停止运转的原因。观察日本列岛，"3·11"大地震造成东京以东地区的电力瘫痪，东京靠着与西日本相连而保住命脉。如果位于静冈县的滨冈再发生事情，东京就会被完全孤立，因此停止了滨冈核电站的运转。我认为这是非常明智的。

电田计划

2011年5月23日，参议院的行政监视委员会特别委员会邀请孙社长担任意见顾问。

起初，孙社长听到我说参议院请您以顾问的身份出席时，他的反应是"什么，我一定要以顾问身份出席吗"。

孙社长似乎回想起2004年，Yahoo!BB发生个人资料外泄事件时，众议院总务委员会评估找来顾问的事情。于是我为他说明："国会邀请的顾问，分成找专业人士提供政策参考的顾问及为了调查事件而找的顾问。这次您的身份是前者。"

为了提供参考意见,我与孙社长做了充分的会议准备,并且在委员会中发表了“电田计划”。因为我们都认为在参议院的会议记录中留下正式记录是很重要的。

京都大学核反应堆实验所的小出裕章先生、东芝设计核电站的后藤政志先生、地震学家石桥克彦先生,也都被找来当顾问。在核电方面,上述几位无论哪位顾问的意见,都具有魄力与说服力。在我担任议员时也曾有过好几次听顾问发表意见的经验,但议员这么认真地听顾问说话却是很少见。

终于轮到最后一位,也就是排在第4位的孙社长。孙社长也很认真地聆听议员们的意见。

“如同各位议员所说,国民现在已经充分了解到核电的严重威胁与问题了,未来必须逐步降低对核电的依赖,而且速度越快越好。那么,哪种能源能够取代核电,以维持国民的正常生活以及产业呢?我试着从有限的智慧中想办法挤出解决方案。”

议员们的目光看向投影在屏幕上的图表。

“福岛核电站发生事故前,核电占了供电量的30%,包含水力发电在内的自然能源占10%,其他则是火力发电。我试着想象10年后的情形。10年后对核电的依赖度,至少应该降到事故后的现在的一半左右吧!40年以上的核电站不能再使用,盖在活断层正上方的核电站或是有裂痕的核电站,也得停止运转。我们必须将强迫电力公司把安全运转视为理所当然。”

当时的目标是在2020年将对核电的依赖度降到15%。现在回想起来,这是个稳健的想法。

国民的意向偏向“废核”，但国会议员却不这么想：“现在因为核电站的事故刚发生，国民对核电的想法变得情绪化，但我们不能被一时的情感所左右，必须冷静思考能源政策。”怀着这种想法的议员占了多数。因此，孙社长的演讲也不同于以往，变得较为慎重。

他希望国会务必在本会期内通过与欧洲相比肩的全量收购制度的法律。日本国难当头，在政治上的决断一定要超越党派。同时，他也希望能评估电力公司接续输电系统的义务及放宽用地限制等。孙社长在提出简单扼要的建议之后，深吸一口气，接着说：“今天，我想提出一个名称奇妙的新方案，这个方案称为‘电田计划’，也就是用田地来种电的意思。”

太阳能发电需要大量的土地，因此，有人认为太阳能发电是不可取的。但我心想，真是如此吗？

熊本县的蒲岛郁夫知事，因从农协职员成为东京大学的教授而闻名。他是我在松下政经塾时的政治学老师，也是引进熊本熊①的著名知事。蒲岛知事曾问我：“可以利用休耕田或废耕地进行太阳能发电吗？”全日本的休耕田、废耕地，总计超过50万公顷。“电田计划”的灵感，就来自这里。

假设总计50万公顷的休耕田、废耕地当中的两成拿来铺满太阳能板，可以产生多少电呢？太阳能板的发电能力共有50吉瓦，相当于50座核电站。当然，晚上或雨天无法使用太阳能发电，但白天的峰段可以使用。当时，日本运转中的核电站共有20座。峰谷电管理虽然

①是日本熊本县营业部长兼幸福部长、熊本县的吉祥物。

重要,但太阳能作为峰谷电辅助方式,也能产生很大的帮助。孙社长在如此说明的同时,终于进入主题。

“日本政府规定,农地不能挪作农业以外的用途。这在原则上是不允许的,但如果用在公益事业上,就能获得许可。”

日本的土地分为农林水产省管辖的农地及国土交通省管辖的住宅用地、工业用地。日本的行政机关,常被批评“有省没有国”。农林省的官员似乎认为,如果将农业用地用在等同于工厂的太阳能发电上,农林省管辖的土地总有一天会变成国土交通省管辖的土地,因此不能挪作农业以外的用途。

“现在日本正处于‘3·11’大地震与福岛核电事故的国难之时。缺电就是国难,太阳能发电是公益事业。如果农业用地变更有困难,就必须通过法律解释,允许直接在农业用地上暂时设置太阳能板。”

在野党占多数的扭曲国会难以修改法律。因此最快的方式是靠“法律解释”解决,如此一来,只要大臣同意,立刻就能完成。

“电田计划”或许是因为名字好听,获得了议员们的好评。

在执政党民主党的重建项目小组中演讲,与菅首相会谈,在掌握国家权力的最高机关国会以顾问的身份发表。光之道构想的舞台只有总务省,所以提案最后遭到了既得利益者的驳回。这次的战略方针就是尽量扩大舞台。

从北海道到英国、德国的大考察

结束参议院行政监视特别委员会的发布之后,孙社长的手机在回公司的路上响起,是三井物产战略研究所所长寺岛实郎打来的电话。

“孙先生，您在前几天提到想在日本建造世界上最大规模的太阳能发电厂吧？有一个地点很适合哦！”

废核不能只是说说。孙社长也想亲自冒险成为太阳能发电行业的先驱，创造废核的契机，这就是“知行合一”。孙社长的决心越来越坚定。

软银的原则是，既然要做，就要考虑做到世界第一。当时的世界第一是美国亚利桑那州发电能力为25万千瓦、面积约500公顷的土地。于是我指示社长室成员在日本寻找面积为500公顷以上的完整土地。

北海道有一个始于20世纪60年代的国家计划，名为苫东工业区。这个工业区的范围涵盖苫小牧市、安平町、厚真町共一市二町，总面积有1.07万公顷。这个工业区原本计划成为重工业的集散地，但因为跟不上时代节奏，只好逐渐分开出售。寺岛先生说，可以在那里加强大规模太阳能发电厂的招商，并且也建议，如果孙社长不方便可以请我前往当地看看情况。

我等孙社长挂断电话，便对他说：“明天24日，我去北海道看看。”接着便打电话到社长室，请他们帮忙订机票。

我在5月24日上午10点抵达千岁机场。苫东工业区距离机场只有大约10公里。工业区东西长9公里，南北宽12公里。这里虽然有电装[1]、爱信[2]等我所熟悉的汽车零部件相关工厂，但其他地方都是森林。北海道电力的火力发电站也在这里，通往札幌的输电线也相当

①世界上屈指可数的汽车零部件生产厂家之一，在日本排名第1。
②专门生产自动变速箱的企业，成立于1969年。

完善。

我与苫东工业区的管理公司，苫东股份有限公司的Y社长寒暄之后，就表明孙社长想要建造世界第一大太阳能发电厂的想法。对方回答："我想为国家尽一份心力。"我写电子邮件向孙社长汇报后，孙社长打电话过来表示想要尽快与Y社长见面。我请秘书安排，接着便返回了东京。

5月25日，东京的都道府县会馆。以埼玉县上田清司知事、神奈川县黑岩佑治知事、长野县阿部守一知事、静冈县川胜平太知事为首的几位知事，在记者会上发表包含北海道在内的19个县，将在7月成立自然能源协会。孙社长表示："我想，今天在自然能源普及的这层意义上，是历史上重要的一天。"

午夜12点35分，我从羽田出发飞往伦敦。出差的主要目的虽然是本行的信息通信，但我也计划利用周六、周日两天，视察英国的萨尼特海上风力发电站，以及德国的风力发电站和太阳能发电站。伦敦的软银电信外派人员听到这个跨领域的要求，似乎觉得相当困惑。

5月28日，我前往距离英国伦敦大约两小时车程的萨尼特，参观世界上最大的海上风力发电站。英国因为北海油田接近枯竭，想通过风力发电寻求活路。他们计划在2020年之前，达到4000万千瓦的发电能力，相当于40座核电站，投资规模达到13万亿日元。目前共有100座高115米的风车，散布在距离岸边12公里、面积35公顷的海面上。最终目标是设置341座风车，发电量300万千瓦，相当于3座核电站。

萨尼特的拉姆斯盖特，是个能够看得见风力发电站的海滨度假村。我问旅游中心的人："你觉得发电站建在这里如何呢"，他回答："发电站让游客也变多了，简直太棒了！”我因此确信，岛国日本应该向海洋国家英国学习，挑战海上风力发电。

5月29日傍晚，我来到德国的杜塞尔多夫，并在饭店打开了电视。CNN报道，德国执政党的党魁在29日与总理府达成协议，国内的17座核电站将依序停止运转，预计最晚在2022年即可实现“零核电”。换句话说，现在已经厘清福岛第一核电站的事故是意想不到的风险，因此德国政府决定停止对核电的依赖，采取大力发展风力与太阳能等自然能源发电的方针。

默克尔总理目睹福岛的事故，要求两个委员会提出建议。一个是由专家组成的核能安全委员会；另一个是由社会学家、哲学家等17位委员组成的能源供应安全伦理道德专家委员会。

默克尔总理很看重采取文明论观点的伦理道德专家委员会。伦理道德专家委员会在建言中提出：“从福岛的事故中，我们已经知道核能发电的风险实在太大了，应该尽早废除核电，改用风险较低的能源替代。”

在既得利益者的束缚下，放任言不及义的专家玩弄文字游戏是国家之过。若基于长期的、根本的、多方面的考虑，应该尽早废除核电！这么一来，也能破釜沉舟地通过自然能源开拓一条“康庄大道”。

德国决定“废核”的这天，我刚好在德国，我想这也是天的旨意。欧洲的德国、亚洲的日本，都在推动自然能源。我希望能为改变世界尽一份力。

5月30日。车子行驶在德国的高速公路上。我在车上看到两座、三座风力发电的风车，有时候还能在道路旁看到5座以上的风车聚集在一起。我好奇噪音的大小，因此下车聆听，发现这种程度的噪音我不会在意。在农村地区的民房屋顶上，也随处可见太阳能板。

杜塞尔多夫附近的诺兹拉姆地区，有7公顷的旱田变成了电田，所以我前往参观。看到太阳能板下方的牧草青翠美丽。我开始觉得，即使把太阳能板设置在高尔夫球场也不会突兀。因为，即便是在严格保持景观的德国，太阳能板也能很好地融入周围的田园风景中。

软银的主力通信是公益行业，因此不可能加入或许会引发社会问题的行业领域。正所谓百闻不如一见，太阳能与风力在欧洲都能与日常生活共存。这样的话，软银即使加入自然能源事业也不会有问题。我通过电子邮件向孙社长报告欧洲考察的结果。

6月1日上午9点，飞机抵达成田机场。德国的头版新闻标题是，默克尔总理将展开转换能源政策的“大挑战”。而另一方面，日本的头版新闻则是菅直人首相的“不信任案恐在明日表决”。德国的头版是政策，日本却是政局。日本在国难当头之际，会变成什么样子呢？想到这里让我不禁叹了一口气。

我直接回公司后，就直奔社长会议室，向孙社长展示从德国带回的风力发电模型。这是个高50厘米左右的风力发电的风车模型，基座是代表牧草的绿色，小小的牛睡在一旁。

“德国的太阳能发电也很发达，但最强的还是风力发电。开在德国的高速公路上，就能看见一台又一台的风车。光是德国，似乎就有2万架。继太阳能之后，接下来应该研究风力发电。”孙社长用手指拨动风车两三次，似乎在暗示自己也想看看这样的风景。

做过头反而刚刚好

2011年6月8日,晚上11点过后,以通过《可再生能源法》为目标的Y前大臣打电话来:“菅首相总算在不信任案中挺过来了。据说他已经下定决心,准备用自己的去留来交换《可再生能源法》的通过。我想与您见个面,明天也可以,在这之前我会先找好同伴。”

“我了解了,我会去议员会馆拜访。”我挂掉电话。从我位于大厦高层的家里可以透过窗户看到彩虹大桥[1]。为了省电,彩虹大桥没有亮灯,只有车灯在桥上移动。

原来菅首相想以自己的去留来交换《可再生能源法》的通过。很遗憾,永田町并非“君子”的世界。《论语》中有句话说:“人之将死,其言也善。”但这么想的人并不多。我可以料到,一定会有人批评首相这么做只是为了保住其政治地位。

对可再生能源的批评以企业界为中心,炮火依然猛烈。现在这个时候,已经无从得知政治上的决断会带来什么样的结果。如果可以做出合理的判断,就不是政治上的决断了。

“真正的政治家会背负时代的宿命而行动,不迎合潮流,通过自我牺牲果断执行国家的百年大计,将评价留给后世史家,自己则逐渐退去身影。”这是1987年9月,第71代总理大臣中曾根康弘先生,在前首相岸信介的葬礼上所说的话。

福岛核电站事故后,必须通过可再生能源重建日本,开拓一条废

---

①日本首都东京一条横跨东京湾北部、连接港区芝浦及台场的吊桥。

核之路，《可再生能源法》的通过是关键。孙社长在那时常说："只要《可再生能源法》通过，时任的总理就能名垂青史。"

6月10日，议员会馆。我在这天与支持《可再生能源法》的议员恳谈。他们希望孙社长能够出席众议院第一议员会馆举办的能源转型相关会议，并在会上演讲。我稍微思考了一下就答应了。

这是发生在6月15日，我们准备从公司前往国会演讲前的事。根据计划，孙社长的演讲在上半场。菅首相原本预计在上半场出席，但后来得知首相因为公务关系只能出席下半场。我觉得这是最好的安排，企业经营者与当时的政府关系太过紧密虽然有优势，但也有缺点。因此，我打算请孙社长在上半场的演讲结束之后就离开会场。

K秘书课长来找我。他说，他请孙社长在上半场结束后就离开，可孙社长却回答"我会留到最后"，问我该怎么办才好。他说的时候，听起来有些烦恼。

企业界对菅首相与《可再生能源法》都很冷淡。经团联的米仓弘昌会长在要求菅首相提早下台的同时，也表示："如果引进这个全量固定价格收购制度，电力的价格就有可能上涨，所以我基本上反对。"

软银是加盟经团联的企业。董事会上，外部董事为主的成员也不断劝说孙社长："请专心经营本业"。

我前往社长室，孙社长似乎猜到了我要说什么，他看着我的脸说："岛先生，我知道你很担心，但是我想待到最后。"

这是一句破釜沉舟的话。

"我知道了。既然老板这么决定，我也协助到底。"

孙社长与菅首相，无论哪一位，评价都是毁誉参半，他们两人无疑都具备“革命家”的气质。这两人联手,或许会产生惊人的化学反应。半吊子的想法在这种时候是行不通的,做过头反而刚刚好。所以,我也变得义无反顾起来。

众议院第一议员会馆。大会议室中有350位议员、公民团体成员,场面十分热闹。这天的流程是“孙社长演讲→问答时间→菅首相演讲→提出能源转型《再生能源促进法》的请愿书”。

孙社长在演讲中,从企业经营者角度阐述日本必须从依赖核电转型为以自然能源为主的原因。

他说,全球的金融机构现在已经逐渐不再投资核电。评估投资等级的资信评级公司穆迪(Moody's)已经宣告:一旦有公司表示要“建造新的核电站”,就会降低其债券等级。全球新的能源投资几乎都是自然能源,金额已达20万亿日元,但日本投资自然能源的资金却微乎其微。

接着,他指出如果要扩大自然能源,必须先完成两个目标。第一,是通过全量固定价格收购制度的法案,也就是《可再生能源法》。第二,则是发电之后要能接到输电网,也就是输电网的接续必须义务化。孙社长说:“我觉得至今为止,电力公司对电力配送都采取‘不情不愿’的态度。从法律条文来看,电力公司看似能够帮忙输电,但实际上并非如此。我在通信行业经历过很多类似的事,因此能够感同身受。”

通信由NTT垄断时,通信费用高、速度也慢。软银的加入掀起了竞争,费用也变便宜了。然而,NTT即使有开放的义务,也不愿意真正开放。我们在这个过程中,持续不断地与怠工的NTT抗争。

“从法律角度来看,条文中写着‘电力公司不可拒绝连接电网的要求。但是,可能对电力的通畅供给产生阻碍的情况,则例外’。要说可能,什么事都有可能,最终还是由电力公司的裁量决定。一旦事情变成如此,即使想要投资新设备,银行也不愿意提供融资。我希望政府不要做这种半吊子的事情。”孙社长的演讲充分意识到“魔鬼藏在细节里”。这个“但是”,就是问题所在。

演讲结束后,我们回到休息室。主办单位准备了瓶装水。孙社长没有说话,我独自拿起瓶装水喝。这时,有人来敲门。

“菅首相抵达会场了。”社长室的成员来接我们。

“座位是怎么安排的?”我向他们确认。

“是的,依照您的指示,孙社长与您的座位在最前排的最右端。”这样的座位安排,是为了避免电视摄影机拍到菅首相与我们坐在一起的画面。

孙社长站起来,朝着会场的大会议室走去。

所谓“野心”

菅首相出身公民运动。他认为自己属于少数派,所以不能悲观,即便是在四面楚歌、公然被呛“菅直人下台”的情况下,也要保持乐观。他与福山副官房长官、辻元清美首相辅佐官一起“昂首阔步”地走进会场。演讲开始了。

“30年前,当我还是新科议员的时候,曾经前往美国丹佛附近的风力测试中心考察。有30种不同的风车在那里运转,产生的电就通过电线输送、销售。我曾问负责的官员,这个在日本能不能做得起来呢?官员给了我否定的回答,日本因为有《电气通信事业法》,如果不是大规模的发电站就难以兴建。”

年轻时的菅议员就对自然能源感兴趣，因此阅读了科学技术厅的报告书《风车计划》，甚至前往风力发电的现场。他虽然也参观了东京电力的两台大型风车，但科学技术厅的结论却是发展风力发电不合算。

因为有过这些经验，所以菅首相说，他确信“科学技术厅是以发展核能为目的的机构，因此摧毁了各种自然能源的建议”。这听起来有点像是为“突然才说要发展自然能源”的批判找借口。我觉得，菅首相还是保持笑骂由人的平常心就好了。

日本一直以来都在不断地摧毁自然能源，朝着核电前进。菅首相认为，改变日本的能源政策是自己的使命。他坚定地说，通过《可再生能源法》，是发展扩大自然能源这个选项的第一步。首相的演说能力依然出色。

“3月11日，内阁会议已经决定向国会提出这条法案，至今已过了好几个月。我也几乎每天都要求经济产业大臣与国会对策委员长想办法让法案通过。或许是因为这当中有各种政治角力，事情一直无法顺利进行。我希望与大家齐心协力，想办法通过法案。如果这条法案无法通过，就是身为政治家的我没有尽到自己的责任，所以我会更加努力的。”

会场响起热烈的掌声。司仪请孙社长上台，孙社长露出有些腼腆的笑容走到台上，握住麦克风。

“刚才听到首相这么说，我心想，希望他能够再做10年。”后来，八卦电视节目也播出好几次孙社长指手画脚地说着“希望他能够再做10年”的画面。

孙社长的说法是："如果说1年就太真实了。我之所以会说10年，是觉得这么一来，应该没有人会认为我说的话是认真的吧！"但是，反对势力并不这么想，他们把这件事情解读成孙社长是在帮助首相延续政治生命。

"我想，首相应该从30年前就开始思考自然能源的问题。他怀着变成首相之后就能施展抱负的想法，熬过了好几年的议员生涯。结果，他当上首相之后又成为箭靶，真的很辛苦。但是，既然他当上首相，我就希望他绝对要通过当年还是新科议员时所盼望的法律，因为这也真的是许多国民殷殷期盼的法律。"会场中有人大喊："没错！""加油！"掌声持续了20秒以上。

"他在现在这个紧要关头依然很有韧性。他在紧要关头坚持、再坚持，只因为绝对要通过这条法案。这不是为了谁，不是为了政治家菅直人，也不是为了各位，而是为了我们的孩子、孙子、地球，还有全人类。希望各位能够发挥力量，无论如何都必须通过这条法案。让我们一起加油吧！"孙社长深深地鞠了一躬。掌声停不下来，持续了1分钟以上。

司仪请菅首相发言。菅首相露出笑容，像是想到了什么好主意似的，他握住麦克风说："刚才我一边听孙先生的话，一边思考战略。赞成《可再生能源法》的议员必须加强团结，这是第一要务。拜托大家了。"

"为了推动这项法案，已经收集了跨党派的207位议员联合署名。但是，另一方面，也有一些国会议员'不想看到菅直人的脸'。我想对这些人说，你们真的不想看到我的脸吗？真的不想看到吗？如果真的不想看到的话，就给我通过这条法案！"会场响起如雷鸣般的掌声。

对政治人物来说，所谓“野心”，就是做自己坚信必须要做的事。政治人物的“虚荣心”，是希望自己受欢迎。但即使不受欢迎，政治人物也必须做该做的事。

即使四周都是掌声，我依然冷静。这么一来，《可再生能源法》就成为首相赌上自己去留的“政局法案”了。据说最擅长国会对策的前首相竹下登曾说过，低调地悄悄通过真正重要的法案才是上策，而相反的情况就是“政局法案”。

“既然首相都要辞职了，那就让这个法案通过吧！”在永田町，没有人会善良到这么想。永田町所谓的“政局”有两种情况：一种是首相的去留，另一种是众议院的解散。该如何使用“解散”这张牌呢？我也和菅首相一样，思考着“战略”。

向股东报告：软银为何涉足能源产业

2011年6月24日，软银在东京国际论坛大楼召开股东大会。孙社长先对“3·11”大地震的灾民表达慰问之意，带领出席者为灾民默哀。

2010年度，软银的营业收入突破3万亿日元，营业利润也在我进入软银工作之后，连续6年创下新高。

我进入软银后的第一个工作——收购沃达丰、加入移动通信行业等也都进行得很顺利。营业利润达到5倍，基站的数量也增加6倍，达到12万座。更重要的是，根据报告，用户数增加7成，达到2500万人。5、6、7这几个数字是重点。

在这场股东大会中，也把变更章程提出来作为决议事项讨论。新的章程打算将开发自然能源纳入新的业务范围。新增加的业务是“自然能源发电等业务,以及相当于经营、管理的电力供应、销售等的相关业务”。

我在前面提过,软银的股东大会具备了“孙正义粉丝俱乐部”的要素,因此在会议上有非常积极、热烈的讨论。至今为止,即使是通过书面方式在事前行使决议,结论也几乎都是“赞成”。然而,这次的情况却不同。事前的决议行使中也出现了反对将投资电力行业纳入章程的意见。当然,要确保赞成人数过半完全没有问题,但孙社长对于反对意见也很在意。

手机行业是利润极高的行业,相反,自然能源行业就有太多不确定的因素。此外,互联网业务的投资回收期很短,甚至被说成是20倍速时代。譬如投资雅虎之后,4年就上市了。但自然能源的投资回收期很长,举例而言,据说投资太阳能发电需要13—15年才能回收,投资风力发电需要7—8年。股东必须考虑投资的合理性,因此对于在变更章程时把自然能源业务纳入有疑问,也是理所当然。

孙社长在发表完对信息革命的决心及报告良好的公司业绩后,就进入了问答的部分。有人提出关于投资自然能源的部分,能否详细说明的要求。

孙社长直视发问者,语气诚恳地说:“至今为止,我对于信息革命以外的事情完全不感兴趣。但是,大地震让我从心底开始思考人生是什么。虽然也有人寄信给我,但如果我们的手机信号可以接通,或许就能帮助许多人。有些生命可能因为手机无法接通而消逝。一想到这里,我就心痛不已。”

他停顿了一下,似乎万分感慨,接着又说:“所以,未来几年的设备投资,将把利益置之度外。现在还有灾民正在受苦,辐射的威胁也尚未消失。我从心底感到苦恼,并深深思考,只专注信息革命真的好吗?”

孙社长环视会场,缓缓地看向每一个人的眼睛,接着说:“信息革命也需要能源。即使是主张发展核电的人,有些也认为必须减少对核电的依赖。我们必须尽快投入作为替代能源的自然能源。我计划在7月13日,集结全国34名以上的知事,展开自然能源发展协会的活动。至少,我想帮自然能源的发展创造一个契机。拜托各位同意变更章程。”会场响起掌声。

孙社长也提到《可再生能源法》的审查。他说明,《可再生能源法》在地震的当天早上由内阁会议提出,后来就没有再进行审议了。接着他提高音量:“无论什么党派,只有国会议员能够制定法律。如果民间可以制定,我早就去做了,但只有国会议员拥有制定法律的权力。我想告诉他们,不要把法案卡在那里。”

此次股东大会中,包括变更章程在内的议案都通过了。会议结束,孙社长送外部董事离开后,回到了休息室,秘书为孙社长与我端来茶水。秘书走后,休息室里只剩下我们两人。

“章程变更通过了,接下来就是《可再生能源法》了吧!”我开口说。孙社长喝了一口茶之后问我:“岛先生,我想问问身为法律专家的你,你觉得《可再生能源法》能够通过吗?”

媒体高声提倡以企业界为主流的反对论点,目前情况难以预测。

“会通过的,我会让它通过。”平常发言慎重的我,斩钉截铁地断言。因为接下来他们如果能拖一天,就能拖一年,我们必须一步一步地占得先机。我将这点铭记于心。

首相的权力——推特上热议的假设

股东大会同意变更章程,我也因为暂时完成一项工作而提早回家。我开了一瓶据说是撒切尔夫人也爱喝的威士忌酒,酒精度60%,真不愧是“铁娘子”。正当我感到佩服的时候,手机响了。来电的是从我在议员时代就有往来的政治新闻记者。我带着酒意接起电话说:“好久不见,你现在负责跑哪里呢?”

“我现在是在野党记者联谊会的会长。岛先生,您的推特成为大家热议的话题哦。”根据记者说明,我在6月22日早晨发的推特,似乎“震撼”了永田町。

“否决《可再生能源法》,却高喊‘废核’。8月6日或8日,越来越有可能发生将决定权交还给人民的‘核电解散’。”

“首相的权利就是‘内阁人事权’与‘解散权’。打算任命复兴大臣、改造内阁的菅首相,在这个情况下不可能没有考虑行使‘解散权’。”

小泉前首相为了进行邮政民营化改革而解散内阁,在大选中赢得胜利后终于实现这条念兹在兹的法案。景仰小泉前首相的菅首相,目标可能是在9月11日举行废核大选。这件事在自民党内也传得煞有介事。

我为菅首相与孙社长牵线,并协助他们朝着废核、扩大自然能源的路线前进,对这样的我来说,这也是煞有介事的传闻。但即使无法判断真伪,放出这种信息,还是能在永田町产生影响。

由于被当成关键人物的我在推特上发表了“菅首相不可能没有考虑行使解散权”的留言,国会议员们以为我一定掌握了某些关键的情报。

酒精度60%的威士忌让我带点醉意，再加上打电话来的记者是旧识，于是我比平常更多嘴地解释道："首相权力很大，如同日本宪法第68条，可以任意罢免国务大臣。内阁人事权是不得了的权力。但是，总理无法制定法律。宪法第59条规定，法律必须通过参、众两院的表决。这时，总理可以行使的终极权力就是众议院的解散权。"

小泉前首相成为首相后，表示推进邮政民营化改革是必要的。某天，他接受外国记者的提问："小泉先生，您虽然说邮政民营化改革是必要的，但日本是民主国家，拥有国会，如果法案得不到国会的多数支持，就无法成立。但是现在，所有的在野党都反对邮政民营化，执政党、自民党也反对，不是吗？您要如何通过这条法案呢？"

小泉前首相笑着回答："不久之后就会知道了。等着看吧，我会成功的。"

2005年8月，参议院否决邮政民营化的法案，这条法案遭到废弃。一般来说，到此为止就结束了。但是，小泉首相行使总理的终极权力"解散权"。2005年8月8日，他解散众议院，因为"想由国民直接决定"。小泉首相在一掷乾坤的豪赌中获胜，邮政民营化的法案通过了。

老实说，我之所以会失去议席，就是因为这个"邮政解散"①。由于对手攻击我，虽然我明明与小泉首相同属邮政民营化研究会，主张邮政民营化，但最后却对邮政民营化法案投下反对票。我当时担任辅佐民主党领袖冈田克也的代理代表室室长，所以不可能在投票时违反"党

①2005年8月8日众议院解散的俗称。

意”。但如今说这些也都于事无补。

总而言之，在“邮政解散”中失去议席的我亲身体验过首相行使终极权力“解散权”的威力。如果我是菅首相的亲信，一定会建议首相实行“废核解散”。我在担任民主党的众议院议员时，曾在干事长[①]底下担任统整党务的总务局长。当时，即使是在野党民主党，参选众议院议员需要200亿日元以上的资金，参选参议院议员也需要100亿日元以上的资金。

自民党在2009年的众议院选举中减少了约三分之一席位，分配到的政党补助金也变少，在财政上应该很艰难。相对的，民主党在众议院大选中大获全胜，至今已经过了两年，资金应该相当丰沛。决胜关键就是后勤。

“废核”的理由十分正当。或许是因为醉意更加上涌的关系，我对记者提出假设性的说法，告诉他如果自己是菅首相的幕僚会如何如何做。

“我会建议菅首相在广岛原子弹爆炸纪念日8月6日，或长崎原子弹爆炸纪念日8月9日，对全球发布废核演说。强调将电力供应的重点转移到自然能源上，并制定《可再生能源特别措施法》。在要还是不要自然能源的问题上，任何人都会支持菅首相。投票日可以定在9月11日，与邮政解散同一天。”

媒体报道了我的发言，使我受到了永田町瞩目。大家开始觉得“如果是菅首相的话，说不定真的会为了废核而解散国会”。

①日本政党中一个很重要的职务，类似于秘书长。

在野党自民党的石破茂政调会长，在接受采访的时候这么回答道："如果首相发动'废核解散'的攻势，自民党不知道挡不挡得住。"

无论是执政党还是在野党，都逐渐产生一种最好在首相行使终极权力——解散权前，就通过《可再生能源法》的气氛。国会朝着通过《可再生能源法》的方向，缓缓地动了起来。

《可再生能源法》的通过与首相请辞

时间来到7月。我连续见了几位曾担任过民主党主要阁员的新领袖（指刚崭露头角的新生代领袖）。其中一人说："如果跟菅首相走得太近，会被认为是'官商勾结'，之后会遭到刁难哦。还是小心一点比较好。"

孙社长自己也被各周刊杂志写成是"官商勾结"，或是遭到外部董事的劝诫提醒，他似乎很在意这些批评。"我知道他们会这么跟我说是真的担心我，所以我心怀感谢。周刊杂志中也有我的照片与报道。但是，这些批评都只不过是捏造出来的内容，我最擅长的就是笑骂由人"。

"岛先生，如果现在解散国会的话，您不觉得对灾民与国民很抱歉吗？"我见到的新领袖，似乎多半都觉得解散是有可能的，所以才这么问我。

7月13日，孙社长在举办全国知事会的秋田市开展自然能源推进协会的活动，共有36个道府县参加。冈山县知事石井正弘成为会长，孙社长成为事务局长，我则成为代理事务局长。协会采纳、发表了促进自然能源的《秋田宣言》。

《秋田宣言》中，纳入以下六个项目：

1. 积极设定自然能源的目标值。
2. 尽早制定、实施全量收购制度,并确立有实效性的规则。
3. 反映地方公益团体关于重要自然能源的意见。
4. 协助自然能源的稳定供给。
5. 推动引进自然能源与相关技术的开发。
6. 放宽各种限制。

孙社长在致辞中说:“我向各位保证,无论固定价格是多少,软银都会建造10处以上的自然能源发电站,产生20万千瓦以上的电力。”

7月14日,众议院将《可再生能源法》安排进议程。众议院院会中有前议员席。前议员可以旁听众议院的院会及委员会。我听了海江田大臣的会议主旨说明。7月14日刚好是法国大革命爆发的日子,我独自一人在前议员席上,小声地哼着《悲惨世界》里的《人民之歌》:“加入队伍吧!与我们并肩同行,跨越这些阻碍,就是新世界。战斗吧!这是通往自由之路。”希望赞成发展自然能源的议员越多越好。

之后,以众议院经济产业议员会为舞台举行执政党与在野党的协商。修正重点有三项。第一,产业界的电费提价。政府提出的方案是所有产业都根据用电量追加费用。企业界对此表达抗议,因为如此一来,用电量高的企业,就可能因此而降低其国际竞争力。最后决定针对钢铁及化学制造等行业,采取减负的措施。

第二,决定收购价格。政府提出的方案是由经济产业大臣的咨询机关决定,修正方案则是收购价格须通过“买进价格估算委员会”审议。

而这个委员会则由5位经过国会行使人事同意权的委员组成。

第三，则是灾区的电费直到2013年3月为止都不进行提价。

8月23日，众议院通过法案。

8月26日上午，《可再生能源法》在参、众议院院会一致通过表决，法案成立。这天下午，菅直人首相表明，由于《赤字国债法》《可再生能源法》已经通过，因此决定请辞。菅首相用自己的离开，促成了《可再生能源法》的成立。我身为在商界活动的前幕僚，感受到自己非得活用这条法律以推动自然能源不可。

10月6日，软银以2亿日元的资本金，成立发展自然能源事业的子公司——SB能源。从资本金的规模来看是极端特例的，能够展现出孙社长对自然能源有多认真。他说："我想要利用太阳能尽可能多发一点电。条件好的地方或许能够获利，但条件不好的地方也很多。然而，SB能源只要接到委托，即使是条件不好的地方也会去。"

稻盛和夫与孙正义的30年远见

大约1年后，2012年7月1日。固定价格收购制度从这一天开始。京瓷的荣誉董事长稻盛和夫、孙社长、京都市长门川大作等人，都聚集到京都伏见市，参加"软银京都太阳能园区"的发电启动典礼。

软银在长冈京附近、面积8.9万平方公里的掩埋场遗迹上铺设了9000片太阳能板。最大输出功率2100千瓦，预计发电量将有210万度，这样的规模大约可供应580户一般家庭的用电。

人生就像自导自演的舞台，这是我的信念。因为是表演，所以要讲究时间。我心想，无论如何都要在7月1日固定价格收购制度开始这一天,宣布太阳能发电让世界发生改变。

当然,演出的演员也很讲究。许多媒体听说稻盛荣誉董事、孙社长都会出席,所以也聚集到了这里。

京瓷与软银的组合也不坏,熊彼特在提到创新时曾说过:“带动铁道时代的,不是古老的马车公司。”我想,这样的组合,可以给人“带动自然能源时代的,不是旧电力公司体系的所属企业,而是新的参与者”的印象。

孙社长开始致辞,他慎重地对相关人员表达感谢之意后,说道:“接下来,日本将正式开展自然能源发电。我现在想,即使20年后,太阳能发电的设备投资已经收回成本,只要有太阳,还是能够继续发电,不需要消耗资源。听说只要更换转换器之类的,就能使用40年。固定价格收购制度的价格虽高,但我觉得就长远的眼光来看,自然能源将成为最便宜的能源。能够在签署《京都议定书》、约定守护地球环境的这块土地上,开始自然能源发电,让我觉得很骄傲,也很开心。”虽然雨下得很大,孙社长依然很有精神。

“我一定会遵守在全国建造10处以上的自然能源发电站,生产20万千瓦以上的电力的保证。到目前为止,已经规划在7个道府县建造11座发电站了,最大输出功率将达25.6万千瓦。”

目标必须随时通过数字呈现。经营就是数字。所谓的实现梦想,具体来说就是达成这个目标数值。

这时候,孙社长描述自己参与电力行业的愿景:“我参与电力行业,是把眼光放在30年后。我的目标是,在2030年时,发电量占全日本电力的三成,营业收入达到4万亿日元。”

稻盛荣誉会长也站起来致辞："30年前，以松下电器（现在的Panasonic）、夏普与京瓷为主体，在伏见这里创设了太阳能电池研究所。后来，松下电器与夏普都撤退了，只有京瓷顽强地坚持下来。尽管吃尽苦头，但终于在20年前，研发出世界上第一块多晶硅高性能的太阳能电池。今天，大规模太阳能发电站能够在伏见这个地方开始发电，就如同象征这段过去一般。我真的万分感激，也无限感慨。"

孙社长提到"30年后"，稻盛荣誉董事长也提到花了"30年"。电力这个产业，或许就是应该以30年的长期跨度来考虑的产业吧！

稻盛荣誉董事长与孙社长，京瓷与软银。这两位创业经营者，都在固定价格收购制度上路这天莅临太阳能发电始动式的剪彩。致力于通过《可再生能源法》的福山前副官房长官也出席了。

剪下缎带后，舞台后方的幕布拉开，我们眼前出现了9000片太阳能板，场面相当壮观。我坐在最前排左边的椅子上，再次想起美国第33任总统杜鲁门说过的话：**"只要不在乎是谁的功劳，我们在一生中可以成就任何事。"**

09 从乌托邦到现实——亚洲超级电网

2012年9月—2013年8月

2012年9月5日，我受邀参加在东京皇家王子大饭店举行的日印国际高峰会。在菅直人请辞首相后，新就任的首相野田佳彦先生也出席了会议。

抵达会场后，我被带到来宾席。最前排可以看到鸠山由纪夫前首相、菅直人前首相的身影。我在国会议员时代曾担任过这两位前首相以及冈田克也先生的党魁幕僚，有“民主党3届党魁的智囊”之称。听起来像在自夸，但这的确是我在议员时代的绰号。

我一开始先与菅前首相打招呼。“《可再生能源法》通过得十分漂亮呢！但是，接下来才是重点。”我们用力地握手。鸠山前首相，总是温暖得令人如沐春风。2011年1月，我曾与鸠山先生一起去印度，因此才有了这次的邀请，我为此向他表达谢意。

在美国的肯尼迪家族身上可以看到，国际政治舞台上，名门世家的出身相当重要。与各国要人见面时，如果彼此从祖父时代、父亲时代就有往来，就能形成包含整个家族在内的信赖关系，也能较快获得成果。祖父是总理大臣、父亲是外务大臣、本人也是总理大臣的鸠山前首相，当然出身于名门世家。他在总理时代，就怀着将亚洲打造成类似于欧洲共同体的理想，喊出“东亚共同体构想”。但这个构想，却招致极度重视以美国为中心的现实主义者的批判。

“鸠山先生，其实孙社长有一个构想，他希望亚洲能够从电力能源的共同体发展成东亚共同体，就像欧洲共同体也是从能源开始一样。这个构想不久之后就会公布了。”

“真有趣啊！这个构想叫什么？”

“是的，叫作亚洲超级电网。”

电网，就是输电网。这个构想是将亚洲各国的输电线联结在一起，各国之间彼此买卖由风力、太阳能等可再生能源产生的电力。

野田首相抵达会场了。我与鸠山前首相约定，日后再请他抽空听我说明。

“所有伟大的历史事实，都是从乌托邦开始，最后结束于现实。”这是欧洲共同体之父卡雷尔基的名言。事实上，这句名言就是鸠山前首相在我担任议员时告诉我的。在日中关系、日韩关系绝对称不上好的情况下，亚洲超级电网是个乌托邦吧！但是总有一天会成为现实，我会让它实现。我一边听着政经塾的前辈野田首相致辞，一边这么想着。

自然能源财团展开活动

自然能源财团的成立活动，在2011年9月12日举行。财团的理事长，由前瑞典能源署署长柯伯尔（Tomas Kåberger）就任。

我认为人事就是一切，因此由谁担任财团的理事长对我来说是个很大的问题。有些人即使是面对发展核电的国家政策仍坚持主张废核与发展自然能源，他们不屈不挠的精神让我感到敬佩。

但是，当我听到自然能源的意见领袖，发布"那些推动核电的家伙，在福岛事件之后就成为失败者，我们才是胜利者"的言论，就觉得有点不太妙。能源政策必须从长远的眼光来考虑，取得全体国民的同意。如果像党派斗争那样，分成失败组与胜利组，这样的提议就无法取得半数以上国民的支持。

孙社长也想了很久，并来找我商量。明治维新以来，改革的黄金守则，就是委托外国人。柯伯尔局长也具备高尚的人格，是一个好人。他在孙社长无私的劝说与"让我们改变世界"的号召下，表示"希望能为日本尽一分力"，接下了理事长的职务。

我也就任财团理事。因为我想将发展自然能源、支持废核的势力拓展到保守阶层与商业阶层等。

孙社长以创立者及董事长身份，发表开幕演说："我一直以来都是对电力没什么兴趣的'门外汉'。但是，'3·11'大地震改变了我。我去了福岛的避难所之后，开始觉得一定要想办法解决核电问题。我认为，无论怎么呼吁不能再使用核电，如果只是嘴巴说说，什么都无法改变。要改变，必须提出具体的愿景。因此，我成立了这个财团，集结全球100位科学家，希望能够汇聚他们的智慧，创造出愿景。"

孙社长在2011年4月22日发表了成立自然能源财团的构想。仅仅半年，就努力达成举行成立活动的目标，可以说是效率惊人。

演讲以英语进行。我在会场中，也看到了《重燃火源》(*Reinventing Fire*)的作者、知名能源专家罗文斯(Amory Lovins)的身影，他同时也是落基山研究所的所长，他的著作还影响了后来提出“零核电”建议的小泉前首相。除了欧美之外，中国、韩国、蒙古的研究机构代表也都前来参加。

孙社长接着在演讲中说：“为了扩大自然能源的使用，约定收购价格与收购年限、规定输电网的接续义务、放宽用地等措施必须并行。若非如此，普及情况必定不甚理想。而且，如果不通过自然能源的普及与扩大来提升价格竞争力，让自然能源成为输出产业，就无法期待显著的发展。”

通用电气（GE）的CEO伊梅尔特（Jeffrey Immelt），在接受美国知名专栏作家托马斯·弗里德曼的采访时回答：“像通用电气这样的大企业，不可能只靠15分钟的市场信息，就花上40年赚几十亿美元。这种做法不会成功。”他主张，如果想让大企业加入绿能这场长期的豪赌，必须要通过政策在某种程度上确定价格。

伊梅尔特说，通用电气的风车事业能够成长，是“欧盟的功劳”。丹麦、西班牙、德国等国家建议，由法律规定电力公司的业务组合中必须包含风力发电，并提供长期的补助金。结果，20世纪80年代的欧洲，甚至建立了生产风力发电设施的大规模市场。

我认为，日本也需要能够创造出大规模的可再生能源市场的政策，也必须定下自然能源该成长多少的数值目标。

孙社长的演讲持续进行：“我们必须设定自然能源普及扩大的目标。现状大约是火力发电60%、停止中的核电20%、运转中的核电10%、自然能源10%左右。最理想的情况是，在2030年之前，这个比例变成自然能源60%、核能不到10%，剩下的30%以上的是火力发电。而且，如果自然能源真的能够普及扩大,这也代表日本的能源自给率提升,能为国家安全保障战略带来绝佳的环境。”

自然能源普及能够提升能源自给率,对安全保障战略来说也是一件好事。提出这样的主张,是为了将影响拓展到保守阶层。

亚洲超级电网构想

“自然能源有缺点,那就是无法维持稳定的输送。无论是风力还是太阳能,发电量都会随着有没有风、天气晴朗与否而改变。北海道电力在2011年8月,就以妨碍电力的稳定供应为由拒绝了风力发电。这是地区垄断体制的瓶颈。”孙社长只要一与垄断行业对抗,就容易激动,2010年的“光之道”也一样。他在这时也提高音量:“但是,日本很大。只要打破50/60赫兹的藩篱(东日本与西日本的频率不一样,东日本是50赫兹,西日本是60赫兹),不就能通过建造大规模输电网克服天气问题吗?换句话说,这个问题只要铺设超级电网(高压直流输电网)就能解决。”

我从专家口中听说,交流电的输电线如果将电送到远处,电力就会大幅衰减。但如果是直流电,即使输送3000公里,也只会衰减5%。3000公里的距离,相当于从蒙古的戈壁沙漠到日本的九州。

“我们可以拉一条从北海道到九州的海底直流电缆,让400万千瓦的直流电流过。以直流电送电,不仅具备能够降低能耗衰减的技术,50/60赫兹的变换也比较容易。电缆的总长度为2000公里,投资规模为2万亿日元。如果能够使用40年,平均每年的成本是500亿日元,只占电力公司营业收入的0.3%。我将这个构想命名为‘日本超级电网’。”

有人认为，通过海底电缆输电有困难。但软银是移动运营商，早就通过海底电缆串起全球的通信网络，换成电也能做到。孙社长曾说："只要在牵通信电缆的时候，顺便铺设输电电缆不就可以了吗?”不过，询问专家的结果是，这在技术上似乎并不容易做到。

孙社长又画了一块更大的饼："但是，只有这样就太可惜了。这个计划还有第二阶段。那就是让海底电缆更加延伸，连接大陆，在东亚形成一个高压直流输电网。我将这个构想命名为‘东亚超级电网’。这个电网可以更加扩张，连接印度、中国、新加坡、泰国、俄罗斯等亚洲各国，总距离达3.6万公里，这是第三阶段‘亚洲超级电网’。这么一来，就能根据时差与气候采取峰谷电转换对策，稳定供应电力，实现更优惠的价格吧!”

这个构想因为国际政治因素而极难实现，但孙社长通过市场机制说明实现的可能性。举例来说，首尔的电费为每度电0.09美元，中国北京为0.12美元，日本为0.25美元。将来的电费，还可能更高。

日本有1.2亿名过着高度消费生活的国民，现在已经知道，就中期来看电力会呈现慢性不足的状态，其他市场也将面临与日本类似的情况。这么一来，无论多么困难，也一定会有人为了进行套利交易(利用价差买卖、获利)而铺设电缆。既然如此，日本还是提前介入较好。

“过去100多年，人类为了获取能源而不断掀起战争。我们的目标应该通过分享能源来创造和平局势。Energy for Peace in Asia(缔造亚洲和平的能源)。”

孙社长的演讲在掌声中结束。但是，这样下去，孙社长的构想只是单纯的“乌托邦”。身为社长室室长，我的工作就是让这个构想成为现实。蒙古、韩国、中国、俄罗斯……我开始构思让构想化为现实，以及将其实现的战略与战术。

跨过海峡的电力——日韩结盟

我第一次造访韩国是在1983年，当时还是松下政经塾的学生。塾内成立了韩国研究会，我以代表的身份访韩。当时韩国的总统是全斗焕。

过了28年，我在2011年12月21日再度前往首尔访问。这次是为了实现亚洲超级电网的“大侦查”。乐天饭店周边充满了圣诞节的气氛。我与相当于日本经济产业省的知识经济部及负责自然能源的韩国总统幕僚谈话，结果还不坏。

我对总统幕僚任盛彬说：“若以未来50年、100年为跨度考虑，日中韩在能源方面必须结盟。”他们希望邀请孙社长在2012年5月由总统府主办的全球绿能成长峰会（*Global Green Growth Summit*）上进行演讲。李明博总统也将出席，所以我爽快地答应了。为了一口气扩大亚洲超级电网的知名度，我也答应了韩国《每日经济新闻》的采访。他们在12月23日，刊出了有我照片的报道。

“在日韩国人第三代、实业家、软银社长孙正义的社长室室长，目前最关切的是‘亚洲超级电网’构想。这是个不只日本，就连韩国、中国，甚至东南亚都包含在内的巨大电网计划。短期内描绘的蓝图是连接日本与韩国的电网，长期来看，就连蒙古的戈壁沙漠都涵盖在电网的范围内。”

“众所皆知，社长室室长岛聪是孙社长亲信中的亲信。他在23日造访《每日经济新闻》时并接受采访。岛室长表示：‘软银将通过超级电网团结亚洲。’岛先生是日本众议院议员出身（三届共9年），并曾在精英政治家养成所松下政经塾里学习。”报道中强调，最初的计划是连接韩国与日本。而松下政经塾出身这点，似乎也给了韩国方面不错的观感。

韩国的电费或许是因为在政策上压制的关系，每度电只要9日元（相当于人民币0.6元），约为日本的1/3，日本每度电需要25日元。我听说韩国的满载率目前虽然不足，但2015年之后，备载率可望达到20%。

2015年，日本应该也会进行发输电分离等电力改革。能源厅的领导告诉我，日本的《电气通信事业法》以地区垄断为前提，未曾想过进口电力的问题，所以即使进口也没有违法。不过他们也说，既然软银要做，还是必须好好修正法律吧！我想，这最好也要在2015年之前进行。

我造访韩国唯一的电力公司韩国电力公社，讨论具体的事业计划。最后决定在对马海峡铺设一条3.5吉瓦的直流海底输电缆，连接釜山与北九州，距离约200公里。根据顾问公司估算，假设工程耗时3—5年，总事业费约1500亿日元便可完成。

韩国因为对日贸易逆差而烦恼，因此这对他们来说也不是坏事。韩国从日本进口额是5.3万亿日元，出口额是3.2万亿日元，对日贸易逆差约为2万亿日元。假设输电缆的稼动率是70%，销售单价是9.5日元，那么以3.5吉瓦的输电线将电力出口到日本的年所得就有2040亿日元，可改善约10%的贸易逆差。

过了1年，2012年1月25日，韩国电力的CEO金重谦与孙正义社长举行会谈。据说金重谦是李明博总统的亲信。

“不，我不是什么总统的亲信，我只不过是总统读高丽大学时的同学，也当过总统曾经担任过的现代建设CEO而已。”

“这就是所谓的亲信啊！”我这么说之后，他大笑起来。

我们像平常那样一边用餐，孙社长一边使用投影机，说明亚洲超级电网的构想。或许因为是在担任韩国电力领导的这些专家面前做简报的关系，孙社长加了一句“这虽然是个疯狂的想法”。

金重谦大致听完亚洲超级电网的介绍后，开口说：“这个构想并不疯狂，反而十分有意义。第一，未来石化能源的价格将逐渐上涨。我们不能永远依赖煤炭与石油，发展可再生能源是时代的趋势。此外，自从日本的‘3·11’以来，韩国反核的公民运动也很盛行。现在已经不是轻易就能建设核电站的时代了。”得到了电力专家的认可，孙社长的心情也显得有些兴奋。高兴的时候就直率地表现出来，这是孙社长的优点。

“我想听韩国人唱正统的《阿里郎》。”孙社长点歌，于是韩国电力的成员开口唱起了《阿里郎》，我也和他们一起唱。我觉得距离“团结亚洲”又靠近了一步。

距离釜山200公里

隔天的1月26日，我飞到釜山与釜山市长许南道见面。我想邀请他出席计划在3月10日举行的自然能源财团研讨会。

釜山距离日本200公里。自古以来就是连接日本与朝鲜的交通要地，并因此而繁荣起来。我像平常一样，请社长室的成员调查许市长的经历、相关消息等。

尽管是初次见面，许市长依然答应了我的邀请：“如果临时没有什么其他要事，我会出席3月那场发布亚洲超级电缆构想的研讨会。没有其他地方会比釜山更适合串起韩国与日本了。”

我在釜山住了一个晚上，接着前往济州岛。李氏朝鲜时代，济州岛是流放犯人的地方。孙社长很迷的韩剧《大长今》中长今被流放的地方也是济州岛。这些人几乎都是在党派斗争中落败的中央官僚与知识分子，因此据说直到今天，济州岛还是有很多秀才美女。

拜访济州岛的目的，是为了确认是否能够通过海底输电缆输电。我请韩国电力的成员为我做导游。

济州岛靠着火力发电供电，不足的部分则通过直流海底输电缆（HDVC）输送。这条电缆已经有将近20年的历史，现在正在铺设第二条。他们也让我参观了将海底输电缆实际打捞上岸后的样子。输电缆与我的手掌差不多大，没有想象中粗。他们为我说明电缆不能卡到渔船之类的，所以要埋在海底。总体来说，技术上没有那么困难。我心想，这么一来，应该办得到。

基于国家战略，韩国在济州岛上推动智慧电网。预计到2030年之前，智慧电网的产业将产生5万个就业机会，并扩大7万亿日元的内需。

我在参观风力发电时遇到一件趣事。韩国实施“发输电分离制”。韩国电力是韩国唯一的电力公司，也是韩国的大企业。所以我们无论是参观海底输电缆还是视察韩国电力也有参与的智慧电网，都进行得很顺利。

但是,风力发电站的老板是釜山的建设公司,与韩国电力无关。就韩国电力的立场来说,完全只是带我去参观别家公司。据说这家建设公司的规模在釜山排名第10,风车也只有5座。

我们到的有点早,所以应该来接我们的负责人还没来,得稍微等一下。韩国电力的负责人相当惶恐,但我却有另外的想法。一旦实施发电与输电分离,像韩国电力这样的大型电力公司,也必须与不那么大的建设公司平起平坐。如果是在日本的话,在垄断区域电力的电力公司带领下参观,当地公司一定会做好周全准备,绝对不可能迟到。

负责人来了。根据他的说明,建造基站与风车就和建造高楼大厦一样,可以活用自己公司的专业知识,所以决定从风力发电开始新业务。我看了建造中的照片,那个基站几乎可以说是建得太好了。如果日本也实施发电与输电分离,或许也能看到地方建设公司参与风力发电的情景。

我们一边看着耸立在岛中央的汉拿山,一边前往住宿的乐天饭店。我问和我同坐一车的韩国电力公司领导:“有可能从韩国把电力出口到日本吗?”

那位领导斩钉截铁地回答:“从韩国出口百分之百没问题。”

我们抵达了乐天饭店。韩国人有不容易醉的体质。吃完饭后,他们邀我去唱KTV。我们除了喝大家熟悉的、由啤酒与烧酒混合而成的调酒“炸弹”外,还喝了红酒混烧酒的“德古拉”。我醉得一塌糊涂。

两个月后的3月10日。自然能源财团在东京举行国际研讨会。对连接韩国与日本的构想相当积极的北九州市市长北桥健二送来一段谈话的影片。

无论连接海峡两侧的海底输电缆建造得多么完美，只要日本反对将电缆牵到境内，实现的可能性就很低。推动智慧城市建设的北九州，在日本也是电力改革的"领头羊"，因此北九州能够表明赞成的意见对我们来说分量很重。北桥市长与我是旧识，我们在冈田克也担任民主党党魁的时代就是搭档，北桥担任代表室室长，我则担任代理代表室室长。

釜山市的许市长依约前来参加，并为我们致辞："亚洲超级电网的构想一定会实现，也必须实现。无论是我们釜山还是韩国，都会为了实现这个构想而发言和行动。"

孙社长在研讨会的闭幕致辞中说："我觉得亚洲超级电网这个疯狂想法，已经越来越接近现实。"

釜山与北九州的距离，只有200公里。

把蒙古国的风吹向日本

13世纪，苍狼成吉思汗建立了史上空前的蒙古帝国，他的据点蒙古高原的天空很高，在蓝天白云之下，金雕悠然飞过。蒙古对我来说，是少年时代憧憬的地方。

蒙古国，戈壁沙漠。孙社长想在距离东京3000公里的蒙古国进行风力发电，并将电送到日本。这个画大饼般的构想，已经开始启动。

输电是用直流输电线。和交流电线不同，据说即使运送3000公里，也只会衰减5%，因此在商业上也有充分的可能性。

欧洲早已铺设了跨越各国的输电线。"欧洲人做得到的事，亚洲人没道理做不到。"孙社长常对亚洲要人这么说。某天,孙社长问社长室成员:"洛克菲勒财团之所以致富,是因为控制了出产石油的地区。接下来是自然能源的时代。世界上哪个地方吹着最好的风呢?"他得知,蒙古国的戈壁沙漠是一整年都吹着最好的风的地方。

蒙古国最大的手机公司NEWCOM董事长包德巴特(Tserenpuntsag Boldbaatar),在2011年9月10日前来拜访软银。包德巴特先生想在蒙古国展开自然能源业务,因此前来拜访。

包德巴特先生很感激孙社长提出"把蒙古国的风,吹向日本"的远大构想。他在孙社长的邀请下,在9月12日的自然能源财团成立研讨会中临时上台讲话。根据他的讲话内容,蒙古国的自然能源拥有惊人的潜力。风力发电可达8100太瓦、太阳能发电可达4800太瓦,占全球总发电量的七成(参考蒙古国国立再生能源中心的资料)。

过了大约6个月后,2012年3月12日,赤坂的新大谷饭店。软银与 NEWCOM 在蒙古国总理巴特包勒德的见证下,举行成立合资公司的签约仪式。

巴特包勒德总理与苏诺皮尔能源大臣也出席了签约仪式前举行的午餐会。孙社长在午餐会上也画了大饼。他说,投资的目标是,在2020年之前让风力、太阳能等自然能源的发电量达到200吉瓦。1吉瓦就是100万千瓦,大约相当于1座核电站的发电量。换句话说,孙社长的目标是200座核电站。

蒙古国的面积虽然是日本的4倍,但人口却只有280万人。如果有如此巨大的投资,也会对经济增长带来绝佳的影响。不过孙社长在面对充满期待的蒙古国人员时,也没有忘记传达现实层面的考虑。他说:“最初先从1吉瓦开始。因为在亚洲超级电网完成之前,要卖出电力也很不容易。”

3月13日、14日,经连团举行了巴特包勒德总理一行人的意见交换会,我也出席了。我在那里再次遇到苏诺皮尔能源大臣。我在与对方第二次见面时,会尽可能地聊些私人的话题,这么一来对方的印象会更深刻,对于开拓人脉也更有帮助。毕竟个人的能力有限,我有好几次都是靠着人脉加上好运才解决问题的。社长室的成员,对于我堪称能在“地狱遇救星”的好运,经常感到惊讶。

巴特包勒德总理与野田首相在当天晚上举行日蒙首脑会谈。巴特包勒德总理表明将会支持亚洲超级电网构想、大规模自然发电站的建设,以及从蒙古国输出自然能源。我向孙社长报告,政治环境已经准备好了。

“大家一起去蒙古吧!”孙社长干劲十足。

前往中国

孙社长与我都同意,实现亚洲超级电网构想最重要也是最困难的环节就是中国。亚洲超级电网不是可以立刻实现的构想。孙社长在与通用电气CEO伊梅尔特会谈时这么说:“日本的首相换个不停,难以实现如此长远的构想。但是,我一直都会是软银的社长,所以能够实现。”我心里盘算着,要想实现亚洲超级电网的构想,需要10年。

我对中国的情感,与吉田茂首相类似。我很熟悉《四书五经》《孙子》《六韬》《三略》等经书、兵书,也把中国诗词与书法当成兴趣,对中国文化怀着敬意。近年来,中国国力增强,日本国力相对衰退,造成了东亚国际政治平衡的瓦解。虽然有人担心中国是否会趁势扩张，但我认为就历史来看，中国不是个侵略型的国家。吉田前首相抱持着的信念是，任何国家都能通过促进贸易带来和平，而我也一样。

中国的人口是日本的近11倍，汽车销售辆数为日本的4倍，必须利用中国市场来帮助日本发展。在能源上与中国合作，形成一个共同市场，以此促进贸易。日本今后的发展战略是应该开拓有13亿多人口的中国市场并充分利用，上述这点与亚洲超级电网战略直接相关。

孙社长在2009年7月的软银法业绩说明会上提到："网络的中心在不久之后将转移到亚洲，称霸亚洲者就能称霸世界。"松下幸之助塾长也曾说过："21世纪的盛世将来到亚洲。"而亚洲的中心就是中国。

有人说，软银现在不是将资金投资在收购斯普林特上，把美国当成主战场吗？但是，这样的看法太短视了。孙社长在这个时候这么对我说："如果以50年的时间跨度来考虑，中国、韩国、日本绝对必须在超级电网上合作。"长期来看，中国的重要性越来越高。

2012年3月，我与鸠山前首相、丹羽中国大使、中日友好协会的白西绅一郎理事长，一同前往北京参加中日民间交流活动，寻求可再生能源领域的合作。

同时，我深深下定决心，期许自己能为改善已经密不可分的中日关系尽绵薄之力。

实用主义的李明博总统

2012年5月10日。韩国总统府主办的全球绿能经济成长峰会在首尔的乐天饭店举行。孙社长以演讲者身份受邀参加。

孙社长在2011年也曾受邀。他在发言中强调:“日本发生了核电站事故,为亚洲各国带来相当大的麻烦。因此,必须往废核的方向转变。”

韩国的知识经济部相当于日本的经济产业省,他们将核电出口视为重要的领域。先前孙社长在发言时接受了我的建议加上一句“我无意干涉韩国内政”,结果遭到曲解,在推特上招来批判:“在日本说要废核,在韩国却说因为没有地震所以没问题,说法前后不一。”

因此,孙社长决定在这次的演讲中主张:“人类必须废除核电,推广使用太阳能、风力等可再生能源。”

我先抵达了首尔。日本媒体的首尔特派员前来征求我的意见:“韩国自从金融海啸以来,韩国就成为‘新重商主义’的国家,由国家出面振兴出口。其中,核能被视为重要项目,知识经济部甚至还成立了核能出口振兴课。李明博总统也化身成为超级业务员。你们说这样的话,不会再也来不了韩国吗?”

我边喝马格利酒,边半开玩笑半认真地说:“我们无意批评韩国政府。为了人类的未来与下一代,身为企业人应该主张反核。我们也在事前知会过峰会事务局发言内容。”

与其说是事前知会,还不如说是遵照孙社长的意思与对方交涉:“如果可以在发言中主张废核,我才愿意出席。”峰会召开的日子越来越近,对事务局来说,如果演讲者孙社长无法出席,事情将会变得很麻烦。我知道他们是因为这个原因才不得不妥协的。

但这样下去也不行。为了避免招来误解,我提议是否能请李总统事前拨一点时间与孙社长私下见面,但事情一直无法顺利进行。

我与旧识总统幕僚任盛彬交涉。他建议峰会开始前在休息室将举办一场以与会人为对象的派对,李总统与孙社长可以在那里交谈。

我们在峰会当天上午9点半抵达乐天饭店与联合国环境规划署事务局局长施泰纳、经济合作与发展组织环境局局长阿普敦等其他主讲者一起在会场后方的休息室等待。我想与在外面等待的社长室成员联络,但是电话打不通。似乎是因为总统的安保问题,切断了手机信号。任盛彬有点紧张地说:“各位,总统马上就要到了,请各位尽快往派对会场移动。”

总统在安保人员的包围下进场。主讲人等20名左右的参加人员拍手迎接。或许是因为时间紧迫的关系,总统直接表达欢迎之意。

我当时的印象是,“李总统有这么不起眼吗”,那时我隐约感觉到他似乎不像从前那样耀眼。韩国总统在任期将至的时候会变成“跛脚鸭”,或许是因为这个的关系。但是,总统就是总统。打完招呼后,大家都犹豫着要不要开口,会场有一瞬间沉默了下来。我觉得必须利用这个机会,于是慢慢走向前去,对总统说:“我是软银的岛聪,来自日本。事实上,我曾经担任过9年的众议院议员。当时,曾陪伴那时候的民主党党魁、也就是现任的外务大臣冈田克,与当时担任首尔市长的您见过面。”

政治人物在这种时候,即使不记得,也会说“哦,你就是那时候的……”之类的场面话。李总统也没有例外。谈了两三句话后,总统或许因为之前什么都没吃,便自己拿起了三明治,也招呼我:“请用,不要客气。”

我看向孙社长,他独自站在一旁,显得有点局促。我把孙社长介绍给李总统,这回他就有印象了,于是两人聊了起来。当孙社长说明亚洲电网构想以及将蒙古风力发电产生的电力送到韩国等话题时,李总统一直带着总统的威严冷静地听着。然而,当孙社长说到“假设蒙古风力发电的成本是1000瓦3美分,输送成本是2美分,只要5美分就能送到韩国来”的时候,李总统的眼神变了,他问:“真的只要5美分就能送来吗?”

如前所述,韩国利用政策将电费压得较低,而便宜的电费不仅可以吸引制造业的直接投资,也能支撑钢铁业等需要大量电力的产业的国际竞争力。新重商主义、出口立国是韩国的国策。因此政府不允许韩国电力大幅度涨价,结果也造成了韩国电力公司连续4年亏损。从中期来看,将会发生严重问题。这一点,被称为“CEO总统”的李明博总统也相当清楚。

到了进会场的时间。李总统与孙社长并肩而行,话题依然持续。接着,李总统指示幕僚任盛彬评估亚洲超级电网的构想。

峰会开幕,李明博总统开始致辞:“只要人类存在,人类生活的地球存在,通往绿能经济的成长之路就会永久持续下去吧!有句话说,饮水思源。现在采取行动时,请假设后世之人会记得我们就是挖掘那口新水井的人。”

总统大致照着读稿机的内容致辞之后,接着即兴说道:“刚才,孙正义社长与我聊到一个非常有意思的构想。”看来亚洲超级电网,确实捉住了李总统的心。

孙社长在演讲中清楚地说:“我不是在批评韩国与日本政府,而是为了人类的未来与下一代而反对核电。”

峰会后，孙社长回到了日本。接下来，就是我的工作了。为了实现亚洲超级电网，我也必须布局“后李明博时代”。

后来，韩国与日本之间的关系，也因为岛屿争议问题及其他历史问题而急速恶化。韩国的经济规模扩大到日本的五分之一，企业竞争力凌驾于日本企业之上的新闻也接连出现。我认为，日本的国力相对衰退，才是关系恶化的真正原因。

在过去，韩国甚至有“白天反日，晚上亲日”的说法，表面上彻底反日；但另一方面，晚上则在KTV 愉快地唱着日本歌。但现在，“日本没什么了不起”的想法逐渐增强，韩国似乎又成为“咫尺天涯”的国家。两国之间必须分享具体的未来愿景，才能建立合作关系。亚洲超级电网的最初计划“连接釜山与九州的200公里电缆”，不就是未来最适合的日韩合作愿景之一吗？

风之丘陵，萨勒希特

5月17日，从韩国回日本的我，不到一个星期又出发去蒙古国了。在蒙古国的行程是与能源大臣苏诺皮尔会谈，接着前往萨勒希特视察NEWCOM打造的蒙古国第一座风力发电站，据说那里采用的是通用电气制造的风车。

我在韩国的仁川转机飞往蒙古国的乌兰巴托。蒙古国民用航空这天没有直飞航班，于是我在设施完善的仁川机场做了按摩后带着悠闲的心情登机。抵达目的地的时间预计是晚上10点。

大约5个小时后，飞机准备降落。我原本以为飞机就要降落在乌兰巴托机场了，结果又再度升空。机内广播说明，由于强风的关系，飞机将视情况重新降落。飞机再度下降，又再次升空。机内广播说，如果再挑战一次还是不行就要转降北京或附近的机场。第三次挑战。飞机开始下降，我觉得似乎下降到比刚才再次升空时还要低的高度。乌兰巴托的街景逐渐变得清晰。飞机重重落地，在跑道上滑行。机内响起乘客的掌声。这次的飞行经验，让我亲身体验到蒙古国真的很适合风力发电。

离开机场大约1小时，抵达蒙古国首都乌兰巴托。回过头可以看见感觉像奈良若草山一般的绵延群山，不过绿意还不深，只有几处点缀着青绿。蒙古国是中国最大的煤炭供应国，2011年的经济增长率达到17.3%。我们下榻的蓝天饭店提供无线网络，还有温水游泳池。LV（路易·威登）与CHAENL（香奈儿）也进驻苏赫巴托尔广场旁的写字楼内。

我在隔天的18日，与苏诺皮尔能源大臣会谈。即将举行选举的蒙古国，通过了外资限制相关法律，不过，限制的对象只有金融、通信、矿产等，不包含自然能源，这让我暂时放下心来。

午后，我前往萨勒希特风力发电站的预定建地块。车子在平原与丘陵间前行。我心想，这里在夏天变成一整片草原之后，不知道会有多壮观。可惜的是，目前四周都还是一望无际的红褐色的高原，只带着隐约绿意。我原本以为北海道已经够大了，但远比不上蒙古国。如果孙社长看到广袤的蒙古国高原，一定会兴奋地说出要立刻在这里建造大规模的风力发电站吧！

车子抵达萨勒希特。通到乌兰巴托的输电线已经开工。完工之后，可以供应乌兰巴托5%的电力消耗量。天气晴朗，风很大。

“这风真不错。”听到我这么说，带我参观的NEWCOM员工班巴塞汗回答：“这点从我们祖先取的地名就可以知道。萨勒希特就是‘风之丘陵’的意思。”据说，日本风力发电的稼动率只有20%。即便是风况最好的北海道稚内，也只有30%左右。但萨勒希特的稼动率估计可以达到40%。

员工宿舍由蒙古包改建而成，形状就像白色的蘑菇。萨勒希特风力园区完工后，这些蒙古包听说会变成观光饭店。“我们也有VIP蒙古包。如果孙社长来参观，可以住那里。”

我登上计划建造风车的丘陵往下看。山脚下有蒙古包，还有太阳能板与抛物面天线，似乎有人住。

“那边有蒙古包，不会有问题吗？”

“没问题，他们不久之后就会搬走了。”

我心想，原来如此。蒙古国人养羊，逐水草而居。他们使用太阳能板发电充电，作为手机与电视的电源，并利用天线收看CNN之类的节目，过着非常现代化的生活。这么一来就做得起来。我更加确信，并拿着带来的国旗拍下纪念照。旗帜在风之丘陵萨勒希特飘扬。

我通过iPhone向孙社长报告：“在蒙古发展风力发电相当可行。”孙社长回我：“太好了！”并且也在回信中提到，他想在11月的时候，将通用电气的美国、中国、蒙古、韩国、俄罗斯、日本等6家分公司聚集到蒙古。孙社长觉得住蒙古包虽然不错，但11月可能会很冷。

5月19日，我在早上6点从蓝天饭店出发。这天是晴天，风有点大。

飞机预计8点半起飞。我准时在8点左右登机，心里松了一口气。然而，过了1个小时，飞机依然没有动静。机组人员告诉我们，因为风太大无法起飞，请各位乘客先下飞机。结果，这天到后来也没有飞。

隔天的20日也是晴天，但还是无法起飞。据说韩国的韩亚航空机长曾在空军服役过，技术很好，所以我改搭韩亚航空前往仁川。最后，我在21日凌晨3点半抵达日本。我就算不愿意，也充分体会到蒙古的风力资源有多么丰富了。

成立桥头堡，亚洲清洁能源公司

孙社长曾这样向我描述亚洲超级电网的愿景："亚洲超级电网将在10年后提供日本三成的能源，20年后提供亚洲三成的能源。"

但是，亚洲的形势因为岛屿争议问题而日趋紧张，使亚洲超级电网的构想进入了等待期。

刚好，软银的老本行通信业务，当时也正面临进军美国这个放手一搏的最后阶段。但是，如同前述，以50年为跨度来思考，韩国、中国、日本终究必须通过超级电网进行合作，这是孙社长的愿景。即使进入等待期，也必须建立桥头堡，以使将来随时都能重新启动。

11月12日，我前往成田机场，准备再度出访蒙古国。飞机原本预计下午4点起飞，但我到成田机场的时候，从蒙古国来的飞机尚未抵达。最后延迟了6小时，直到晚上10点我才从成田机场起飞。

因为有时间，所以我开始思考建立蒙古帝国的成吉思汗这个人。堺屋太一先生主张的"伟人的标准"，有下列五项：

1. 是否能够创造崭新且有效的理念或理想——理念(想法)的创造力。

2. 是否能够描绘出实现理念的具体构想或蓝图——将构想具体化的能力。

3. 是否能够建立实现构想的组织,并且实行——组织力与实行力。

4. 是否能在现实政治中说服他人,建立良好的人际关系。

5. 是否具备符合地位与角色的知识、技术与体力。

成吉思汗与蒙古的骑兵团,共同实现了“没有歧视与国境的世界”的理想。根据堺屋先生的评价,成吉思汗尽管埋首于战斗,依然重视经济、扩大通商,因此也是一名伟大的政治家。

我试着就这五项标准检视孙社长。

亚洲超级电网,具备通过能源合作创造和平世界的理念。这个理念的立足点,是前面提到以“软实力”闻名的约瑟夫·奈尹教授所主张的“相互依存理论”,也就是“各国之间的相互依存,能够长期防止国际武力纷争”。所以孙社长在1的理念、理想方面没有问题。

接着是2,是否有具体的构想或蓝图。实现亚洲超级电网的第一步,是在蒙古国建立风力发电站。第二步是联结韩国与日本。第三步则是连接距离50公里的库页岛与北海道。孙社长已经描绘出这样的构想和蓝图了。

“等到蒙古国的风力发电站开始运作,无论这条铺设在韩国与日本、库页岛与北海道之间电线有多细,我们到时候都在纽约证券交易所上市吧！这么一来，亚洲超级电网就能成为全球参与的世纪计划了。”孙社长曾在喝了红酒的微醺气氛中说出这样的话。

大约3个月后，2013年2月24日的《日本经济新闻》头版就刊登出“从俄罗斯进口电力的构想”“软银·三井物产展开事业化调查”的报道。报道写道：软银、三井物产、俄罗斯国营电力公司InterRAO 等3家公司，提出将俄罗斯西伯利亚、库页岛等地生产的电力出口到日本的构想。而实际上，连接库页岛与北海道的构想，也一点一点地在进行。

至于3呢？我想孙社长的组织力、执行力，即使与其他世界级的商业领袖相比也毫不逊色。

4的“在现实政治中建立人际关系”是我的工作。

至于5，我想交给每个人进行各自判断。社长室的成员表示：“与其说孙社长像成吉思汗，还不如说他长得和忽必烈很像。”

当地时间凌晨1点。飞机即将抵达乌兰巴托的时候，机内广播响起。机组人员说，当地气温是零下30摄氏度。我抵达机场，坐上前来迎接的车辆。我原本乐观地推测，自己是因为听不懂机内广播中带有蒙古国口音的英语，而把零下13摄氏度听成零下30摄氏度，但结果真的是零下30摄氏度。

11月13日早晨。我到蓝天饭店的温水游泳池游泳，洗去昨夜的疲惫。可能是因为外面太冷，游泳池中冒出像温泉一般的蒸汽。下午4点，我在万里无云却冷冽刺骨的严寒中，与外务大臣波尔多会谈，并且有幸听到他承诺：“站在政府角度，将协助发展可再生能源，同时也会进行税制方面的协助。我们的政府也决定协助实现亚洲超级电网的构想。”

隔天14日的上午9点，我与环境大臣欧云会谈。她是毕业于剑桥大学的女性大臣。据说她曾练过空手道，因此对日本怀有亲切感。她说：“站在政府角度将支持可再生能源，但现在的政策还不够充分，目前正考虑对风车与太阳能板实施优惠税制。”说完这段话后，接下来她的发言展现出其作为女性大臣的特质：“如果在地方的学校屋顶装设太阳能板，是否就能确保校内暖气的使用呢？为了取暖，沙漠中的宝贵植物都快被烧光了。”我向她承诺会评估这点。

下午1点，我与能源大臣苏诺皮尔相约再见面。“岛先生，很高兴能在乌兰巴托再次见到您。”他跟我寒暄之后说：“可再生能源是政府的优先领域，我们会提供支持，也会简化申请的文件手续，并提供优惠税制。我上个礼拜，也去参观了萨勒希特的风力发电站。”我也很高兴听到他这么说。

苏诺皮尔大臣也和巴特包勒德总理一起出席3月的NEWCOM和软银签约仪式。我告诉他，这次访问蒙古国将为软银与NEWCOM成立合资公司的准备工作进行最后收尾。“听到软银与NEWCOM的合资公司即将开始运作，我感到很开心。身为能源大臣，我也希望能够帮助蒙古国发展。”

我向孙社长报告，蒙古国的政治环境良好。

这天，软银发表在蒙古国成立“亚洲清洁能源公司”，总公司就在乌兰巴托，开展风力发电等业务以及可再生能源发电的开发。我也成为了公司的董事。

这家公司租借了戈壁沙漠的土地作为风力发电之用。土地面积为22.4万公顷，与东京都面积相同。预估风力与太阳能合计共有700万千瓦以上的开发可能性。

孙社长也表示，软银必须暂时专注在进军美国的业务上。但是，在这样的情况下，我更应该建立好桥头堡，等到孙社长准备再度挑战亚洲超级电网的时候，随时都能重新启动。这是我的工作。我下定决心，一定要辅佐孙社长，将蒙古国的风"运"到日本来。

所谓成功的"真谛"

2013年7月13日，我为了重启亚洲超级电网的计划而飞往蒙古国。因为软银已经在7月6日取得进军美国的政府许可，我在美国的工作也告一段落。我原本打算在7月14日从乌兰巴托进入南戈壁，但是飞机又因为强风而无法飞行。我心想，我已经十分清楚蒙古国拥有风力资源了，就饶了我吧！

7月15日，我抵达南戈壁省的首府达兰扎德嘎德。亚洲清洁能源公司的CEO干和亚格前来为我介绍当地情况。干和亚格曾在名古屋大学留学，会说日文。算起来，他是我大学的学弟，所以我称呼他为"阿干"。

"戈壁"不是沙漠。戈壁在蒙古语中指的是"长着稀疏的草，有若干动物栖息的荒地"。这里稀疏地长着高度大约与食指相当的韭菜类野草，似乎是羊群最爱的食物。我们开着丰田的四轮驱动车奔驰在戈壁滩上。这里没有路，可以看见一个又一个的海市蜃楼。因此虽然野草稀疏，远远看去仍然像是一片"草原"。

亚洲清洁能源公司借来的那块与东京都一样大的土地，可以分成

4个区块。我们先在其中一块名为其其·扎伊尔特的7000公顷土地上小规模开始起步。首先开展风况调查。

我们雇用了蒙古国的家庭，委托他们调查风况，因此将前往他们的蒙古包拜访。在一望无际的“草原”上，没有任何标记。尽管如此，带路的NEWCOM司机，依然将我们送到风况调查的蒙古包。蒙古包里住着一家大小。我打算用从日本带来的三得利威士忌干杯，将酒倒进杯子里递给像是父亲的人。

“我们把第一杯酒献给风神吧！”他说完之后，就把装着威士忌的杯子朝天空洒。我觉得随风飞散的威士忌，一定会送到风神那里。

隔天，我们前往视察计划进行风力开发的土地上，面积最大的库鲁门·扎伊尔特，其面积有16.1万公顷。穿越难关尤林岸冰河谷时，金雕从溪谷上方悠然飞过，迎接我们的到来。我们站上能够俯瞰库鲁门·扎伊尔特的丘陵。眼光所及之处，全部都是草原，非常宽阔。

“岛先生，那座山上有块稍微带点红色的地方吧？从那里到对面山上稍微变成黄色的地方，就是我们借来的土地。”干和亚格用名古屋腔调的日语为我说明。这块土地的面积之广，足以让我坚定一定要把蒙古国的风送到日本的决心。

我拿起手机一看，信号有3格。我一边望向南戈壁飘着白云的蓝天，一边打电话给东京的Y秘书。

“您好，我是Y。辛苦您去蒙古国出差了。您现在是从哪里给我打电话呢？”

“南戈壁沙漠的中央。四周全部都是草原哦！”

“哇,那里也能通电话啊!”

秘书的声音很清楚。散布在戈壁沙漠中如岛屿一般的聚落也牵了光纤电缆,网络畅行无阻。我心想,既然通信的信号能够这么容易接上,那么把电力送到日本应该也不是难事。

2013年8月,孙社长接受了《朝日新闻》名为《经济新话,孙正义的‘3·11’》的专访。这篇报道在9月11日刊出,标题写着《从蒙古国吹来电力之风——亚洲输电网的野心》。我引用其中部分内容:“干燥的风,从一望无际的高原刮过。这里是蒙古国南部的戈壁沙漠,距离东京大约3000公里。捕捉这阵风,将电送到日本的伟大构想已经开始启动。软银的社长孙正义,在两年半前的东京电力福岛第一核电站的事故后,提出了‘亚洲超级电网’的构想。”

实际上,在这次专访中,有两段重要发言因为有广告嫌疑而没有刊登出来:“如果我能够再活一次,我想把电力当成主业,将人生奉献在与旧电力的战斗上。”这时候,我似乎不断听到孙社长准备收购电力公司,参与电力行业的传闻。

“从内心来说,我很想专注发展亚洲超级电网。如果可以许愿,我希望对这个愿景有共鸣的人,即使只有一两个也好,请一定要将它实现。”这么说或许是往自己脸上贴金,但我听到这段发言时,心里想的是,能够继承孙社长抱负的,应该只有这8年来以社长室室长身份辅佐孙社长、为推动亚洲超级电网而奔走的我吧!不过,这段发言也成为一个契机,让我开始思考自己是该以社长室室长的立场从事这个工作比较好,还是应该站在别的立场比较好。

我在松下政经塾学习的时候,曾从松下幸之助塾长口中听到“成功的真谛”。

“所谓‘成功的真谛’，就是直到成功为止都不放弃。”为了实现亚洲超级电网这个乌托邦，我希望坚持到成功的时候。因为伟大的历史，都是从乌托邦开始，最后结束于现实。

SON MASAYOSHI NO SANBO

第三部分

孙正义的决心

进军美国，成为全球第三大移动通信运营商

10 决定进军美国市场 2012年10月

SANBO

2011年10月15日，深受孙社长敬重的史蒂夫·乔布斯去世了，享年56岁。

以下这段对话发生在乔布斯去世的前两天——10月13日。当时，孙社长正在评估是否要进入自然能源事业。他为了搜集信息，举办了与电力相关研究人员的研究会兼午餐会。地点就在软银社长室室长楼层的会客空间。孙社长称这里为“别墅”。“就算在很远的地方买别墅，也很难有机会去吧。把这里当成别墅，就能工作到最后一刻，还能邀请大家过来。”他的想法说到底还是以工作为中心。孙社长有很多外国来的客人，所以将这里打造成了日式空间。宽敞的走廊围绕着一个内庭，庭园里有流水造景。春天时会配合樱花的花期运来盛开的樱花，能够赏樱的时间长达两个月。这里的夜景也很美，夏天时这里是能观赏到东京湾烟火大会的特等座；到了圣诞季，这里也能够远眺变换着7种颜色的彩虹桥。

这个空间是孙社长自掏腰包打造的。我曾听孙社长说：“这里的维护费比软银给我的薪水还高。”

10
决定进军美国市场

午餐会的话题后来围绕着世界顶级的企业领导者们。

“乔布斯是天才，就像达·芬奇一样。岛先生，你记得莫扎特的对手，那个谁吗？电影里也有演的……”

“您是说萨里耶利吗？在他们生前，萨里耶利的评价比莫扎特还高。我听说就连奥地利的皇帝等人也只对萨里耶利感兴趣。”

“对对，就是萨里耶利。我觉得盖茨与乔布斯，就像萨里耶利与莫扎特一样。如果把眼光拉到300年后，乔布斯的评价就会高于盖茨哦。”或许因为午餐会邀请的都是研究人员，或者是大家都有某种预感，当时也讨论了乔布斯的身体情况。

“我之前见到乔布斯的时候，觉得他连爬楼梯都看起来很痛苦。然而一旦会议开始，他的双眼还是熠熠发光。”

这样的乔布斯，在2011年10月15日去世了。天才乔布斯创造了一个市值最大的帝国，他是孙社长的偶像，也是目标。但是，在孙社长自己进步的时候，乔布斯也会更加往前迈进。乔布斯的死令人悲伤，但这也代表他无法去到更远的地方。我想，这对孙社长来说在某种意义上也代表目标固定下来了。

8个月后的2012年6月，汐留总部大楼开始了一项代号为“哥伦布”的秘密计划。孙社长打算活用日元的升值来开展海外投资，希望将软银发展成营业利润为1万亿日元的企业。他的目标是并购全美排名第3的电信公司斯普林特。

孙正义社长在16岁的时候，从家乡的名校久留米大学附属高中休学，只身赴美。他在美国接触到互联网行业，后来回到日本获得成功。但是，他不甘屈于这种程度的小小成就，想要前往美国放手一搏。

他怀着这样的理想,以发现美洲大陆的冒险家哥伦布为这项计划命名。

美国移动通信市场占有率第一的公司是威瑞森(Verizon),占32%,第二名的AT&T 占30%,第三名的斯普林特占16%。这个16%的市场占有率,就和2006年日本沃达丰被并购时的市场占有率相同。孙社长漂亮地翻转了沃达丰的市场占有率。只要将同样的经验复制到美国,就有很高的概率获得成功。这是他的基本战略。

软银的业绩在iPhone等的影响下,有了大幅改善。原本因为并购沃达丰扛下了近2万亿日元的净债务,也即将实现在2014年度将负债清零的计划。但是,乔布斯的死让孙社长开始反思。他经过1年的反思后,在2012年10月10日的推特上吐露心声:“我的目标是不是设定得太低了? 我是不是不甘于屈就平凡的人生?”

孙社长为了激励自己朝着信息革命迈进,在会客空间“别墅”内装饰了西乡隆盛与坂本龙马的书法作品。在这里,我从带给江户时代末期志士影响的儒学家佐藤一斋的《言志录》中借用一段话:“欲为世间第一等人物,其志不小矣……世间生民虽众,而数有限。如前古已死之人,则几万倍于今……故有志者,当以古今第一等人物自期焉。”

这段话的意思是,不只是要以现在活着的人为目标,还要以超越包含逝者在内的古今第一等人物为目标。“总有一天要超越‘如达·芬奇一般的天才’乔布斯。”我想孙社长的动物本能觉醒了。

孙社长像是要展现他的决心一般,将宣布并购斯普林特的关键日期定在2012年10月15日,也就是乔布斯逝世1周年的忌日。

美国、亚洲，还是电力？

孙社长是个会从多角度思考的人。据说他刚从美国回日本创业后的1年半，就已经彻底考虑过40种经营模式。他40次反复超越自己过去想法的过程，最后选择的是信息革命，也就是互联网。他同样从多个角度思考如何跃升为1万亿日元企业的战略，当时也有好几个计划同时进行。

直到2011年为止，孙社长都主张“称霸亚洲者就能称霸世界”。他在财务业绩发布会上这么说：“我们主要的据点在亚洲。1996年，全球上网的人口中美国约占50%，亚洲占19%。但到了2020年，情况将会逆转，变成美国占12%，亚洲占50%。迄今为止，美国人的生活方式都是网络上的主流，网站也以英文为主。但现在中国的上网人口已经超越美国。我们很幸运能以亚洲为据点。”

前面提过，我带着孙社长的构想即亚洲超级电网，分别前往中国、韩国，与当时两国领导人会谈。这个行动有多重目标。其中之一，当然是推广能够发展自然能源的亚洲超级电网构想。而另一个目标，则是建立与各国高层间的人脉，为不久的将来发展移动互联网行业做准备。

但孙社长的目标却变成了美国。我在2012年10月15日的日记中，写道：“现在是从亚洲撤退，朝美国迈进之时。”孙社长的多角度思考，有时会带来截然不同的全新想法。如果不能对新想法做出机敏的反应，就无法胜任软银的社长室室长。

做决策时，既需要右脑的动物本能，也需要左脑的逻辑思考。我用左脑整理出软银进军美国的理由。

第一，美国是一个巨大的成长市场。日本的人口是1.3亿人，美国则是其2.5倍的3.2亿人。再者，美国不同于每年减少70万人口的日本，人口还有增加的可能性。手机的签约数也以此为准，日本是1.4亿台，美国则是3.5亿台。

第二，美国用户每个月支付的通信费用（ARPU）是4454日元，居全球首位。日本是4330日元。中国与印度的成长性高，但目前的ARPU值非常低，分别只有825日元与336日元。很遗憾，从ARPU来看，中国与印度在现阶段缺乏作为商业市场的魅力。

第三，美国采取的是先使用后付款的“后付制”。日本有99%的用户采取后付制，美国有78%。相较之下，中国只有19%，印度只有4%。美国的信用付款已经相当普及。

更重要的是，美国的国家风险相对其他国家要低一些。考虑到日后的东亚情势，我觉得挑选美国作为投资对象的判断相当正确。

当然，还有另一个选项，那就是前面提到的电力。软银已经在京都市建造了大规模太阳能发电站。发展自然能源产业，以电力零售自由化为目标，将并购既有电力公司纳入考虑。只要民主党政权的内阁会议决定将“零核电”作为“革新的能源战略”，我们就有为实现这个战略而奉献的觉悟。

我也曾在8月前往青森县的大间核电站周边视察电源开发，当时曾出现了关于（并购的）目标是电力开发的报道。实际上，我思考的范围要更加深广。

但最后，内阁会议并没有作出“革新的能源战略”决议。可以确定民主党将在大选中陷入苦战,因此可以推测能源政策将有很高的可能性因政党交替而改变。我对孙社长还有周围的人说:“身为前民主党议员的我,都说民主党政权有危险了,这样应该很有说服力吧?”如果政党交替,内阁会议就无法作出决定。而只要内阁会议没有作出决定,就存在着政治风险。因此,在这个时点上,“电力”的选项已经从眼前消失了。

战略的“略”与“要”

“战略”的“略”是省略的意思。搜集各式各样的信息后,将无关的部分完全剔除。彻底削去细枝末节,找出最重要的骨干。进攻时,必须找出关键、“要点”,再彻底发动攻势。

孙社长在会议中的口头禅是:“这里是要点。”譬如,信号强弱的要点只有两项,一项是电波的频率,另一项是设备投资。

电波频率由总务省根据许可、认可来进行分配。软银在长期以来,都无法取得NTT DOCOMO与KDDI所拥有的800兆赫或900兆赫的白金频段,因此在取得许可之前信号都很差。就算是为了顾客,也无论如何都必须取得白金频段。

另一个要点是设备投资,也就是如何集中资金押注,增加基站的数量。除此之外,别无他法。战略就是像这样明确定义“要点”,集结力量。

想要成功并购斯普林特,也有两个“要点”。一是取得斯普林特股东的许可,另一是获得美国政府的许可。

在取得股东信任与许可方面,很少有人像孙社长这么适合这项工作。每年6月召开股东大会时,社长室室长一般都会为职业股东[①]之类的问题所烦恼。但软银的股东大会情况如同前述,仿佛就像孙正义的粉丝俱乐部,完全没有这类问题。

如果硬要说,顶多只有每年一定会有充满热情的股东发言表示:“我很崇拜孙社长。希望孙社长务必听听我对新事业的想法。”因此,我们必须在孙社长答应他之后,烦恼后续行程该怎么调整而已。

取得斯普林特股东的许可这点,只要交给孙社长就行了。美国政府的许可才是问题。在通信行业,规模就是一切。规模越大越具优势,因此跨国并购重组相当盛行。举例来说,美国的斯普林特就曾打算在2012年并购西班牙电信。但是,这场并购最后受到西班牙政府的阻止。欧洲对于欧盟内的重组相当积极,但对于欧盟外部的并购却很慎重。再者,通信行业与国家安全密不可分,政府对于海外企业的通信企业并购案容易产生戒心。尤其近年来极力宣传网络安全与网络战争,因此更是有这样的倾向。

我的任务就是取得美国政府的许可。因此,首先必须考虑如何获得日本政府的声援。

NTT、丰田的个案研究

我为了拟定获得政府许可的战略,展开了彻底的信息搜集。

第一个调查案例便是万亿日元俱乐部的NTT。这是2000年初的事情。NTT旗下的NTT Communications收购了全球排名第5的美国ISP

①指利用其股东身份作为生财工具,向公司要求股东权利以外之利益者。

(Internet Service Provider互联网服务提供商)公司Verio。当时的市值是50亿美元。

据说以互联网服务提供商的身份管理大量信息的Verio,曾协助美国政府进行犯罪调查。日本政府当时持有NTT 53%的股份,因此美国司法部与联邦调查局表明了对这项并购案的疑虑,认为日本政府可借此取得美国政府在调查犯罪时必须使用的机密情报。美国联邦议会认同这样的疑虑,于是召开保护国家机密的听证会。

当时的克林顿政府,要求日本政府开放移动通信市场。那时我还是众议院的议员。我听到的传闻是,召开这场听证会是为了刁难不同意开放的日本政府以及其背后的NTT。我也听说,当时的邮政大臣为了开启与白宫的交涉而送出了亲笔信。或许是这封亲笔信发挥了效果,由美国财政部与民营企业委员等组成的对美投资委员会向克林顿总统提出请求批准并购的申请。

我告诉孙社长:"听说NTT并购 Verio 的时候,邮政大臣送出的亲笔信促成了这项并购案。"孙社长似乎对此颇感兴趣:"哦,有这种事啊?"不过,当社长室成员直接向总务省求证大臣是否送出了亲笔信的时候,得到的回答却是"没有这样的记录"。

顺带一提,NTT对Verio的并购得到批准后,日本也开放移动通信市场让美国的通信机器产业进入。大家很容易联想到两国政府间应该达成了某种交易。这就是国际政治的现实。

另一个调查案例是丰田汽车,也是万亿日元俱乐部的成员之一。2009年8月28日晚上,发生了一起令人遗憾的事故。一辆行驶在加州圣地亚哥的丰田汽车"Lexus ES350"的油门突然加速,导致一家四口命丧黄泉。丰田汽车随后发起了一连串的召回行动,美国也展开了过去未曾有过的大规模“抵制丰田汽车”的行动。

2010年2月,丰田章男社长在美国议会的听证会上坦率地表达了谢罪与反省之意。从那时开始,讨论渐趋冷静。据说美国国民对与家族与血统有关系的人更加信任,因此,由属于创企业者家族的丰田社长亲自出马,也是很好的处理方式。

大约1年后的2011年2月8日,美国运输部根据委员会的调查结果,发表了丰田汽车的电子控制装置没有缺陷的结论。1年前呼吁丰田车主尽量不要开车的美国运输部长雷·拉胡德,也根据调查结果发布“安全宣言”。同时,还建议自己的女儿应该买丰田车,上演了一场政治秀。

日本政府对这个问题作出了什么样的反应呢?2010年2月10日,国土交通大臣前原诚司呼吁美国驻日大使鲁斯,要求美方冷静应对丰田汽车的问题。此外,日本驻美大使藤崎一郎在16日与拉胡德部长的电话会谈中,也再度要求美方冷静对应,避免带给日美整体关系的不良影响。

日本政府的大方针是,不干涉民间的问题,不像美国总统一样经常站在企业前面。因此,那时也开始听到关于日本政府应该更快采取行动的意见。

软银的“张良”

孙社长常说:“胜于易胜者。”在NTT、丰田的这两个案例中,政府都在出现严重争执后才出面,这就不是胜于易胜者了。

《六韬》《三略》[1]是我常放在案头的书。这是以太公望之称闻名的吕尚在辅佐周文王之子武王时使用的知名兵书。刘邦的大军师张良，也将其摆在案头上。老实说，我在进入软银时，曾在给孙社长的信上写："我想成为软银的'张良'。"

太公兵法的基础，就从随时思考之后好几手的布局开始。考虑中长期的步骤，累积基础，在所有的事物都尚未发生之前处理完毕。等到决战之时，其实胜负早定，事情的进展顺利到不可思议，这才是最佳的兵法。等到争执发生之后政府才出面，就不是太公兵法了。

就算现在请社长室的成员读《六韬》《三略》也于事无补，于是我告诉他们名家不炫技的道理。棒球名家无论遇到多么难接的球，接球时看起来都很轻松。因为他们能够在事先判断出球的飞行路径后就定位等待。跳接球虽然看起来技巧华丽，但多半是因为直觉不灵敏，起步太晚。所以，我们必须搜集情报，抢得先机，做好布局，让球飞向你等待的地方。

我在2012年10月9日的日记上，还写着简略的布局笔记：

1. 最后的撒手锏是大臣写给白宫的亲笔信。
2. 由大臣向美国驻日大使提出冷静处理关于许可问题的要求。
3. 请驻美大使协助。

我遵循太公兵法，开始进行作战布局。

①《六韬》《三略》是中国古代重要的军事著作。

拜会总务省

2012年10月10日下午2点35分。我与孙社长一同前往总务省,因为我们将在3点拜会新任的总务大臣樽床伸二。我听说因为10月10日晴天的概率最高,因此被选为东京奥运开幕典礼的日子。而这天确实也是个秋高气爽的晴朗日子。

NTT的鹈浦博夫社长、KDDI的田中孝司社长都已经拜会过总务省了。孙社长因为忙于斯普林特的并购案,行程一直无法协调,才会选在这天。

我们从社长室楼层搭乘专用电梯到一楼,玄关外已经停着一辆车。孙社长坐在后座的左边,我坐在右边。一开始我心里想着是否应该将上位者坐的右边座位让给孙社长,所以一直坐得不安稳。但在不知不觉间,我就习惯了这样的安排,也觉得合理。司机帮我们开门,我就直接上车。

秘书将领带与外套交给孙社长。由于孙社长总是长时间专心开会开到晚上12点,所以很少打领带。有人说:"软银越高层的人,穿着越随性。"但今天拜会的是总务大臣,以及负责通信业务的副大臣藤末健三,还是必须注意服装仪容,因此他在车内系上了领带。

"岛先生,我该和樽床大臣说什么才好呢?"我就任社长室室长已经好几年了,但孙社长至今依然称呼我"岛先生"。换句话说,他将我当成了参谋、幕宾。

《战国策》里有这么一句:"知伯以国士遇臣,臣故国士报之。"我一直以来都怀着这样的心情,做着社长室室长的工作。

“樽床先生是我在政经塾的学弟，所以不用客气，说什么都可以。不过，他对于信息通信行业不是很了解。还有，真要说起来的话，他与NTT之间的关系十分密切。”孙社长大致听了我的说明后，就拿出刮胡刀开始修剪胡茬。这也是他前往拜会大臣时的习惯。或许也是一种表达尊敬的仪式。

我在这时提到樽床大臣与NTT关系密切是有原因的。我告诉大臣秘书课的人，这天的拜会是为了向大臣报告软银在10月1日发表的EMOBILE并购案以及向新任大臣致意。

但是，斯普林特的并购案已经进入最后阶段。

当时的日元汇率已经是1美元兑换80日元左右。孙社长也说：“这是我的直觉，无论怎么想，美元都太便宜了。”现在是活用日元升值进行海外投资的最佳时机。

我身为社长室室长的重要工作之一，就是以“参谋”“辅佐者”的身份，为孙社长提供辅助判断的信息。但这些信息顶多只是帮助他判断，除非事态严重，否则我不会提出关于结论的建言。

为了避免误会，我事先声明，与NTT关系密切是樽床大臣本人在就任总务大臣之前亲口告诉我的。我想孙社长只要得知这个信息，对于传达斯普林特并购消息的发言就会更加慎重吧！把最后的判断交给比我更贤明的孙社长，这是我身为社长室室长的原则。

宣布并购斯普林特的关键日期，定在乔布斯逝世1周年的忌日，10月15日星期一这一天。当时距离发表还有5天，是否要事先告知主管的总务大臣，由社长自行判断。

不过，10月10日这个拜会大臣的日期是我选的。大臣的行程经常随着国会日程变动。11日是我与妻子的结婚纪念日，实在不希望傍晚之后还有面谈。樽床总务大臣是我在松下政经塾的学弟。看在长时间交往的份上，我就不客气地定了时间。无论从好的方面还是坏的方面来看，他的个性就是“藏不住事情”。

过去，在并购沃达丰时，在软银宣布并购的同时，股价在1个月内跌了六成。现在软银的体制更加健全，应该不会跌得这么夸张，但还是做最坏的准备比较好。反正美国那边在星期五，也就是13日就会透露相关消息。这么一来，周六、周日就能稍微缓冲，减轻对市场的影响吧！我心想，樽床大臣那边，只要等到日本收盘时间即星期五下午3点之后再由我跟他联络就行了。

没有计算机的总务大臣室

车子停在总务省[①]侧门的入口处。软银移动通信公司负责涉外的常务董事、员工已经拿着入馆证在一旁准备了。我有前议员证，所以可以自由出入国会与各个官厅[②]。

那是在我刚就任社长室室长时的事。我自己畅行无阻，孙社长却因为负责进馆的员工迟到，而在前台拿起笔打算自己办理进馆手续。在刚创建软银的时候就是这样做的吧。不过，明明已经成为大公司老板的孙社长，现在依然打算自己处理进馆事宜，这点让我感到敬佩。这对于自尊心强的我来说，是一件很困难的事。当然，现在也有安保

①日本中央省厅之一。2001年，中央省厅再偏调整之后新成立的政府机关，由总务厅、邮政省、自治省“三合一”而来的部门。

②指日本中央省厅，相当于我国的部委机关。

方面的问题，也应事先办好进馆手续以便顺利进入。电梯上升到七楼的总务大臣室。这不是专用电梯，所以一起搭乘的总务省职员忍不住好奇地看着孙社长。

前面的客人拖了一点时间，于是我们在会客室等待。孙社长在等待时，浅浅地坐在椅子上。真要说起来，我在椅子上坐得更深、更放松，看起来更有范儿。这也是孙社长说“因岛先生原本是个武士”的原因。

秘书官领我们进入大臣室。我在前文中也稍微提到过，房间后方有大久保利通所写的“为政清明”的匾额。我在松下政经塾时就听说过樽床大臣十分尊敬大久保利通。所以，我用“这是大久保利通写的呢”作为开头。

“总务省源于内务省，是最古老的政府单位。请坐。”孙社长浅浅地坐在椅子前端，樽床大臣则深深地坐进椅子里。

“大臣，恭喜您就任。”孙社长在商场上与人交涉时，经常咄咄逼人，让对方喘不过气，但在与大臣说话时，一开始多半作为听众听着。

“不敢当，今天感谢你们特地前来。不过，我完全不懂IT。您们看，我的桌上没有计算机。反正我也不会用，就叫他们不必摆了。”

据说，前巨人队教练川上哲治前往岐阜的正眼寺探求棒球之“道”时，寺中老僧对他一喝“老夫讨厌棒球”。我听说这叫作“全盘否定对方”，是一种禅修方法。川上在棒球界是拥有亮丽成绩的明星，但因为老僧讨厌棒球而被否定，使作为一名修行者的他，站到了和年轻禅僧相同的位置上。

我不知道樽床大臣是否想到了这点。但孙社长拿出iPad，试图通过电子教科书等话题寻找共通点的情景相当少见。

“樽床大臣，您以前就说自己是‘擅长分析政策的樽床’，所以，请您也务必好好研究信息通信政策吧！”我出面缓颊。

“我实在搞不清楚信息通信的事，所以就交给藤末副大臣负责了。学长（指的是我），请您与藤末好好谈谈吧！”

于是我们前往藤末副大臣办公室。藤末出身于经济产业省，是真正的政策专家。

“孙社长，感谢您今日特地前来。日本的通信产业今后必须进军全球，请您加油。”

孙社长在开回公司的车上对我说：“藤末先生的话让我有点疑问，他是不是知道了什么？”

“不，我想他应该什么都不知道。只是一般的闲谈罢了。今后为了让您能够集中精力处理美国的事，日本这边的疏通就尽量由我来进行。”孙社长恭敬地对我说：“谢谢你。”这或许是他笼络人心的技巧，让人能够产生“为了这个人我必须努力”的想法。但即便知道这点，我还是涌出了必须努力的心情。

结婚纪念日当日的新闻

10月11日是我们夫妻结婚26年的纪念日。这天早上，我到新大谷饭店参加城岛财务大臣的早餐会。他和我在同年当选议员，也是旧识，因此我前去向他道贺。

“谢谢你费心写信祝贺我。不过，没想到您竟然是财务大臣。”

“根据外面传言，听说您可能会出任厚生劳动大臣呢。”

“我接到野田首相的电话时根本说不出话来。野田首相听到我没有立刻回答,可能以为我听漏了,还跟我说:‘就是安住先生的继任者。’真的是晴天霹雳啊!话说回来,企业界有人来抱怨日元升值把他们害惨了,你那边情况如何呢?”

“我这边是手机业,所以日元升值对我们没有影响,业绩情况不错。”我也不可能告诉他,软银正在考虑活用日元升值的优势投资美国公司,所以向他行了个礼后就回到自己的座位。

这天的午餐是与松原仁前国家公安委员长的慰劳餐会。松原先生是我在政经塾的同届同学。

“岛如果还留在政治界,也会是重要的阁员吧!”

“没有啦,现在说‘或许、如果’都只是空谈。而且我很享受社长室室长这个位子。”

“说的也是,你很活跃呢!”

我心想,早餐、午餐都是与政治家的餐会,这个结婚纪念日过得真有我的风格。不过至少晚餐我还是要悠闲地享用,于是就提早回家了。

我打算在纪念日开一瓶珍藏的单一纯麦威士忌。然而,就在6点37分,正当我准备与妻子享用纪念日大餐时,我的手机响起,来电显示是社长室成员。我一边想着真是个不懂得看时机的家伙,一边接起了电话。

“非常抱歉,我知道今天是您的结婚纪念日,所以稍微犹豫了一下。但7点的NHK新闻将会报道我们并购斯普林特的消息。”前一天没有把这件事告诉樽床总务大臣是我的误判。挂掉电话后,我立刻拨打樽床总务大臣的手机。

受邀到餐会上致辞是内阁成员每天的功课,政治家的募款餐会一般从6点半开始，所以樽床大臣应该无法接电话吧。我打算在语音信箱中留言。不过，樽床大臣却接起了。

“前几天感谢您拨冗与我们见面。”

“没这回事，我才要感谢你们呢。不过，我昨天那样说没问题吧！话说回来，您今天打电话来有什么事呢？”他似乎有点在意前一天说自己不懂IT、请人不必摆设计算机之类的话。

“老实说，NHK的7点新闻将会报道软银将并购斯普林特的消息。斯普林特是美国排名第3的手机公司。这是一笔非常重大的交易。公司公关部发表的声明将表示对于臆测报道无可奉告。但因为您是大臣，所以我得跟您报告，实际上交涉正在进行，而且进展得相当顺利。如果拍板定案了，我会再事先知会您。”

“虽然我搞不太清楚内情，不过你的言下之意就是你们虽然出面否认，但实际上事情正在进行，对吧？”他就像一直以来那样，抓住了事情的本质部分，这让我松了一口气。7点的新闻播出之后，政治家、官员打来的求证电话让我的手机响个不停。虽然是难得的结婚纪念日，我还是把原本期待品尝的威士忌原封不动地收了回去。

全日本的声援

10月15日下午1点半。我与某议员共进午餐后回到了公司，社长秘书对我说：“孙社长刚才在找您。”

孙社长有事想向樽床大臣报告，于是打电话到总务大臣室，结果却因为樽床大臣前往冲绳视察而无法取得联系。他希望我帮忙打电话：“我想事先向樽床大臣报告并购斯普林特的事，但好像联络不到人，所以想要麻烦你帮忙说一声。”我在走进社长室楼层的董事会议室前，拨通樽床大臣的手机。我原本以为他可能不会接，结果又猜错了，他这次又接起了电话。

“喂，您现在好像是在冲绳，对吗？”

“因为我也负责冲绳及北方领土问题，所以这次来这边视察。您打来是要说斯普林特的事吗？”

“是的，孙社长似乎有事情要向您报告。”我走进董事会议室，把电话交给坐在桌子中间座位上的孙社长：“电话里的是大臣，他现在正在冲绳。”

孙社长一边接电话一边走出会议室，进入旁边的准备室。“事实上，我将在下午5点宣布并购斯普林特。这虽然是超出软银能力范围的并购，但我们会好好加油的。我想事先向大臣报告，所以打电话到冲绳来。”

我虽然听不到樽床大臣在说什么，但似乎是鼓励的话。“岛先生，也请麻烦打电话给副大臣。”孙社长说完之后，就回到了董事会议室。目前正为了斯普林特的并购发表事宜，进行最后确认。

孙社长会亲自检查每一张简报用的投影片，并且下达“文字的颜色改成红色”或是“文字再稍微大一点”之类的指示，社长室成员再根据这些指示当场修正。

我打电话到藤末副大臣的手机，他也立刻接起电话。我把电话交给孙社长：“电话里的是副大臣。”孙社长再度走出会议室。

“我是孙正义。我们将在5点召开紧急记者会，宣布并购斯普林特。”副大臣听了之后，似乎也同样出言鼓励。

“上次与您见面时，您提到了进军海外的事情，我猜想您是不是听到什么风声了。我现在把电话交给岛。”电话回到我手上。

“事实上关于进军海外，我原本要针对最重要的部分提出疑问，但真不愧是软银，大家看到新闻之后都很支持你们哦！请你们加油。”

接着我又打电话给总务省的干部，电话那头传来：“太厉害了，整个日本都必须声援你们才行。”软银做的事情总是毁誉参半。但我觉得，这次可以获得全日本的声援。

宣布并购斯普林特

2012年10月15日下午5点，软银召开紧急记者会。

“虽然风险很大，但我们有信心可以成功。”软银将以201亿美元并购美国排名第3的移动通信公司斯普林特。如果这场并购案能够成功，软银将成为营业收入仅次于中国移动、威瑞森(美国)的全球第三大移动通信运营商。美国市场有很高的成长潜力，而且目前移动通信市场呈现AT&T、威瑞森这两大公司垄断的状态，这和软银并购沃达丰打入日本手机市场时的情况类似。

“这对挑战者来说，是时不再来的机会。我们能够再一次复制在日本学到的经验。”孙社长最擅长的就是“逆转”逐渐衰退的企业。2004年并购的日本Telecom有极易陷入亏损的特质，沃达丰当时眼看着就要赤字了，2010年的WILLCOM则是破产，这3家公司虽然被称为“亏损三兄弟”，但孙社长都成功地完成了V型反转。

“虽然不一定是有三就有四。只有一次还能说是侥幸，但三次都成功就是知道方法了。智能手机战略、吸引顾客的方法、V型反转的方法，我将全部提供给斯普林特。”

“签约用户将达到9600万人。智能手机的购买数量也将达到全球最多。网络水平将与爱立信相提并论，与苹果公司等制造商的谈判能力也会增强。”孙社长在记者会上的发言比平常更加热烈。

NHK在11日报道了软银将并购斯普林特的消息后，软银的市值如同预期，跌至1万亿日元。因此，我们也必须处理近在眼前的危机。

“进军美国绝不容易，伴随着莫大的风险，但如果不挑战，从另一个层面上来说背负的风险更大。日本或许将会因为少子化，而逐渐变成‘最危险的国家’。在日本与美国两边同时建立扎实的基础，或许才能让我们处在更安全的地方。”

但是，不管怎么说，我都觉得16岁时只身赴美、后来回到日本创业、事隔30多年再度进军美国的故事，让孙社长兴奋异常。

从顽皮到成熟

“我们也有自信能够偿还贷款。软银现在会避免胡乱借钱，已经转型为相当成熟的企业了。”

我进入软银后，提出的建议就是让软银的路线从“顽皮的公司”转型为“稍微成熟一点的企业”。孙社长轻而易举地超越了这个目标，宣布软银“已经转型为相当成熟的企业”了。毕竟提前偿还并购沃达丰时借来的1.3万亿日元贷款，给了他很大的自信。就连银行都预测贷款要到2018年才能偿还完毕，但软银在2012年就已经还清贷款。

能够提前偿还贷款，智能手机的普及使ARPU能够维持在高水平是一大原因。几乎所有的用户都选择无限流量的定额制。如果手机依然只以语音通话为主，应该会像当初预测的那样拖到2018年才能还清贷款吧！

而且利息也降低了。并购沃达丰时的利息是4%，但这次贷款只要1%左右的利息。

并购沃达丰时，净计息负债除以EBITDA[①]得到的结果是5.6倍。换句话说，就是五六年的收入。如果是贸易公司的话，那另当别论，但以移动通信运营商来说却是相当乱来。不过，这次变成了只有2.7倍。

虽然AT&T 的这个指数是2倍、威瑞森则是不到1.7倍，但软银若与3.1倍的西班牙电信或2.7倍的意大利电信相比，则水平几乎相当。

转型成为成熟企业的原因还有另一点。想要成功并购斯普林特，获得美国政府的许可是一大课题。如果在以前，孙社长的号令一下，大家就会冲锋陷阵。但现在不同了，大家学会遵循太公兵法，在打好布局、拉拢更多盟友之后，才会踏入敌阵。

10月19日，总务大臣召开例行记者会。“虽然是民营对民营，但我认为软银并购斯普林特，是日本的移动通信公司在全球大显身手的挑战。站在我的立场，希望能够温暖地守护他们。”现任总务大臣破例发表了声援信息。

①Earnings Before Interest, Taxes, Depreciation and Amortization 的缩写，指未计利息，税项、折旧及推销前的利润税息折旧及摊销前利润。EBITDA被私人资本公司广泛使用，用以计算公司经营业绩。

11 华盛顿大侦查

2012年10月—12月

美国国会大厦就建造在美国首都华盛顿的中心，白色圆顶是自由国度美国的象征。大厦所在的国会山丘，是华盛顿特区的街道与大道的起点，国会议事堂没有门牌号码，导游书上写着："如果硬要说的话，就是零号街。"

2012年10月8日，美国众议院情报委员会提出的报告吸引了我的注意。报告提醒美国的政府机关与企业，基于"国家安全"，应该重新评估参与通讯交易的外国公司，以免给美国"带来安全威胁"。

与行政机构较强势的日本不同，美国的议会十分有影响力。某媒体的华盛顿特派员说："在这里可以实际感受到美国是个三权分立的国家，我觉得议会最为强势。"因此议会的报告影响力很大。

议员由选举选出，自然会对舆论敏感。如同我们在丰田案例中看到的，被认为是民主主义国家的美国，也具有容易陷入民粹主义的一面。舆论也可能朝着单一方向发展。

孙社长的想法是，商业没有国界。他以这样的态度和政治人物说话，让我相当紧张。主权国家之间必然存在着国境。尤其是美国，只要一涉及“国家安全问题”,所有计划都会退缩。从那时开始,孙社长每个月约有一半时间待在美国。我告诉人在美国的孙社长国家安全问题是关键。

这是好几年前的事情。孙社长曾说:“岛先生,我出生的地方是‘无号街’。”当然,他指的并不是华盛顿零号街的国会大厦,而是佐贺县鸟栖市本鸟栖町无号街。“我出生的地方就在车站旁边。那里搭了许多没有门牌号码的铁皮屋,所以是无号街。”出生于“无号街”的孙社长,将在华盛顿的零号街,热情诉说自己的理想。

目标是樱花绽放之时

要冲破并购斯普林特计划前的高墙,就必须取得三个政府单位的许可。

第一个是美国司法部,第二个是美国联邦通信委员会(Federal Communication Commission,简称为FCC)。这两个单位会基于禁止垄断、促进竞争的观点进行判断。软银将资金注入连续5个季度亏损的斯普林特,是促进竞争的行为,因此可以推测,在取得这两个单位的许可不会有问题。我通过内部渠道得知,司法部的许可最快在2012年内,最迟在2013年1月就会下来。而 FCC也有望在4月左右获批准。

而要取得第三个单位——美国外国投资委员会的许可,是最困难的部分。在投资委员会批准之前,必须在国防部、国安局、司法部等参与的“电信小组”内部,针对国家安全问题达成共识。这个问题拖太久,会爆出各式各样的问题。因此,越早批准越好。为了能在波多马克河畔举行樱花祭时全身心地享受这个祭典,我自己将目标达成时间设定在3月底。

当然,最后决定的人是孙社长。我最多只是针对应该达成的目标打造战略环境。我像平常一样从目标日期往回推算时间。如果想在3月底达成目标,必须在1月上旬向美国投资委员会提出申请。孙社长前往华盛顿访问相当于最后收尾,应该订在3月中旬。如果计划按照这样的日程进行,根据我的判断,我们处于战斗力不足的状态。

斯普林特的总公司虽然在堪萨斯市,但在华盛顿也设有政府公关事务所,员工大约有50名左右。其成员包括美富律师事务所(Morrison & Foerster LLP)的律师、共和党系统的说客。他们与卡门集团、公关公司等组成小组,负责拟定取得政府许可的对策。我得到的消息说,AT&T针对这样的动作也对FCC与议会展开了游说活动。据说AT&T 与威瑞森平时就会花费数千万美元在游说活动上。

AT&T 的副社长伯恩斯发表声明:“分配给日本公司的频率比美国的通信公司还要多,这样真的好吗?”由于斯普林特取得了美国无线宽带服务公司Clearwire的经营权,所以其使用的频率合计起来比AT&T还要多。伯恩斯想借着这样的主张牵制当局的批准。在他的这个动作背后,可以感受到AT&T 对长期破坏日本市场价格的软银进军美国市场的戒心。

“我与Google的CEO施密特谈过了。AT&T 花了太多钱在游说上。这种事情,只要光明正大地讲道理就好了。”孙社长当初是这么说的。

如果什么事情都听从孙社长的说法就无法胜任软银社长室室长的职务。我的任务是思考达成目的需要什么,并设下布局。我搜集了一些说法,作为参考意见。有一位在我担任议员时就交好的华盛顿智库高层这么说道:“Google一开始小看了华盛顿,什么都没做。不过,它最近学乖了,开始采取和其他企业相同的行动。”Google华盛顿事务所的负责人戴维森(Alan Davidson)像是要证明这句话一般,在接受访问时回答:“Google在服务方面的品牌力很强,在政治方面的品牌力却很弱。由于我们在华盛顿疏于努力,被敌人造成了不良的品牌形象。大概只有Google不知道,硅谷的企业只允许在沙坑中玩耍。”

我认为,要想取得斯普林特的并购许可,必须与AT&T 等巨大的政治力量对抗,并依此打下基础。而我也怀着一直以来的信心,相信贤明的孙社长终究会理解我的行动。

软银希望能为美国的消费者带来真正的竞争。但敌对势力的政治力量强大,在很多情况下我们无法保证能在取得政府许可方面获得平等的对待。

缺乏正义的力量是暴力,缺乏力量的正义则是无力。根据我在日本的经验判断,有口碑的律师或说客,很有可能已经被第一大企业掌握。当然,我们的团队也怀着热情在运作。但是,热情与结果是两码事。球速仅每小时130公里的投手,无论投球时怀着多大的热情,都不可能投出每小时150公里的球。必须冷静分析实力。

当时,日本政府内部正在推动一项计划。政府打算与民营企业合作,向海外出口“纯日本”(完全只在日本国内市场活动的企业)的铁路,目标是印度。印度在民主党取得政权的2009年发表了高速铁路计划。我也在2010年与鸠山前首相一起访问印度时,听取了计划的详情。

印度计划建设7条行驶于新德里与孟买等主要城市间的铁路。计划最优先建设的是从孟买到亚美达巴德之间约680公里的路线。

日本希望他们能够采用新干线，这样的话可将目前耗费10小时的车程，缩短至两小时左右。总工程费用估计将达1万亿日元的规模。

通信也是“纯日本”事业。如果能像铁路一样，由日本政府在背后进一步推动，或许是不错的主意。日本政府有意愿推动铁路出口，因此，我想通信事业进军海外应该也不难取得行政机构的理解。

在深思熟虑得到结论后，接下来就要针对实现结论的方法拟定计划案。一旦计划拟定，就动用能想得到的最高层人脉，以平常心执行。我一边用手指翻动手机通信录中记录的电话，一边思考。当时代表日本政府最高层的人，就是松下政经塾的第一届学生野田佳彦首相。

密访首相官邸

2012年10月17日下午5点半。雨滴落在国会大道的行道树上。出租车开着大灯，往首相官邸前行。我打开车内的灯，重新阅读在10月9日写下的笔记，内容是取得许可的步骤。

1. 最后的撒手锏是大臣写给白宫的亲笔信。
2. 由大臣向美国驻日大使提出冷静处理许可问题的要求。
3. 请求驻美大使的协助。

野田首相的首席秘书官河井淳一，是我在松下政经塾的同届同学。他的家乡也在爱知县蒲郡，我们在议员时代就交好，是会到彼此家中过夜的好友。

17日早上，作为一名商业人士，再怎么说也不可能只为了取得政府对案子的许可直接与首相对话吧！我开始联络河井秘书官。

“是你啊。我听说斯普林特的事了。今天傍晚的话我有时间。”一旦首席秘书官指定了时间,就没有拒绝的道理。于是我立刻调整行程,前往官邸。

如果车子要进入官邸并停在正面玄关,就必须提前登记。但驻官邸的记者会守在正面玄关,仔细确认有谁前来、与谁见面。如果搭出租车前往,就只能在中途下车,从官邸职员使用的出入口进入。这次拜访最好保持低调,所以我选择了乘出租车前往。

我被带进了一间不太宽敞的接待室,似乎坐5个人就满了。一位戴着眼镜、看似一丝不苟的女秘书端茶给我。她确实连茶都泡得很好。

“首席秘书官到了。”工作人员的声音让我重新感觉到,原来如此,这就是首相的首席秘书官啊!

“岛,好久不见,你看起来很有精神呢!”

“嗯,托您的福。您很忙吗?”

“对啊,很忙。不好意思,我只有15分钟左右的时间。”

据说白宫的官员一天工作16小时,日本首相官邸的情况似乎也类似。我简短地进行说明:软银在10月15日宣布将并购斯普林特,但必须取得美国政府的许可才能完成并购,而其中的关键是国安问题。

“包含NTT在内的移动通信公司都是日本国内的公司,缺乏进军国际的经验。丰田等公司,会将继任社长的人才先派去美国或欧洲担任分公司社长,但对NTT的员工来说,派驻海外就相当于降职。总务省也不适应国际谈判。我听说新干线的推销,是在政府与民营企业的合作之下进行的。我希望政府对于移动通信事业进军海外也能给予支持。”

野田首相预定于12月在柬埔寨与印度的辛格总理会面。这场会面已经开始安排，而我听说，届时新干线将成为亮点。“最后，这是一笔201亿美元的大生意。我想日元升值多少带来一点帮助。”日元升值导致出口衰退，野田政权因此遭受了来自经济界的压力。野田首相从担任财务大臣时的回答就是“我们会密切关注”，但却招致“如果只是关注的话，连猫也会”的批评。

“情况我了解了。我会在秘书官会议中，提出接到并购斯普林特的报告这件事。”首相秘书官除了负责政务的首席秘书官之外，其他秘书官则由外务省、财务省、防卫省、警察厅、经济产业省等行政机构各派1名代表到内阁官房[①]就任。他们都是未来扛起各行政机构的精英。河井秘书官将在这样的秘书官会议中，帮我们提出并购案的事情。

负责信息通信的总务省不是秘书官会议的成员，旧内务省大概由警察厅代表的吧。也有人批评秘书官不在意总理，只在意自己所属的行政机构，尤其是他们认为“省厅利益高于国家利益”，当总理打算推动有益于日本全体的政策时，如果这个政策不利于其所属的省厅时，他们就会变身成为“间谍”。但是，换个角度看，这也代表秘书官所属的各行政机构密切关注官邸的动向。如果并购案在秘书官会议的议程中提出，外务省、防卫省也会接到报告。对于以国安关系为要点的本次交易来说，是相当值得感谢的事情。

我向人在美国的孙社长报告了事情始末，孙社长在回信中写道：

---

①辅佐总理的机构，相当于秘书处。

"太感谢了。"

纽约彭博社总部

2012年10月18日，纽约的彭博社总部。斯普林特的CEO汉斯（Dan Hesse）与孙社长共同召开记者会。

汉斯的身高有183厘米，是个连我也要抬头看的高大男子。孙社长平常总是第一个开始发言，但因为是在美国开设的记者会，所以他退居第二。这样的安排，是为了减轻日本企业并购美国通信企业可能导致的反弹。

"这是规模的竞争。我们签订合约后，就能与在行业内大幅领先的威瑞森及AT&T对抗，我相信当局也乐见这样的结果。"在美国，大型企业的并购案以及外国企业对美国企业的并购，必须取得政府机关的许可。如前所述，软银想要并购美国排名第3的移动通信公司斯普林特，最大的课题就是取得美国司法部、FCC、外国投资委员会的许可。

孙社长在汉斯先生之后，作出了大胆的发言："斯普林特将成为未来并购其他公司的一大动力。我想T-mobile是可能的目标。我的雄心壮志，就是打造全球最大的移动通信公司。"有人认为，在宣布对斯普林特展开并购的记者会上提到下一个并购案，或许不太妥当。但我觉得这也无可厚非。并购斯普林特需要股东的批准。如果宣告以全球第一为目标，展现出挑战扩大事业版图的计划，也能让股东觉得孙社长的胸怀与前任不同，从而产生期待感。

记者会也不可能就这样结束。记者毫不客气地提出了关于国家安全的问题。

“斯普林特使用的产品，绝对没有威胁美国国家安全的可能。过去在挑选厂家的时候，我们也曾剔除在国家安全方面曾有疑虑的产品。”

汉斯先生回答之后，孙社长再次补充说明：“我们知道美国政府对这个问题变得相当敏感，也充分理解国家安全的重要性。我会让美国政府满意。我们很重视斯普林特与美国政府间的合约，也尊重美国政府的要求，所有一切都会予以配合。”

记者会结束。软银也通过彭博社向全球传达了会充分考虑国家安全的信息。顺带一提，孙社长的拿手歌之一是一首名为《给第五街的玛莉》的歌曲。尤其是在有外国客户的场合中，经常会挑这首歌。或许因为歌曲的设定是住在纽约的女性玛莉，也可能是不服输的孙社长连唱卡拉OK都努力练习，总之他唱得不错。这首歌的其中一句歌词是：“五号街虽然近，却是个遥远的地方。”纽约的这场记者会，也让我觉得并购斯普林特是个看似很近的遥远目标。

“因为我是个男子汉”是失言？

我在12月3日星期一上午11点飞抵华盛顿，这个周末将举行国家圣诞树点灯仪式。总务省局长告诉我，樽床总务大臣在10月29日替我们向前来拜会的美国驻日大使说：“期待许可能够顺利下来。”

或许是因为官邸秘书官会议的报告，日本驻美大使佐佐江贤一郎也答应在12月4日与我见面。我在议员时代常来华盛顿，但进入软银之后就一直找不到机会前往，距离上次拜访已经有7年时间了。我必须尽可能地搜集大量的信息，追上进度。这个重点就在于我能够学得多快。

从东京成田机场到达拉斯机场需要14个小时,时差则是减去13小时,几乎是日夜颠倒。我听说美国国务院不会安排抵达后24小时内召开会议。因为时差会降低判断力,在这种状态下谈判,恐怕会有损国家利益。我没有这样的条件,因此就从与A报分局长的商业午餐开始。

华盛顿最美味的就是切萨皮克湾捕捞上来的海鲜。春天的名产是软壳蟹,但这时是12月,我只能一边吃蟹肉饼一边听他分析。"美方确实将国安问题视为重要的问题。尤其从2012年10月开始,'网络安全'一直都是国会山庄的话题。议员也很紧张,因为只要一提到'网络安全',媒体就会报道。"美国虽然表面上是自由民主国家,但实际上不仅仅是如此。

我住的五月花旅馆,作为举办历任总统就职舞会场所的历史长达60年以上。我一边喝着咖啡,一边与某电视台的华盛顿特派员谈话。

"狗爸爸的广告,在美国也会受欢迎吗?"

"我觉得应该不会,在美国,父亲应该要有威严。所以爸爸变成狗会让人觉得莫名其妙吧。先不管这个,孙社长是不是说过'因为我是个男子汉,所以要放手一搏进军美国?'"

"是啊,这句话是他在《世界商业卫星》(*WBC*)这个节目中说的。东京大学的伊藤元重教授还称赞他呢。"我在松下政经塾时代就认识伊藤教授,接受他的指导长达20年。他也在东京电视台的《世界商业卫星》节目中担任评论员,因此我听他说过关于孙社长上节目的感想。

"他那句'因为我是个男子汉'说得相当好呢。日本握有大量资金,但企业却不愿意背负风险积极投资。换句话说,'男子汉'太少了。孙社长的行动，展现出干事业应有的态度。”伊藤教授称赞了斯普林特的并购案，所以“因为我是个男子汉”这句话对我来说是听起来正面的一句话。但是，那位特派员却说：“关于那句‘因为我是个男子汉’的发言，最好小心为上。这在美国会有性别歧视问题。”

我突然觉得咖啡变苦了。

日美外交关系协会的欢迎会

这次访问的目的，是拜会在议员时代对我有知遇之恩的丹尼尔·井上参议员。丹尼尔·井上是夏威夷州选出的参议员。他从1963年开始担任参议员长达50年，是美国参议院的拨款委员会主席。他的祖父出生于福冈县八女市，祖母则是广岛的日裔第三代。第二次世界大战时，他曾参与欧洲战线的战争。在战争中失去右臂的他，放弃成为医生的机会，走上了从政的道路。1959年，他成为夏威夷州选出的众议员，在当时也是第一位日裔众议员。

他目前是最资深的参议员，担任参议院临时议长这一要职。美国从危机管理的角度出发，明确规定总统的继承顺位。身为参议院议长的副总统是继承第一顺位，井上议员则是第二顺位。他是美国历史上地位最高的亚裔人士。

我在1998年5月第一次见到井上议员。当时民主党刚成立，我与党魁菅直人一起访问华盛顿。访问的随行者以党内的新生代为主，包括后来成为财务大臣的安住淳与总务大臣元口一博。在野党在外交上的悲哀，就是很难约得到人。我记得，当时因为掌握实权的井上议员愿意与我们见面，觉得很开心。

井上议员2008年再婚的对象艾琳·平野，是日美外交关系协会的代表。我听说这个协会是最活跃、影响力也最大的日美关系团体。日美外交关系协会在M街的费尔蒙饭店举办欢迎会。这个消息是在我从政时期就认识的某通讯社驻华盛顿分局局长K告诉我的。所谓"射人先射马"，无论多小的机会都必须有效利用。我原本打算在抵达华盛顿的第一天好好休息，后来临时决定对抗时差参加。6点开场，我在5点半提早抵达，来宾还很少。我拜托了K提前过来为我引见艾琳。我觉得会场后方穿着黄色晚礼服指示工作人员的人就是她。

5点50分，K还没到，于是我拿着香槟酒杯，靠近那位女性。"请问您是艾琳小姐吗？初次见面。我是来自日本软银的岛。敝公司在TOMODACHI计划中承蒙您的照顾。"

软银认同日美交流事业"TOMODACHI"的主旨，赞助在"3·11"大地震中受灾的高中生，前往加州大学伯克利分校参加为期3周的"TOMODACHI夏令营2012——软银领袖计划"。总人数为300人。当时美方的受理窗口就是日美外交关系协会。一般来说，担任受理窗口的NPO会把总预算的约30%作为受理费用，这是华盛顿的常识。因此，软银在某种意义上来说也是日美外交关系协会的赞助者之一。

"哦，您是软银的人。感谢贵公司作出非常卓越的贡献。"软银可以说是"好心有好报"。TOMODACHI计划在2012年2月展开，当时连想都没想过会并购斯普林特。但最后这两件事情却连在了一起。

"岛先生，非常抱歉。华盛顿在这个时间堵车很严重。"K跑了过来，简短地为艾琳介绍我原本在政界服务，现在担任孙社长的参谋，来华盛顿是为了取得并购斯普林特的许可。

“我听说过并购斯普林特的事。请您也务必与议员(指的是井上议员)见个面。”我与井上议员已经约好在12月6日见面了。

欢迎会开始。艾琳在开幕式上致辞。“今天,来自软银的岛先生也前来参与我们的活动,软银在TOMODACHI计划中作出了莫大的贡献。”我接受了参加者们的掌声。原本我只打算打个招呼就立刻离开会场。当时已经是日本时间早上5点,我相当于整晚没睡,但我告诉自己必须再坚持一阵子。

K街的说客

华盛顿是依照都市计划建造的城市,整座城市的道路也像棋盘一样整齐,因此只要听到街道名称,就能大致掌握地点。街道用字母来称呼,K街笔直地延伸到白宫北侧。

如果想对美国政治家展开游说活动,必须根据《联邦游说管理法》登记成为游说公司。游说公司的事务所从20世纪60年代开始就集中在这条路上。后来提到K街,指的就是游说行业。

软银在并购斯普林特的时候,借助了卡门集团的力量。卡门集团的老板戴维·卡门曾在美国国防部工作,后来成为说客。他的人脉以共和党为主,在华盛顿属于中等游说公司。

我在12月5日前去拜访卡门集团。在前台告知来意后,一位女秘书领我前往会议室。这里以玻璃墙隔开各间办公室,虽然看得见里面,却似乎听不到里面的对话。会议室也使用了玻璃墙。桌上有装着矿泉水与咖啡的水壶,还有装热水的热水壶与茶包,并且摆着比日本大很多的饼干。

老板卡门与员工走了进来。“哦哦,岛先生(只有这句是日语)。我常听说你的事,你与野田首相似乎也是朋友呢。”或许是因为有海外客户的关系,他用缓慢、清楚的英语说道。

美国有简报的文化。他们给我一份厚厚的档案,我一边看投影出来的画面,一边听员工的简报。卡门集团与斯普林特的政府公关部门合作,一起向有关信息通信的议员说明了这次的并购案。共有议员36位,目前已经向其中的25位说明完毕。

我问了他们审查的情况。他们回答,已经以2012年取得许可为目标,在上一年11月6日向司法部提交申请。FCC方面,也以在4—6月间获得许可为目标,在11月15日提出申请。这些日程,与我事前调查到的官方信息基本相同。但这么一来,委托游说事务所就没有意义了。日本所谓的游说,就是使其加速批准的意思。因为许可下来太慢,其间可能会发生意想不到的事情,所以希望能够想办法加快通过。

而且,简报中虽然提到已经向36位议员中的25位说明,但仔细一看,听取说明的几乎都是工作人员,也就是秘书。有些甚至只是“寄电子邮件给工作人员”就算说明完毕。我察觉他们的游说与软银社长室的工作属于不同层次。软银社长室不要说阁员了,有时甚至还得向总理说明,说动总理帮忙。我想起某日本企业的华盛顿事务所所长给我的建议:“通信是政府管制行业,在华盛顿的游说活动很重要。尤其是针对议会的对策,比与政府机关协调更重要。虽然可以借助当地律师事务所或游说公司的力量,但不能完全交给他们。必须通过将委托的内容具体化等,建立一个能够精准控制的体制。”

不过,我听着卡门的话,开始理解到无论是日本的永田町还是华盛顿，运作逻辑都是类似的。我看着一边微笑一边说明的卡门，开始觉得他看起来很像永田町常见的资深秘书。

“情况我了解了。总之，就是目前在审查上没有发生重大问题，对吧。但无论在日本还是美国，政治上应该都是‘永远没有不可能’。我们不知道议会那边会发生什么事情，那就让斯普林特与软银社长室联手去做吧！”

卡门露出谄媚的笑容，客气地开口说道。他这时的表情也很像资深秘书。“岛桑（如同前述，只有这句是日语），我听说在日本都是由岛桑代孙社长处理议会的问题。但是，请您理解，如果参议员最初见到的不是孙社长，在美国人看来是一件十分失礼的事情。我希望岛桑也转告孙社长，请他来华盛顿一趟。”

孙社长是商业上的天才，但在政治、行政方面并非强项。在日本的时候，我以社长室室长的身份辅佐他，让他专注在事业上，但这么做在美国行不通。我也听说卡门好几次请孙社长来华盛顿，直接与议员对话，但一直无法从孙社长之处得到满意的答复。孙社长似乎也问了K秘书课长：“我非得去华盛顿不可吗？”或许是因为在日本的时候，我几乎完成了所有的谈判吧。

我说：“我在学生时代学过，既然到了罗马就要像个罗马人一样行动，我了解您的意思了。”卡门笑了起来。“但是，孙社长很讨厌拜会之类的事，邀请他来必须要设定一个目标。譬如，我希望可以对孙社长说，为了提前在3月底前得到FCC的许可，请您来一趟。”卡门老板的表情稍微有点严肃，但最后还是答应了。

“还有一点。虽然您刚刚说，议员第一个见到的必须是孙社长，但我已经与井上参议员约好了。他是我的老朋友，因此请让我负责谈判。”卡门的强项是与共和党系统的议员交往，民主党系统的议员却是其弱点。因此，对于由我负责与民主党大佬井上议员谈判这点，他显得乐观其成。

会议结束后，卡门老板送我去乘电梯。在政治的世界中，会议结束后边走边聊的对话多半最为重要。我想这在华盛顿应该也一样，因此开口对卡门说：“国家安全问题是关键。希望孙社长来华盛顿的时候，可以见到你手上有关国家安全的最高层人脉①。”在我说这句话之前，其实已经事先调查过，卡门集团最高层的人脉就是美国参谋长联席会议主席柯林·鲍威尔。

万事忌无师

2012年12月6日早晨，华盛顿的亚当斯饭店。这家饭店与拉法叶广场相邻，松鼠在广场上玩耍，饭店与对面的白宫遥遥相望。奥巴马总统、米歇尔夫人与两个孩子在举行就职典礼、入主白宫前，就在这家旅馆度过了两周时光。

饭店的主要餐厅拉法叶厅有许多前来吃早餐的人，餐厅几乎客满。

“事实上，这家饭店的老板是一位名叫榎户樫代的日本女性哦。”华盛顿的日本商会会长Y先生这么告诉我。的确，日本特有的细腻服务会让人觉得舒适放松，在华盛顿也很受欢迎。

---

①分布在美国各军事力量主要兵种的首长小组。其机构与英联邦国家的参谋长委员会相类似，主要职能是兵种的协调和进行合作参谋，为国防部、国土安全部、国家安全委员会和美国总统提供军事咨询。

我偷偷拜访了华盛顿的AT&T、威瑞森、斯普林特的手机门店。整体来说客服质量并不好。就我来看，如果能提供细腻的服务，就有充分的胜算。因为，即使是美国人应该也会喜欢无微不至的服务。

“很久没遇到像软银并购斯普林特这样，能为日本带来新气象的话题了。将事务所设在华盛顿的企业也逐渐萎缩，参加华盛顿日本商会的企业也一直减少。请您加油。”这次造访华盛顿的目的，就是想知道美国的政治中心华盛顿，是如何看待软银并购斯普林特、进军美国的。但这么看来，至少旅居美国的日本人对此抱持正面的评价，这让我松了一口气。

“华盛顿日本商会希望从整个日本经济界的立场出发来努力。我们希望软银也务必加入本会，借此加深与华盛顿企业间的联系。”我没有回答会长的邀约，而是将美式早餐的香肠送入口中，借此稍微停顿一下以便转换话题。因为老实说，软银内部已经决定要将美国分公司的据点设在西海岸的硅谷，而非东海岸。

“话说回来，如果想在美国获得成功，需要什么样的心理准备呢？丰田的人告诉我，想在美国成功，最重要的就是以成为‘美国企业’为目标。虽然不可能归化成美国籍企业，却可以拿到永久居留权。他们给我的建议是，可以把目标放在成为握有永久居留权的美国市民企业上。”

“诚挚地做出有利于消费者与美国的行动很重要。除此之外，为了让消费者认识到你们是美国企业，赞助美国人喜欢的活动也是重点哦。斯普林特是NASCAR（全美运动汽车竞赛协会）的赞助者吧？这是一件好事呢！”

NASCAR是美国最大的赛车运动统筹团体,举办过许多赛事,而居于金字塔顶端的“斯普林特杯”,就是以斯普林特冠名赞助的赛事。我听到这个建议之后背脊发凉。孙社长在并购沃达丰时曾彻底削减经费。第一年削减三成,光是这样就已经很勉强了,第二年又因为“既然第一年做得到”再削减三成。0.7乘以0.7等于0.49,孙社长只花了两年时间,就削减了约一半的经费。孙社长一开始就拿沃达丰赞助的各项活动开刀。我也听说他已经开口抱怨NASCAR:“为什么这个活动要花那么多钱?”我立刻向孙社长报告。后来,“斯普林特杯”也得以继续举行。诚如日本随笔文学代表作《徒然草》中所说:“万事忌无师。”

话题转到斯普林特总部所在地堪萨斯市。

“其实,我儿子读的就是堪萨斯大学。那里是个有益健康的好地方,最适合慢跑了。”Y先生说。

堪萨斯位于美国中部,从华盛顿搭飞机过去约需3小时。据说“观光资源只有大草原”。牛群就养在看得见地平线的大草原上,当地特产是牛排。

“我还没去过斯普林特总部。孙社长好像去过,还吃掉一份大牛排。话说,斯普林特附近有一家叫作‘阪神’的日本料理店,大家都开玩笑说,来这里工作的第一件事,就是要逼老板把店名改成‘鹰’(笑)。”[①]

Y先生边喝咖啡边说:“这个工作对岛先生来说,说不定比取得政府许可还要难呢!您见过佐佐江大使了吗?”日本驻美大使佐佐江,是

①“阪神”,让人联想到日本的职业棒球队“阪神虎”,但软银旗下的职业棒球队名为“软银鹰”,所以才开玩笑说要把店名改掉。

前原外务大臣时期的事务次官。他是11年来第一位就任大使的前外务事务次官，当时正极力修复因政党交替而动不动就发生嫌隙的日美关系。

前原外务大臣时代的秘书官，似乎曾联络过佐佐江大使，联络的主要内容是："岛就拜托你了。"若非如此，一介民营企业的社长室室长是不可能轻易约到与大使见面的时间的。

"昨天见过了，与他见面非常有帮助。他甚至还答应在孙社长访美时，招待我们吃饭。"

无缘见到井上议员

我在12月6日午后前往国会山庄，目的地是国会大厦内由井上参议员担任主席的拨款委员会主席室。高88米、直径29米的巨大白色圆顶在晴空下显得耀眼，但我的心情却不明亮。突然召开的委员会，让井上议员无法在约定的时间与我见面，改由高阶职员代为接待。

我曾当过国会议员，所以很清楚国会的行程时常变动，有时必须突然出席委员会。尤其当时"财政悬崖"问题是头条新闻，拨款委员会应该很忙。我自己作出了合理的解释。

我接受了安检。日本国会议员拜访国会大厦时，可以跳过这个步骤，因此对我来说是初次体验。同行的成员带来了作为伴手礼的日本茶，在安检的地方被卡住了。由于茶是粉末状，因此必须请职员来拿，并当场打开。

一位女性职员到入口处来领取。

"这虽然只是日本茶，但很特别。我们听说井上议员的祖父出生于福冈县的八女市,因此准备了这个‘八女茶’。”

“谢谢您。我想议员也会很开心。”

我被带往参议院拨款委员会主席室。接待室里装饰着星条旗与夏威夷州的州旗,我在那里等待。随后出现了两位女性,她们分别是负责通信与贸易的高级职员。果然,我着实感受到“因为我是个男子汉”这句话真的有问题。

“请往这里走。”她们带我进入一间圆桌会议室。桌上贴着刻有参议员名字的名牌,座位似乎是固定的。她们向我说明,这里是拨款委员会室。一般的委员会审议,在参议院3个议员会馆的委员会室内进行。国会会议场上的表决顶多只是形式,负责实质审议的是委员会,这点和日本一样。那里的桌子呈U字形,我在议员时代参观过好几次。

在日本,相当于拨款委员会的预算委员会也在国会议事堂内的第一委员会室召开,其他委员会则在议事堂旁边有“别馆”之称的建筑物召开。这也和日本一样,我可以理解。

其中一个位子上摆着木槌,似乎就是主席的座位。

“这是井上议员的座位,不用客气,请坐。”我毫不客气地坐下了。

我顺利地结束对女性高级主管的斯普林特并购案的说明。她们很快就理解了,果然很优秀。

“孙正义社长将在年后访问华盛顿。届时务必请井上议员拨冗与我们见面。”她们莫名地坐立不安,我想应该是很忙的缘故。我开口道:“我很清楚国会的忙碌。”随后谢绝她们送我离开,径自前往纪念品店。

我走出国会大厦后,突然觉得有点怪。我得到的消息确实是井上议员去参加突然召开的委员会,但委员会室却没有召开会议的迹象。

我在回国10天后的12月17日接到井上议员的讣报。现在回想起来,可以推测他的病情应该是在我们约定的那天恶化的。葬礼于12月21日在华盛顿大教堂举行。奥巴马总统、克林顿都到场出席,并致悼词。奥巴马总统说,在他还是个11岁少年时,由于听了井上议员的演说而受到冲击性的感动,这也成为他立志从政的契机。

“我出身于母亲是白人、父亲是黑人的家庭,在印度尼西亚与夏威夷长大。当时,正是我开始思考‘想要融入这个世界,并非表面上看起来那样容易’的年纪。这个人就在那时出现了。他带着卓越非凡的战功,从社会底层奋力往上爬,和所谓参议院议员的形象相去甚远。但是,看到这个人(克服日裔这个不利条件)获得全美人民尊敬的景象,似乎告诉我在这样的人生中可以做到些什么。”

我一边将在国会大厦纪念品店购买的吊饰挂到圣诞树上,心里一边想:“真想将井上议员介绍给出生在无号街的孙社长啊!”

12 夏尔巴向导前往华盛顿

SANBO

2011年12月—2013年3月

每年都会举办聚集各国首脑的峰会。因为是峰会，所以在首脑正式会谈前负责事先交涉、准备的首脑幕僚，就被称为“夏尔巴向导”。据说，如果没有尼泊尔山岳民族夏尔巴人的协助，就不可能登上世界第一高峰珠穆朗玛峰。夏尔巴向导不只是登山向导。他们会事先探路，打造一条确定安全的路线。据说实际攻顶时，很多夏尔巴向导会带着队伍来到山顶前，接着退到一旁说“请登顶”，将最后一步让给登顶者。

我对社长室的成员说：“珠穆朗玛峰的夏尔巴向导，正是你们的目标。”这句话的重点就在于，我希望他们成为迈向世界第一高峰的领路人。

孙社长预计在3月访问华盛顿，我也必须化身为夏尔巴向导，加紧准备。

政党交替

周围的政治环境发生了剧烈变化。原本会是靠山的井上议员，在

2012年12月17日与世长辞了。野田首相寄了一封信给井上夫人表达哀悼之意,同时也对井上议员致力于发展日美关系表示感谢。野田首相在前一天,12月16日的众议院选举中惨败。他表示"虽然极其遗憾,但政治以结果为责任",并辞去民主党党魁。民主党在执政3年3个月后交出政权。

"民主党搞砸了呢。"孙社长在大选之后第一次看到我时这么说道。的确,我觉得就算输,也应该可以输得稍微好看一点。"政治就是这么一回事。"我也简短地回答。

12月26日,第二次安倍内阁在第182届特别国会中展开,新总务大臣由新藤义孝先生担任。新藤总务大臣和我在同届当选议员,我们曾在新科议员时一起参加国家安全委员会的视察。

电气通信企业者协会的新年团拜

2013年1月8日,例行的电气通信企业者协会(TCA)新年团拜在霞关大楼35楼大厅举行。

这个就是每个月发表手机新增用户数量的机构。会长由NTT、KDDI、软银3家公司轮流担任。

这年的会长是KDDI的田中孝司社长。他在出口迎接会员。前一年的会长NTT的鹈浦博夫社长、都科摩的山田隆持社长等人也都出席。他们礼貌地向总务省官员等人祝贺新年。

另一方面,软银的孙社长缺席,宫内谦副社长也只出席理事会,他对我说:"岛先生,换你上场。交给你了!"然后就神清气爽地回去了。这点说起来也很有软银的风格,而这也是软银不被业界理解的原因之一。

总务省的官员与记者都出席了,我为了展现存在感,总是站在前方。

田中社长开始新年致辞。"各位新年快乐。今天欢迎公务繁忙的片山皋月政务官来到现场。不久之后,新藤总务大臣也会赶来。"这是自民党取得政权后的第一次TCA新年团拜会。新政权将实施什么样的信息通信政策备受瞩目。

新藤总务大臣在致辞中进入会场。他用眼神向我致意,接着站到最前排。我向大臣靠近两步站到他身旁。

"恭喜您就任总务大臣。"田中社长的致辞还没结束,因此我们低声说话。

"其实我的第一志愿是国家安全相关大臣,但他们不让我当。"或许是因为同届当选议员的安心感,他在我耳边俏皮地说。

我们在国安、外交方面的政治理念虽然不同,但他作为一名政治家方面也采取了符合这个身份的一致行动,我对此抱持着敬意。

"孙社长将找机会拜访您。"

"期待他的来访。"

新藤大臣在司仪示意下上台致辞:"各位新年好。信息通信产业的市场规模为83万亿日元,占所有产业的9%。参与TCA聚会的各位肩负着如此重要的产业,但我听秘书官说至今为止都只有副大臣或政务官出席,这实在太失礼了,所以我今天来到了这里。"

的确,大臣很少来到TCA的聚会。

"TCA也不应该只是交流会,还必须对信息革命提出大胆建议。

就因为什么都没做,才会受到轻视,就连大臣都不出席,致辞也只派代表过来而已。你们也想做一些更受瞩目的工作吧?"这是2007年,孙社长担任TCA会长时,对事务局说的话。

世纪大和解

大臣的致辞与干杯结束后是交流的时间。我向NTT的鹈浦社长祝贺新年好。

"孙社长在美国吗?"鹈浦社长在"光之道"争论时还是副社长,我们当时上演了一场大战。根据媒体报道,他因为阻止NTT分割有功而获得认可就任社长。

"孙社长人在哪里是最高机密,恕我无可奉告。不过,或许正如您所想。"

"在美国开展事业很困难。我一开始担任持股公司的董事时,第一个工作就是从美国撤退。"

"可以向您请教详情吗? 在美国开展事业,必须注意哪些事情呢?"在媒体眼中,鹈浦社长与我似乎是势同水火的敌人。我们两人的单独谈话持续进行。鹈浦社长虽然是我们在国内的对手,但一提到日本通信产业进军美国,就觉得其真不愧是NTT社长。他用其经验与高度的见解给我建议,我向他道谢之后,才去别的座位。

软银移动通信公司的Y涉外部长靠过来说:"岛先生与鹈浦先生聊了15分钟以上呢。大家虽然都想知道你们在聊什么,但是谁都不敢靠近,只敢远远围观哦。"

我因为口渴而向侍者拿了一杯红酒,喝了一口之后回答:"我们在聊世纪大和解哦。”

体型高大的都科摩山田社长,正神情愉快地与记者说话。根据预测,新年度2013年度,软银的营业利润在国内的会计标准下,将冲上8000亿日元大关,都科摩则是持平,大约维持在稍微超过8000亿日元的水平。射程距离拉近了。

软银刚通过并购沃达丰加入移动通信行业时,用户数是1600万人,营业收入、营业利润都往下掉,利润减少再减少。媒体写道:“软银买贵了,这是场失败的并购。”当时的都科摩,完全就是高高在上的存在。而现在,营业利润终于达到完全可以够得到都科摩后背的程度。

“既然加入这个行业,我就想在那个领域成为第一。你们觉得要在有几万家公司竞争的市场上拔得头筹比较难,还是在只有3家公司的市场上呢?”这是孙社长在2006年说的话。

的确,如果有好几万家店处在完全竞争状态下,竞争优势来自师傅的手艺,譬如制面方法,或是水质等,我能够为软银的跃升带来的贡献应该会少很多吧!

但是,移动通信只有3家公司在竞争。软银采取的大战略是封锁垄断企业NTT集团旗下的都科摩的不对称管制,在优势的战略环境中展开经营。这个大战略取得了某种程度的成功。在这样的过程中,也能看到暗地里声援软银的改革派官员的身影。不仅如此,许多总务省官员也鼓励软银并购斯普林特。

孙社长过去曾以总务省为对象大放厥词:“给我打火机,我要淋上汽油死在这里!”而这样的总务省还愿意声援我们,真的可以说是“世纪大和解”吧!

12
夏尔巴向导前往华盛顿

占一个好位置

2013年1月10日，新年团拜会在总务省的大厅举行。以新藤总务大臣、柴山昌彦副总务大臣为首的政务三巨头，次官、局长以下的总务省干部，以及NTT的鹈浦社长、KDDI的田中社长等信息通信相关的企业大佬都列席参加。孙社长却没来。

据说孙社长的专注力惊人。处理某项工作时，就只能专注在这项工作上。除此之外，无法做其他事情。

那是2001年，软银展开Yahoo!BB宽带业务时的事。当时的总部在水天宫前，东京的日本桥、浅草一带，属于较早发展的区域。孙社长宣布“接下来我要专注于宽带业务上”后就离开了总部大楼，与五六位工程师一起窝到对面商住两用大楼的某个小房间里。接下来，他从早到晚都在处理宽带业务。听当时与现在都担任社长秘书的K说，当时包括重要客人在内的所有会面都必须取消，压力很大。

过了10年之后的现在，当然不可能做到这个份上，但孙社长的本质没有改变。我也不是不懂孙社长的心情，比起出席总务省的新年团拜会，他更想专注在处理斯普林特的并购案上。前一天，宫内副社长依然爽朗地对我说：“岛先生，我没办法去总务省，所以就交给你了！”

事实上，社长室的成员已经在安排孙社长拜会大臣的日程，而且几乎已经确定是后天的12日。孙社长也是基于既然后天就要拜会，而作出了今天不必出席的判断。即使政党交替，我还是希望新政府能继续支持斯普林特的并购案。更确切地说，我希望新藤总务大臣在美国大使约翰·鲁斯前来拜会时，和樽床前大臣一样对他提出期望美国政府顺利批准并购案的请求。外交需要持续性,所以我觉得这个要求并不过分。而且,既然都要去总务省,我也提出希望柴山昌彦副大臣也同时参与会谈的要求。孙社长很难抽得出时间来,所以目前正为了能够有效率的运作而进行最后协调。“大概只有软银社长室,会提出希望与大臣、副大臣同时会谈的要求吧!”负责协调行程的成员听到大臣室这么说,也感到无奈。

在社长、副社长都缺席的情况下,必须提高软银集团的存在感。我走到会场最前排的中央。新藤大臣的致辞结束后,我一边拍手一边看向两旁,在我右边的是NTT社长鹈浦,左边的则是KDDI社长田中。他们为了接受政务三巨头的致意而从讲台上下来。

身后有人拍我肩膀,是T总务审议官。总务省由自治省、总务厅、邮政省3个省厅整合而成。次官(辅佐大臣的官员)只有1人,因此三省厅各派1人出任“总务审议官”这个第二高的职务。T总务审议官就是邮政省的实际最高领导。

“右边是鹈浦先生,左边是田中先生。您占了一个好位置呢。斯普林特的并购案请加油。我负责国际事务,因此会声援你们的。虽然时间不长,不过我也曾在华盛顿待过。”他就像以改革派闻名的官僚,似乎对软银进军美国抱有好感。

新藤大臣前方排着一列想向他致意、与他交换名片的企业界人士。身旁的秘书官将名片递给大臣。我前天才与大臣说过话,因此向T总务审议官行了个礼就走向柴山副大臣。

柴山副大臣的父亲是软银的监察人。2010年,自民党在野时,他曾与竹中前总务大臣一起拜访过软银。

我原本觉得，是否不要让太多人知道柴山副大臣的父亲是软银的监察人比较好，但他本人似乎不太在意。

“岛先生，父亲承蒙您的照顾。并购斯普林特很了不起呢，我很期待。”

“谢谢您。听说后天您愿意拨冗与孙社长和我见面。”

“是的，秘书官说大臣那边没问题，但我这边还在调整行程。孙社长也很忙吧，我们会在明天得出结论。”

比向大臣致意更重要的事

1月10日晚上，也是社长室成员的新年聚餐日，地点就在银座的德国料理店洛梅尔。洛梅尔是大正十四年（1925）创业的德国料理名店。谷崎润一郎的小说《细雪》中，有这样一段内容：“妙子说，既然要去银座，她想去听说过的新格兰或洛梅尔，所以最后决定去洛梅尔。”

新年聚餐在晚间7点开始。就在我们用德国啤酒皮尔森干杯、品尝德国香肠时，成员N的电话响了。他离开座位去接电话。这是常有的事，因此无人在意。但他回来之后却带着有些为难的表情。“社长秘书K打来的电话。他说社长无法从美国回来，所以后天没办法去大臣那里拜会，希望我们取消。该怎么办呢？”

我不由得停下切香肠的手。“与大臣的见面完全敲定了吗？”

“还没，还要看柴山副大臣的时间，所以没有完全敲定。”

“这样的话，立刻打电话给总务省，把与大臣、副大臣的会面延期。孙社长那边，应该发生了比与大臣见面更重要的事，我明天再向大臣及总务省说明。”N看起来既不满又带点不安。他是计划和我们一起前往华盛顿的“夏尔巴向导”。我原本计划在孙社长与大臣会面时，务必请新藤大臣站在日本政府的立场对鲁斯大使提出请求，N也知道这项计划，因此更是会有这样的反应。但他依然听从指示，拨电话给总务省。

事实上，我已经接到初步消息，听说美国司法部可能要求正在审理斯普林特并购计划的FCC暂时不要通过计划。详细情况还不清楚，但初步消息只要有这些就够了。发生紧急事件时，有初步消息比没有好。即使消息不正确、太过夸张也无所谓，首先要“先有消息”，接着再做好准备，等待进一步的消息即可。我告诉员工即使粗略也无所谓，总之要尽快将信息送来。

我刚才在晨会中提到，在司法部可能要求FCC暂停审理的时期，能够安排大臣与副大臣和孙社长会面很幸运。

孙社长也很清楚社长室安排的这场与大臣、副大臣的会谈有多重要。这时候，孙社长正在与斯普林特的大股东会面，一个接着一个地说服他们。在那里应该发生了比和大臣的约定更重要的事。我好像听到孙社长有点抱歉地说：“岛先生，日本政府那边的应对就交给你了，一切拜托。”

我一口气干掉德国的皮尔森啤酒。虽然清爽，却含有一点苦涩。

越界偷跑

1月28日，我接到的进一步消息指出，FCC可能暂时不会作出判断。因为美国电信工会（CWA）在28日向FCC提出的文书中指出，软银在美国的通信网，存在“网络安全风险”。

到了29日，我终于得知详情。请FCC暂时按兵不动的是司法部、国安局以及联邦调查局。从国家安全保障与法律执行面来看，调查需要时间，他们要求FCC在调查结束之前暂停并购计划的审查，等调查结束后再根据结果作出“适当的回应”。

CWA当中，来自AT&T 与威瑞森的成员较多，来自斯普林特的成员较少。以日本人的逻辑来推测，软银的加入能够刺激竞争，这对消费者来说虽然是好事，但工会成员并不乐见，所以他们会站在反对的一方。再者，可以想见，两家公司的经营者都享受着垄断的好处，因此也气脉相连吧。但这顶多只是我的臆测。我指示成员们向华盛顿的斯普林特政府公关部门打听详细情况。

这段时期，软银的法务部门常对我说：“岛先生，请小心别越界偷跑。”所谓的越界偷跑，就是明明还没完全取得政府许可，却跳过这个步骤，向对方企业下达指示或命令。我也告知孙社长必须小心。

“斯普林特、软银移动通信公司每周都会举行视频会议。双方经营者也每月一次在美国、日本分别举行面对面的经营会议。我很清楚越界偷跑的后果。因此，在这些会议上只是互相学习。绝对不会下达任何命令与指示。”这是孙社长在访问中的发言。尽管如此，对于将做最坏打算奉为基本方针的社长室来说，也会思考使用“经营会议”这几个字是否妥当，但我觉得孙社长不做指示、不下命令似乎已相当克制了。至少，他没有使用在软银经营会议中常说的“你是白痴吗”等激烈言论。

永远正面思考

2013年1月31日，软银举办第三季度业绩说明会。当时日本媒体对软银挑战美国市场抱有怀疑论调，因为日本市场的特征与美国不同。

面对批评时，立刻作出合理回应是孙正义的做法。他在业绩说明会中，主张并购斯普林特有三个综效（synergy）[①]。

第一个综效是智能手机。只要软银与斯普林特合并，智能手机的销量就会变成2170万台，超过都科摩880万台的2倍，约为KDDI 560万台的4倍。采购的手机越多，谈判能力就越强。这么一来就更容易针对芯片、频率、价格、预载内容等提出要求。

“至今为止，都科摩都是日本第一，因此，以移动电视为首的各项服务，制造商都会依都科摩的规格来制作。这样的情况持续了27年。”

日本的手机因为发展方向独特，而被称为“加拉巴哥手机”，简称为“加拉手机”[②]，日本恰好有1.2亿人的市场，手机制造商只要待在日本国内就满足了，所以才会在手机发展的过程中，输给一开始就考虑到全球市场的美国，或者因为国内市场过小而不得不思考国际战略的韩国三星等公司。

孙社长在公开场合中虽然较为收敛，但他在私底下常说：“孜孜不

①是指两个或多个不同的事业、活动或过程结合在一起所创造出来的整体价值会大于结合前个别价值之和的概念。综效通常会在公司的年报和公司的信息发布中讨论，这样做的价值通常是为了将这项特殊的行动合理化。

②加拉巴哥群岛是接近南美洲赤道的小岛，岛上的生物沿着独自的方向进化，与外界没有交流。这就像日本的手机行业一样，在孤立的市场环境下，独自进行产品开发，因而丧失了与外界的互换性。

倦地研发只在日本通用的技术，是'白痴'才会做的事。只要能够获得符合全球标准的全球最棒商品的这项'武器'，就能挑战全球市场。"话说回来，织田信长实现天下布武的原动力，也是由于火枪这个外来物品。

"提高智能手机的供应能力是最大的综效。虽然斯普林特面对威瑞森的2880万台，AT&T 的2690万台而不得不陷入苦战，但只要与软银联手，就能与这两家公司平起平坐，改变不利的情况。"

第二个综效是网络与移动通信设备的投资。全球最高额的网络设备投资，是中国移动的206亿美元。软银与斯普林特联手，投资额就能达到133亿美元，超过AT&T 的108亿美元、威瑞森的89亿美元，达到全球第二的规模。

"中国移动虽然是全球第一，但其供货商多半是中国企业。若与斯普林特合并，软银就能成为全球企业爱立信、诺基亚、西门子等的全球最大客户。这么一来，就能一口气提高软银在频率、内建机器、价格等方面的谈判能力。"孙社长像平常一样不断说出"全球第一"，透露出未来将以参与制定全球标准为目标。

第三个综效是从日本Telecom、沃达丰、WILLCOM培养出的V型恢复方法。"我们在移动通信方面的营业利润率达到52%，在全球独占鳌头。斯普林特的营业利润率虽然是16%，但我能利用过去V型反转的经验翻转这样的情况，在近期内将这个数字提升到30%。"

他也乐观地提及可能触犯越界偷跑的视频会议："我昨天傍晚，才从美国回来。每周二早上，斯普林特与软银的成员都会举行视频会议。软银的董事与斯普林特的董事，每个月也会举行两次面对面会议，一次在美国，另一次在日本。通过这些会议，我越来越有自信，这场并购没问题。”

开阔的胸襟，不管形势多险峻也能看见好的一面，正是这名“从19岁开始只当过社长的男子”的特点。实际上，星期二的会议是在日本时间的星期二早晨，美国当地时间的星期一傍晚召开。斯普林特的管理层习惯下班时间一到，就赶快回家烤肉的生活状态，因此对于这样的会议安排相当不满。而会议也因为害怕有越界偷跑的嫌疑，总有隔靴搔痒之感。但是，孙社长永远只把焦点放在机会上，以乐观的态度来看，就能获得好几倍的力量。据说，“没问题、没问题”是松下幸之助挑战困难的工作时常说的口头禅。

悲观的准备，乐观的执行

1月30日，业绩说明会的前一天。驻美公使大鹰回国，前来软银拜访。我从他口中获得了安倍首相即将访美的消息。这次的访美相比国家安全问题，或许经济问题才是重点。我再次拜托他在3月孙社长访问华盛顿时，安排孙社长与佐佐江大使会谈。这是双重确认。

从1月31日开始，我将因能源问题访韩，总务省的高官在访韩的准备会议中打电话过来。“岛先生，今天鲁斯大使前来拜会新藤大臣。新藤大臣对他说：‘期待美国政府顺利批准斯普林特的案子。’总务省也会成为你们的后盾，请加油。”

我拜托政府高官，如果鲁斯大使拜会新藤大臣，并提到斯普林特的案子的话请一定告诉我。政府高官也理解，这是我“必须知道”的消息，于是与我联络。我松了一口气，这么一来就能心无旁骛地前往韩国出差了。

“悲观的准备，乐观的执行”是我担任社长室室长的方针。樽床大臣也向鲁斯大使提出希望能够顺利通过斯普林特并购案的要求。政党在2012年的2月交替，我基于避免美方以为日本政府将因政党交替而改变方针的考虑，重新向新藤总务大臣提出请求。这也是双重确认。

隔天31日。我在韩国首尔的青瓦台与总统幕僚任盛彬见面后回到旅馆，通过网络直播观看孙社长在业绩说明会上的简报。羽田机场到首尔只要飞2小时20分钟左右，感觉就像在日本国内出差一样。

我查看邮箱，斯普林特的公关部门寄来要求司法部“暂停审理”的正式回复。“针对重要并购案国安部门进行调查是一般手续。我们针对在2013年年中完成并购的预计没有改变。”换句话说，这封信的主旨是，司法部要求“暂停审理”的情况很常见，完全不需要担心。我读这封信时，心里似乎觉得这不太妙。我在政界服务时，对于那些说大话，认为“不，这没什么大不了，不需要担心，没问题”的报告，也会特别留意。

乐天派的人，也同样会说大话、制定草率的计划，一旦遭遇意料之外的难关，就会突然变得消极，陷入悲观、无法思考的状态。这样的人我见多了。在工作上也一样，准备时乐观，遭遇困难时变得悲观，这是最糟的情况。比较好的方式应该是“悲观的准备，乐观的执行”。

我以悲观的想法，考虑孙社长在3月造访华盛顿前，应该采取的行动计划。首先是前往华盛顿，与卡门、斯普林特、大使馆再次确认。其次是重新安排之前延期的新藤总务大臣、柴山副大臣与孙社长的会谈。我将以上事情告知身处东京的Y秘书后,在饭店的酒吧点了一杯麦卡伦威士忌。

网络安全问题

我在2013年2月13日11点抵达华盛顿,奥巴马总统前一天刚发表完国情咨文。如果国情咨文尚未发布,就无法确定白宫对网络安全采取的方针,因此我选在这天到达华盛顿。蔚蓝的天空对这个季节的华盛顿来说相当稀奇,到处依然留有残雪。

我直接前往委托游说政府通过斯普林特案子的说客卡门集团。“哦,是岛啊!”卡门老板堆出如永田町资深秘书般的笑脸迎接我。会议室中准备了咖啡、红茶、三明治。这是一场午餐会议。

工作人员开始简报。美国人在学生时期就接受过简报的训练,因此说得很好。但听了几次之后就能知道他们的模式。他们的逻辑会配合简报软件的模板,所以能够猜到接下来要说什么。此外,当事情进行得不顺利时,也会熟练地说明不顺利的理由:“为您报告议会的游说情况。我们已经向150名国会议员及33名州议会议员进行说明。议员的反应基本上差不多。越来越多的议员了解到,软银的加入,能为消费者带来利益。”

12月时还只向25名议员进行了说明。他们用图表来展示自己做了不少游说活动。我严肃地问道:“我理解你们确实进行了游说活动。但是司法部、国安局,甚至连联邦调查局都要求FCC暂停审查,你能分析这是基于什么样的原因吗?就结论来说,这对于批准时间会有什么样的影响呢?”

卡门老板或许觉得这是重要的问题，因此代为回答：“司法部在去年已经如期批准了。FCC方面，1月28日有10件异议提出，其中也包括AT&T 与CWA。斯普林特已经于昨天提出反驳。司法部则表示在调查结束之前，暂时不要通过审查，因此我们推测批准的时间将延到6月左右。”

我心想：“真糟糕。”之前不是说过许可应该会在“樱花绽放的时候”下来吗？如果是社长室的成员，一定会被大吼：“你们早就应该要料到会有提出异议的情况，并事先采取对策吧！”

“我听到奥巴马总统在国情咨文中也提及网络安全。可以想见国家的安全问题应该很棘手，你们怎么看？”国家安全目前在华盛顿是热门议题。这个问题从3年前开始讨论，法案也在2012年的国会中审查，但尚未立法。以AT&T 为首的移动通信商认为，这项法案可能导致管制变得更加严格，因此它们站在反对的立场。这点斯普林特也一样。

但是，情形在2012年底大幅改变。《华盛顿邮报》与《纽约时报》等网站都遭到攻击，美国政府的危机感一下子提高。由于奥巴马政府削减国防经费，因此国防部、国防相关说客将网络安全预算视为新的财源，为此蠢蠢欲动。

“没错，国防问题相当受到瞩目。具体来说就是网络安全问题。孙社长来华盛顿时，大家的提问可能都会集中在这一点上。美国小组内部有意见认为孙社长此时来访有风险，最好在并购案批准之后再前来。但我觉得，在并购案批准之前访问华盛顿，针对网络安全问题与带给美国市场带来的经济效益等，对参议员等关键人物进行游说也很重要。”

彼得·德鲁克曾说:“对外谈判是只有居高位者才能处理的工作。其任务包括处理与顾客、交易对象、金融机构、工会、政府机关间的关系。这些关系将会影响到面对环境问题、社会责任、雇用、立法的态度以及采取的相关决定或行动。”

孙社长在德鲁克所说的高级经理人需具备的其他能力方面,譬如“思考事业的目的”或“决定愿景与价值标准”等方面都是天才;但“对外谈判”的相关工作却是他的短板,而这也是我存在的价值。但我想这次孙社长不得不亲自上阵,传达软银将会注意国安问题的信息。

政界常说“掌握行程者就能掌握政治”,商场上的高级经理人也适用于相同原则,我依循着这个原则进行思考。我掌握到的消息是,安倍首相将于2月下旬访问华盛顿。美国议会只会在和日本关系触礁时行动。至少在首相刚结束访问时,双方的关系应该不错。3月是绝佳的时机。我对卡门老板提出这样的意见:“我完全赞成孙社长访问华盛顿。3月中旬应该不错。我会建议孙社长拜访华盛顿。”

夏尔巴向导,前往华盛顿

我把自己当成夏尔巴向导,针对孙社长访问华盛顿进行具体评估。访问对象是FCC、美国议会、媒体。我这次依然要求卡门集团安排他们手上最高层的人脉。在FCC方面,孙社长将会与以会长为首的5位委员全数见面。此外,还有美国议会参议院、众议院院长、相关委员会会长,以及当然不能忘记的斯普林特总部所在地堪萨斯州选出的参议院、众议院议员。

我向进军美国的前辈,丰田与东芝的华盛顿事务所所长请教的结果是:“最乐意帮忙推动的是工厂所在地的议员。如果掌权者愿意在这个案子上运作,是最好的情况。”幸好我得到的消息是,工厂所在地的堪萨斯州相当欢迎软银将资本注入死气沉沉的斯普林特,使其恢复活力。

我们也严格挑选出了有影响力的媒体,安排孙社长上节目。孙社长传递的关键信息是:一是重视国家安全,一定会做必要的努力;二是将对美国经济作出贡献,这点双方一致同意。

在此,我向卡门询问我最担心的事:“FCC会长很有可能会随着奥巴马第2届任期的开始而换人。继任人选是谁,这对政府许可的取得又会带来什么样的影响呢?”

不知道是否是因为我知道得太详细,卡门脸上浮现出惊讶的表情。他解释道:“各种传闻都有。譬如前任会长亨特(Reed Hundt)的亲信,或是民主党系统的女性委员获得提拔等。但是,不到最后不会知道人选。”

“这是人事异动,我能理解不到最后一刻是不会知道人选的。但是,FCC会长需要经过议会同意吧?继任者最快也要几个月后才能就任。如果拖得更久,斯普林特案的许可不会延迟吗?”

卡门收起永田町秘书的谄媚笑容,换成严肃的表情说:“没错,所以我才请孙社长过来。让我们努力争取在现任会长的在职期间取得许可吧!”

我在2月16日,与斯普林特的政府公关部门小组开会。当然也会小心不要有越界偷跑的嫌疑。

美国各州的独立性很强。因此也必须通过州一级的审查手续。我们针对包含华盛顿特区在内的24个州,提出固网与无线业务的申请,当时已经取得14个州的许可。

“要取得夏威夷的许可吗?夏威夷与日本很近,不如由我负责吧。”

“你想去夏威夷不是因为近,而是因为可以顺便度假吧!”我想能像这样开玩笑正是因为我们逐渐成为团队队友的关系。虽然加利福尼亚州与宾夕法尼亚州都有消费者团体与竞争对手提出异议,但根据报告来看问题不大。

下午的行程是拜访日本大使馆。这是我在政党交替之后,首度与驻美大使佐佐江会谈。我和总务省派遣的参事官一起向他报告:“新藤大臣期待斯普林特的并购案能够尽早通过。”佐佐江大使也再次表示支持。

这也是继2012年12月之后的第二次会谈,我主动提出了访问韩国的事情。大使似乎误以为软银也考虑开展包含韩国与朝鲜的计划,因此给我建议:“孙社长的脑海里是没有国境的吧?但如同岛先生所知,国境俨然存在。接下来美国对于朝鲜,可能采取更严厉的态度。”

国境俨然存在,这是政治与商业最大的不同。距离晚餐还有少许时间,我请司机带我绕一绕华盛顿。阿灵顿国家公墓正在举行仪式,或许是葬礼,但我不确定。这里有座在硫磺岛折钵山插上星条旗的海军队员的雕像,象征海军队员的勇气。听说这座雕像的原型将在2月22日在纽约拍卖,媒体预测成交价格将在120万—180万美元。时代确实在改变。

我有一个梦想

从华盛顿达拉斯机场飞往日本的直飞班机在正午左右起飞，我们大约10点左右从饭店出发即可，所以还有时间从五月花饭店到白宫、林肯纪念馆前的大型商场周边散步。这天温暖晴朗，是2月少见的天气。由于是星期六，前往商场购物的人在车辆不多的朝阳中更加引人注意。

“我有一个梦想。我梦想有一天，在佐治亚的红山上，昔日奴隶的儿子，将能够和昔日奴隶主的儿子坐在一起，共叙兄弟情谊。我梦想有一天……”1963年8月28日，马丁·路德·金博士面对超过20万名听众的那场动人演讲，就在林肯纪念馆前发表。

“我有一个梦想。”我在政界服务时，好几次在演说中使用了这句话。那时的梦想就是“政党交替”。过去的伙伴实现了我的梦想，但因为治理能力不足，民主党政权3年半就瓦解了。

我还有一个梦想。那就是让纯民营企业软银超越国营企业起家的都科摩，使日本经济朝向更高的阶段发展。用孙社长的话来说，就是“10年内超越都科摩”。现在距离实现这个梦想，只剩下最后一步。

我回到五月花饭店，下楼到大厅准备退房。从排在柜台前的队伍中传来熟悉的声音，是东京大学教授伊藤元重。

“早安，伊藤老师，在世界商业卫星节目中承蒙您的照顾。您这次来华盛顿是为了参加国际会议吗？”

伊藤教授的随行者回答：“伊藤老师是来进行关于安倍经济学的演讲的。日本在美国的存在感变得比以前更高，不但日本相关的报道增加，也很久没有像这样受到比中国、韩国更高的关注度，演讲也盛况空前。”

只要发生政党交替，经济政策的方向也会大幅改变。安倍首相从第一次安倍内阁的失败中吸取教训，这次不再只顾着自己感兴趣的修宪，而是把重点放在经济政策上。他推出的“安倍经济学”让股价与汇率产生相当大的反应。在股价方面，日经平均指数上涨了近30%，日元对美元的汇率也下跌了10日元以上。这些都是安倍经济学的效果。

“孙社长在并购斯普林特时说的那句‘因为我是一名男子汉……’说得很好呢。我在演讲中也提到，进入防守状态的日本企业必须学习软银，勇于背负风险进行投资。”

我回答伊藤教授：“谢谢您这么说。不过，也有媒体人士提醒我，在美国必须小心这种可能会被理解成性别歧视的发言。还有人告诉我，日本因为少子高龄化的关系没有太多奢求，但如果把美国与日本想成一个市场，‘我们国家’就还有很大的成长空间之类的发言也必须注意。因为美国人觉得自己才是第一。”

伊藤老师露出知性的笑容，静静地听着。我继续说道：“这次交易在1美元兑79日元时发表，结果在调整过程中变成82日元，我觉得发表的时机绝佳。”

“活用日元升值对海外进行直接投资，真是太了不起了。你们是基于什么样的判断标准作出这个决定的呢？”

我在议员时代曾待过预算委员会、财务金融委员会，所以对于日元升值、贬值可以发表一番看法，但也没有笨到在伊藤教授面前班门弄斧。

“我会请孙社长找机会与您对谈，到时请直接问他。”

“我很期待。话说回来，岛先生，你想再回到政界吗？”

他是我政经塾时代的老师，所以我老实回答：“是的，我想。”

因为，“我还有一个梦想”。

这件事情还有后续。2013年6月17日，斯普林特的并购案终于尘埃落定，孙社长与伊藤教授、庆应义塾大学的村井纯教授等人有一场会谈，那时伊藤教授问孙社长：“您在1美元兑换79日元时下决心的理由是什么？”

“这是我去美国好几次后的亲身感受。1美元兑换不到80日元，不管怎么看，我都觉得美元太便宜了。不过，最后靠的还是我的‘直觉’。”

伊藤教授感到佩服，重复了好几次“原来是直觉啊”。

与副大臣的对谈公开在推特上

2013年2月18日星期一的8点55分，我搭上到家里来接我的出租车出门。前一天17日凌晨3点才刚抵达成田机场，但早上9点半就安排了与负责信息通信的柴山副总务大臣的会面。

霞关的驻总务省记者晚上都工作到很晚，所以早上不会太早上班。会面安排在这个时间，就不会碰到记者，也不会被问一堆问题，我觉得还算不错。我的基本方针是，大臣、副大臣与孙社长的会谈，最好尽可能隐秘进行。因为孙社长与大臣、副大臣会面谈的多半是重要事情。记者都很专业，如果他们撞见了，立刻就能猜到谈的是什么事情。

孙社长也从自家出发直接到总务省。我们在玄关前会合，接着前往10楼的副大臣室。事实上,我们原本也安排了与新藤总务大臣的会谈,但因为参议院召开预算委员会,所以临时取消了。

像软银这样的新兴势力进军其他国家必须注意的事情,与“建立新国家”必须达成的条件相似。我一直以来参考马基雅维里的《论李维罗马史》,将以下三个条件视为重点:

1. 确立与他国领导者间的友好关系。
2. 获得同盟者,确立可称之为同盟网的组织。
3. 无论如何,都要先取得胜利。

这三个条件说起来也是理所当然,但新兴势力往往会轻视1与2,NTT或KDDI等竞争对手就相当于他国。软银积极参加TCA的集会,仰赖NTT鹈浦社长的指导,目的就是1。

全日本的声援可以说是为了建立同盟网。我在前民主党政权下做到了这一点,但政党交替之后情况就变得不明朗。因此,首先拜访对软银进军美国最有可能表示欢迎的柴山副大臣,着手重新建构2。我们是新兴势力,还必须持续3。“无论如何都必须取得胜利”,否则立刻就会失去速度。

孙社长与我在负责课长的带领下,前往副大臣接待室等待。我趁着这段时间,向总务省的课长报告美国议会将严格对待网络安全的问题。

“让你们久等了。”秘书官带我们到副大臣办公室。柴山副大臣满脸笑容地迎接我们。

“孙社长,您满怀激情的经营企业,总是让我铭感五内。”或许因为是旧识,与副大臣的会谈进行得很顺利。孙社长说到打算充分考虑国家安全问题。“柴山先生,您就任副大臣之后在五月的黄金周会有一次视察。请您务必到美国视察主管信息通信的行政机关。安倍经济学也相当受到瞩目。如果您还能顺道去FCC就更好了。”

柴山副大臣似乎也对美国很感兴趣。

离开总务省之后,孙社长在回公司的路上对我说:“软银必须成为真正的全球化企业。我今晚就出发去欧洲。”

真正的全球化企业是什么呢?看来眼光不能只放在美国。

“与日本的政治、行政有关的事务就由我来处理吧!”

“感谢您!”孙社长的用词过于礼貌。他似乎察觉到我的困惑,也觉得对社长室室长说“感谢您”有点怪,又立刻改口说“谢谢”。这一点,就是他让我觉得“为了这个人我必须努力”的地方。

当我回到公司,在办公室办公时,社长室成员进来了:“岛先生,柴山副大臣把孙社长与他的对谈,发到推特上了。”

柴山先生与我互相关注,所以我立刻查看:“我今天与软银的孙正义社长、岛聪社长室室长及其他领导见面。他们提醒我在时代转变之际,是否能把眼光放远,描绘出一幅明确的未来图像。”他把孙社长与我的照片放了上去。这种开放的态度让我很感动。这件事情让我觉得,希望大臣、副大臣与孙社长的会谈尽可能保密的想法已经落伍了。

最后的收尾

《六韬》《三略》中“太公兵法”的基础，就从随时思考往后好几手的布局开始。将基础累积起来，在所有事情尚未发生之前处理完毕，等到决战之时胜负早定，事情的进展顺利到不可思议，这才是最好的情况。

3月1日，距离孙社长拜访华盛顿还有两个星期。布局最后的收尾工作，是安排新藤总务大臣与孙社长的会谈。

总务大臣室因政党交替而易主，桌上的计算机又回来了。

“新藤大臣，恭喜您就任。成长战略对于日本经济的成长来说相当重要。而成长战略成功的关键就在于IT产业。大臣，请您务必全力以赴。”孙社长虽然能够大方地打招呼与说出自己的意见，但即使是处理涉外事务的领导要求他“因为有这样的事情，请您向对方道谢”，他基本上也不道谢。所以，通常都是由我代为表达谢意。

“新藤大臣，我听说前一阵子您在鲁斯大使拜会时对他说了‘希望能够顺利批准’的话，非常感谢您。”

“虽然政府不宜插手太多，但我觉得这是能够振奋日本经济的重要事件，因此向他提出。听说美国有三个审查，进行得怎么样了？”他似乎在事前听过总务省事务官员的简短报告，所以知道得很详细。

“这三个审查分别是司法部、FCC与外国投资委员会。托您的福，司法部的审查已经通过了，还剩下两个。”

2009年发生了丰田汽车召回的问题。虽然最后的结论是丰田汽车没有安全问题。但是在事情尘埃落定之前，丰田曾遭到严重抵制。

前原国土交通大臣在2010年2月10日，与鲁斯大使的会谈中提及“希望丰田的问题不会影响美日关系”。当时距离事情发生已经超过5个月，而事情也到了丰田章男社长召开道歉记者会，并决定于24日出席美国议会听证会的阶段。

有些专家认为政府的反应太慢，而政府相关人员常说“政府插手企业的问题并不合适”。但是，从全球标准来看，代表一国的主力企业在国外遭遇危机时，没有一个政府会袖手旁观，不站在国家立场出面回应。若非如此，企业“为什么要缴高额的法人税给政府呢”？

话虽如此，我在担任议员时就很清楚，日本政府在面对美国时总无法有话直说。发生争执的时候更是如此。大臣愿意在发生争执前帮我们传话给鲁斯大使，是值得我们感谢的事情。

我们热烈讨论运用IT的成长战略。秘书官开始注意时间。

“我在3月中旬也会前往华盛顿传达我的想法。”最后由孙社长向大臣报告华盛顿之行。

离开时，我边走边对新藤大臣说：“我们在华盛顿也会一并与佐佐江驻美大使会面。”

“这样吗？请代我向佐佐江大使问好。”

这么一来，我写下的许可取得作战笔记：“1. 最后的撒手锏是大臣写给白宫的亲笔信。2. 由大臣对美国驻日大使提出冷静处理许可问题的要求。3. 请驻美大使协助。”其中的2和3都已经实行了。我想应该不需要动用到1。

总务省课长送我们去乘电梯。

“新藤大臣很坦诚地听我说话。下次请务必再让我与新藤大臣交换意见。”因为孙社长这么说,社长室成员N也附和道:“麻烦您了。”

总务省课长则委婉地回答:“我想孙社长也应该很忙。”这位课长就是孙社长在1月初突然取消与大臣、副大臣的会面时负责的人员。

13 孙正义的华盛顿风云
2013年3月—7月

弗兰克·卡普拉导演曾执导过一部名为《史密斯先生到华盛顿》(*Mr.Smith Goes To Washington*)的电影。剧情描述某位参议员突然去世,州财界大佬与州长为了贪图建设水坝的庞大利益,找来纯真的童子军团团长杰佛森·史密斯接任,他对政界一无所知。史密斯前往首都华盛顿,在美女秘书珊德斯的协助下,踏出了议员生活的第一步。

史密斯承受了来自与庞大利益挂钩的水坝工程推动势力的压力,并对毫无正义可言的议会失望,一度决意辞职。但是,珊德斯鼓励他说,在这样的时候更应该成为国家需要的人,于是他出席了隔天的议会。

史密斯要求发言揭发水坝工程牵扯的案子。他在真相大白之前不让出发言权,就这样持续发言超过24小时。他在发言台上当面质问推动自肥案的佩恩参议员时昏倒。佩恩因为正义之声而感到自责,企图自杀但没有成功,最后终于在议会场上坦白一切真相,承认史密斯的说法。史密斯的苦战因此得到了回报。

"只要主张相信民主与正义的信念,就能开拓一条胜利之路。"电影描述的是这样的美国梦。

孙社长在政治方面，具有与史密斯类似的特质。“吃亏也是正义”是孙社长的口头禅。他认为不能抛弃自己的理想。但是，正因为他与史密斯一样纯真，所以也具有危险的一面。

Google曾遭到华盛顿政府严厉的批评：“这家公司不知道硅谷的企业只准在沙坑中玩耍。”或许孙社长与施密特等来自Google的朋友交好的部分原因，是他认为只要怀着热情讲道理，就能开拓道路。

但是，想要进军美国，加入华盛顿的行列，只有这样是不够的。我觉得软银必须具备狐狸与狮子的两种特质。只有狮子的话，无法避免自己掉进陷阱；只有狐狸的话，便无法击退狼群。化身为狐狸才可以从陷阱中逃出，化身为狮子才能将狼群打败。

但是，即使如此，孙社长也绝对不能失去史密斯般的纯真。孙社长可以继续坚持他的座右铭“吃亏也是正义”，不足的部分就由我来辅佐。

“只要不在乎是谁的功劳，人的一生其实可以做任何事情。”这是美国第33任总统杜鲁门的话，也是我的行动理念。

与卡门集团的会议

2013年3月15日，华盛顿乔治敦入口的四季酒店。红砖打造的外观展现出沉稳的风格。孙社长从前一天开始就在此入住。我则是老样子，住在五月花饭店。

前一天与卡门讨论时，决定了与美国议会要人的会谈只由孙社长、斯普林特的CEO汉斯与卡门出席。

一般来说，通信行业与国家安全关系密切，各国政府都不是很欢迎外资来并购本国企业。“只要一涉及国家安全问题，所有计划都会泡汤”，这在美国更是如此。原来就认识的井上议员另当别论，如果身为日本前国会议员的我与孙社长一起和初次见面的议员会谈，可能会招致对方的警惕。基于这样的考虑我没有列席。

我问卡门：“孙社长个人的安保如何保证？”结果他回答：“这种事情去问保镖公司。”他们是游说公司，与社长室不同，这样的回答也是理所当然。最后决定由社长室成员代替保镖陪在孙社长身旁。

孙社长与游说公司的卡门老板在一楼的会议室开会，这是卡门老板第一次见到孙社长。“虽然我们在视频会议中见过，但今天终于能够实际见面，我感到很荣幸。”

“我也很开心能够见到你，请坐。”或许是第一次到华盛顿进行游说活动让孙社长心情沉重，他脸上挂着有点没精神的笑容，请卡门老板坐下。

“我们与卡门集团建立了非常良好的关系。今天卡门老板将随您前往。我的朋友中也有美国议员，所以我知道他们喜欢从林肯那时候就有的美国梦。孙社长走过的这段路，让他们很感动哦。”孙社长听到我这么说，就“嗯嗯”地点头。他已经决定了要对美国传达的信息。

“我16岁时只身赴美，在西海岸接触到IT与创业精神，因此回到日本创立了软银。我为了回报留学时教会我美国梦的美国，再次回到了这里。”孙社长身为企业领袖，无疑是一名杰出的讲故事高手，十分有魅力。然而，如果他讲故事的对象是自视为聪明绝顶的政治人物，他的故事常会被当作是胡扯。美国的政治人物会怎么想呢？我也有点忐忑。

我听卡门老板说，如果议员提出有关国家安全的要求，必须采取当场决断的方针。我能理解“议员提出要求，所以就让步”这种行为，因为我在日本也常做这样的事。

卡门老板拿出一份厚厚的名单，开始说明今天计划要见的人。2月讨论时计划见的人只有四五个，但因为我主张“给我更高级的人脉。这些人脉要用在3月14、15日这两天，所以需要更多的人”，于是谈话对象的级别也大幅提升到参议院民主党领袖哈里·瑞德、众议院院长约翰·博纳、参议员洛克菲勒等人。而会面的对象也增加到10人以上。FCC的面谈对象方面，也约好了格纳考斯基（Julius Genachowski）会长下属的4人。晚上还计划与前美国参谋长联席会议主席柯林·鲍威尔共进晚餐。

软银内部实行无纸化会议，开会时会用3个画面分别投影简报数据，然后孙社长依此作出判断。这样的孙社长，一边有耐心地看纸质资料，一边听卡门老板说话。

“时间差不多了。来访的记者已经在等我们。”这是K秘书课长的声音。我边走边用日文对孙社长说：“如果也能与奥巴马总统见一次面就更好了。”

“对啊。Google的施密特说，他随时可以为我引介奥巴马总统。”施密特在奥巴马总统第一次当选时辅选有功，也以科学技术咨询委员身份担任总统的顾问。能够若无其事地讨论与总统见面的事情，这就是软银社长室室长这个工作的魅力。

孙正义的美国梦

华盛顿一片晴空万里。从12月开始的4个月来,我已经是第3度造访华盛顿了。孙社长的游说似乎很顺利。如同前述,我没有列席,所以只能根据社长室成员回传的报告得知:“孙社长提到他的成长故事、在日本时的艰辛、只身赴美求学以及后来在日本获得成功的事情,并说明这次回美国是来报恩的。几乎所有的人,都被他的故事吸引了。”

孙社长是如何描述他的成长故事的呢?大约1年后的2014年3月11日,孙社长在华盛顿的演讲中提到成长故事,我想游说的内容应该与这场演讲几乎相同。这部分或许直接传达他本人的话比较好,所以虽然很长,我还是以直接引用的方式向读者们传达。

为什么我有如此的热忱呢?这是因为我把这个国家当成第二故乡。说不定以后也会成为第一故乡。

我搞不清楚自己的国籍。我出身于从韩国移民到日本的贫穷家庭,而韩国以前也属于中国。我的家族移民到社会最底层的地方,在日本也是最贫穷的家族之一。

我的家族以移民身份从社会最底层开始生活,而日本又是单一民族国家,所以我们的生活就如同各位想象般的严峻。由于日本是非常封闭的社会,虽然现在已经逐渐转变为更加开放、公平的社会了。虽然还是有与邻近诸国间的问题,但即便如此,现在还是比过去好多了。当时的情况远比现在严峻。

过去,我的家庭非常贫穷。我小时候一度想要自杀。学生时代,与身边同学不同的我舍弃了韩国名字而使用日本名字,伪装成了日本人,但每天都过得很辛苦。我想,即使我接受教育,从日本最好的大学毕业,但找工作时却不能再伪装,在简历上写下真正姓名的我,能找到工作吗?这种想法,让我觉得未来的人生一片黑暗。我的父亲由于病重吐血,他被送到医院时,母亲哭了。当时我的哥哥17岁,我16岁,哥哥只能中断高中学业开始扛起一家的生计。我们全家顿时失去了希望。

那时,我问父亲的主治医生:"爸爸快死了吗?"

医生回答:"不,他会活下来的,只是没有那么简单。"

哥哥高中休学开始扛起一家的生计时,我问哥哥也问自己,我是不是也应该像他一样放弃高中学业?后来,我在高中一年级时休学。我上高中的时间只有短短3个月。才3个月,我就休学了。但我没有立刻开始在家乡工作,而是作出了赴美的决定。我想,比我大1岁的哥哥能够在短时间内支撑这个家吧,即使我做与哥哥同样的事情,长期来看也无法改善家里目前的状况,不是吗? 于是,我决定前往美国留学。我拼命学习。另一方面,我也发现了一件事,这个国家虽然有各式各样肤色的人种,但所有人都能受到平等公正的对待。

我发现天空很晴朗,而我也开始怀有一个美国梦。总有一天,总有一天,如果我能在美国的大学毕业,我就能够不必隐藏自己的韩国名字,用这个名字成为了不起的人吧!我希望通过自己的努力能光明正大地使用韩国名字,鼓励那些在精神上受到压迫的孩子们,不再有自杀的念头。

这些人就能在人生中怀着小小的光芒、小小的希望。我想为这样的弱者带来希望。我也慢慢长大了，开始觉得必须做的事情不止这件，只做到这件事是不够的。我希望自己不仅能够帮助少数人，还能帮助许多人，不，我必须帮助所有的人。我先学习了信息科学，后来又专攻经济学。计算机是我的兴趣，我学习了美国的技术与科学以及美国发明的计算机技术。

现在正是我想报恩的时候。我真的很感谢在美国所受的教育，我想回报美国给我的美国梦、创业家精神、热情、希望以及这所有的一切。我已经下定决心要这么做。

我把孙社长的随行任务交给社长室成员，自己则前往华盛顿近郊的美国海军军官学校拜访。因为有人建议我，最好去看看。美国前总统卡特也是那里的毕业生。

我在桥本龙太郎前首相担任财务大臣时也曾造访过的餐厅用餐。我一边看着安纳波利斯的蓝天，一边品尝着当地特产蓝蟹。这时候，以前认识的参议院人员传信息过来。他似乎也列席孙社长与参议员的会谈。“孙社长是个杰出的演说家。我第一次见到演说如此精彩的日本人。”

游说活动顺利进行

孙社长与议会要人的会谈，在华盛顿说客卡门的带领下顺利进行。孙社长向参议员洛克菲勒（民主党）、参议院民主党领袖瑞德、众议院院长阿普顿（共和党）等10位以上的议会要人，传达“我想向美国报恩”“我会充分注意国家安全问题”的信息。

软银将美国分公司设在硅谷的事情进展顺利。软银的硅谷办公室已经从2013年秋天开始运作。软银租了两栋四层楼的大楼,作为可容纳1000人的办公室。

软银的汐留总部也不是自己的大楼,而是租来的。公司的事业未来也将持续飞跃、成长,因此需要有弹性的调整。

斋藤道三在俯视浓尾平原的金华山山顶筑城。织田信长占领美浓后,称其为"岐阜城"。信长认为:"道三因为进驻坚固的城堡,导致心思运转迟钝,夺取天下的野心也淡了。"

软银也一样,无论是汐留总部还是硅谷办公室,都只是半路上的分公司,并非要在此安定下来。未来孙社长也将迈出步伐,更往前迈进!

这场会谈结束大约两周后,CNN采访众议院情报委员会主席麦克·罗杰斯,并做出如下的报道。

关于日本的软银并购美国电信公司斯普林特,两家公司向美国联邦议会保证,不使用有可能影响国家安全的产品。美国众议院情报委员会的麦克·罗杰斯主席证实了这一点。他与两家公司参与并购谈判的相关人员会面,并得到了斯普林特及其下属公司全部更换使用特定品牌的网络机器的承诺。

游说的第一天,3月15日下午3点半。我与孙社长约定4点半在日本大使馆碰头。还有一点时间,因此我在入住的五月花饭店享用下午茶。

跟在社长身边的N发来短信，他说孙社长与议员要人的会谈进行顺利，大约4点左右就能抵达大使馆。我急忙联系司机，朝大使馆出发。我在3点55分抵达大使馆，N已经先到了。大鹰正人公使出来迎接我们，我在接待室对他说："孙社长似乎会比预定的时间还要早到，真是抱歉。"

"没关系，实际上，奥巴马总统也临时在5点半约见佐佐江大使，他不去不行。所以你们来得正是时候。"但是，孙社长一直没来。不要说提早，距离约定时间4点半已经超过5分钟，孙社长还是没到。N直冒冷汗。

4点45分，我拜托大鹰公使，先让我与佐佐江大使开始会谈。"非常抱歉，我接到孙社长的电话，他怕迟到而提早出发，却被困在车流当中。"

佐佐江大使真不愧大人有大量，他说："今天有个奥巴马总统也会出席的活动，所以塞车了吧。我也必须在奥巴马总统结束活动后前往白宫。如果今天无法见面，我改天再招待你们吃饭。在华盛顿的财界、政界中，如果有想见的人请告诉我，我会一并邀请他们，这也是大使馆的工作。"

4点50分，孙社长与汉斯、卡门终于到了。通过翻译交流太花时间，因此他们直接用英语交流。佐佐江大使表明将以日本政府的身份持续提供支持，孙社长则表达了他进军美国的热忱。

佐佐江大使送我们乘电梯离开。我们一坐上停在大使馆玄关前的车，就看到大使座驾从其他出口离开，他似乎陪我们到了最后一刻。身旁的N松了一口气。之前临时取消与新藤总务大臣的约定时也是如此，N似乎背负了必须为孙社长的约定而担心的命运。

后来，孙社长针对记者关于游说的提问是这么回答的："只要没有触犯法律或规则，游说是有意义的。我必须了解有关国家安全与政府审查手续的知识。"我想他似乎领悟到，在华盛顿"狮子与狐狸都是必要的"。

最高的智慧必与幽默并存

卡门老板的家，是周围充满绿意的高级住宅区。卡门举办家庭派对，并邀请孙社长、汉斯CEO、斯普林特政府公关部门的干部参加。派对的特别来宾是美国前国务卿鲍威尔。开始时间是晚上8点左右，我们在7点40分抵达。

穿着蓝色小礼服的卡门夫人，与她10岁左右的千金过来与我们打招呼。我把从日本带来的伴手礼交给她："这是用米酿的酒，等一下请招待大家一起喝。"

"蓝色的酒瓶好美，谢谢。他是日本来的客人，来自很远的地方哦。"卡门夫人向女儿介绍道。卡门小姐即使听到日本，似乎也没什么概念。

那是发生在松下政经塾时代的事，所以有点久远。当时我听前首相田中角荣的秘书早坂茂三说："最重要的是见到组织的领袖，并说服他们。如果是公司，就要见到董事长、老板。如果是官署，就要见到大臣、次官。大家见的都是领袖。只要与领袖见过一次面，底下的人无论是公司的员工、还是官署的局长，态度都会变好。经理、课长级别的人，也会对你言听计从。"

这句话出自以古怪闻名的早坂秘书口中，虽然也有那么点让人觉得不太正经的部分，但我觉得从另一角度来看也是真理。我在打造谈判的战略环境时，基本方针就是锁定领导。

那么，有关美国国家安全的领袖是谁呢？我想到的是指挥波斯湾战争的前美国参谋长联席会议主席柯林·鲍威尔。他是布什政府的前国务卿，在1992年的总统大选中也有希望成为候选人，但他表示"我不是政治家""不能让别人选择我的道路"，所以没有参选。

奥巴马总统当选时，他双眼泛着泪光说："只要想到非裔美国人的历史，就会觉得非常感动。"我从当议员时就知道，鲍威尔国务卿的儿子迈克尔·鲍威尔，曾在1997—2005年间担任FCC会长。

鲍威尔抵达了。孙社长还没到，便由我与他握手打招呼。"很荣幸见到您。我反复读了好几次您的著作《我的美国之旅》。那句'任何事情都没有想象的那么糟，隔天早上情况应该会有所改善'我当成了自己的座右铭。"

如果领导者采取明天会更好的态度，追随者的力量也会加倍。我在晨会时，无论遭遇什么样的局面，采取的态度都是"事情一定会变好，我能以自己的力量改善局面"。这也是《我的美国之旅》带给我的影响。

孙社长抵达了，他走近与鲍威尔说话的我，向鲍威尔致意："今天很高兴能够见到您。"

鲍威尔出生于纽约的南布朗克斯。他的双亲为了寻求机会而来到美国，所以不用说，他也有过被歧视的经历。但是，他因为不放弃努力，而爬到了国务卿的位子。孙社长也读过鲍威尔的书。或许是对鲍威尔的境遇感同身受吧，他难得要求和鲍威尔一起照相。常有人要求和孙社长一起拍照,但孙社长自己提出要求却很稀奇。

派对开始了。孙社长坐在鲍威尔身旁,花了两个小时左右的时间热情地诉说进军美国的想法,也针对国家安全提出了各式各样的问题。日后,孙社长这样回答记者的提问:“鲍威尔先生给了我许多建议。”至少鲍威尔与孙社长意气相投。我的目标达成了。

“鲍威尔先生,我希望你来日本,直接和日本的年轻人说说你当时以成为领导者为目标的心得,还有你的领导学。”孙社长诚恳地拜托了鲍威尔。而鲍威尔当时也回答:“好的,我一定去。”我以为这只是客套话,他应该不可能来。然而,鲍威尔却兑现了他的诺言。

2014年6月19日,软银邀请鲍威尔,在东京国际论坛大楼举办了“软银学院特别讲座领导者论坛”,共有3000人参加。鲍威尔说出他对日本的回忆:“我在老布什总统的时代,曾见过日本的小泉纯一郎首相。我听说小泉首相不仅是个棒球迷,也是‘猫王’迷。我一提到自己曾与‘猫王’共过事,他马上问我‘在哪里’,我曾在20世纪60年代初期,和‘猫王’一起被派到德国的基地。”

小泉首相曾在2006年参观“猫王”生前的故居。或许还有人记得,他戴上与“猫王”同款的太阳眼镜,模仿“猫王”弹吉他。

“小泉首相曾说:‘猫王’有一首歌展现出了日美关系。那首歌似乎就是*I want you, I need you, I love you*。”

说得好。这就是“智慧必与幽默并存”。我希望软银进军美国,对两国的国民来说,也能成为“I want you, I need you, I love you”。

对抗“美国孙正义”

孙社长的华盛顿之行，原本打算为取得斯普林特并购案的政府许可做最后的收尾。孙社长也希望通过亲自前往华盛顿，创造出让原本寸步难行的谈判全部顺利推动的神话。

对人类来说，从过去到现在的经历决定了事情能不能成功。如果觉得“因为做这件事的是那个人，那应该能获胜吧”就能够获胜。

考虑到软银的将来，并购斯普林特只不过是第一步。如果孙正义来到华盛顿，创造了说动美国政府与议会的“神话”，对于今后的发展不知道会多有利。因为敌人与世人的风向，将随着做这件事的人的信用、神话而改变。

波多马克河的樱花初绽之际，几家美国报纸开始报道，软银并购斯普林特的案子将于近日批准。然而，政府却突然放慢了审查速度。我的第六感告诉我，有什么在背后蠢蠢欲动。“永远没有不可能”是我在从政时的口头禅。

我的预感中了。2013年4月15日，美国卫星广播服务供应商迪许网络（Dish Network）的查理·厄尔根董事长，表示希望并购斯普林特，并购价格为255亿美元，比软银的出价总额201亿美元还要多出54亿美元。

“我们这边的出价更高，这是数学问题。”厄尔根董事长如此强调。“而且斯普林特的网络现代化，应该由美国（企业）来进行。”他也确实猜中了美国政府提出的“国家安全”问题。“我们是美国企业，员工也是美国人，服务也以美国为对象。优势在我们这边。”

日本媒体称厄尔根为“美国孙正义”。他在年轻时创业,通过并购让公司扩张、成长。他免费发放天线的手法与Yahoo!BB发放调制解调器的手法类似,还曾在与媒体大亨默多克的并购竞争中获胜。

竞争直到5月依然持续。听说总务省干部在黄金周访问FCC时,替我们传达了日本政府的关注。攻防虽然激烈,我却冷静看待。我已经做好取得美国政府许可的布局。如果是厄尔根与孙社长的攻防,孙社长没有输的道理。

而且,我也听财务部门说,他们采取了类似丰臣秀吉攻下鸟取城的手法①,而这个手法已经奏效。这是财务上的“断粮战”。迪许请英国的巴克莱银行(Barclays Bank)担任财务顾问,但看不到调度到巨额资金的可能性。

相对地,软银的公司债承销团排除了巴克莱银行,只纳入“中立”的银行与证券公司。最后,日本国内外总共有20家大型金融机构与软银站在一起,几乎没有金融机构站在迪许那边。自古以来,打仗看的都是“后勤补给”。

这时,负责财务的干部这么说道:“岛先生,美国那边的谈判似乎很辛苦,但即使并购失败,我们也能获得将近4000亿日元的利润,成不成功都好。”

“孙社长一心一意只想着并购。你如果这么说,一定会被他骂得狗血淋头。4000亿日元左右的利润,孙社长是看不上眼的。”

---

①丰臣秀吉在进攻鸟取城时,事先把城内粮食买走,再发动围城战,导致城内缺乏粮食无法久战,秀吉便轻松拿下了鸟取城。

失败也能获利的理由如下。首先，如果斯普林特破坏并购协议，必须支付6亿美元的违约金。此外，软银已经以每股5.25美元的价格，买下31亿美元的斯普林特公司债。如果迪许以相当于每股7美元的价格收购，软银就能获得约10亿美元的利润。

再者，在日元升值时投资也有好处。软银已经以1美元兑换8.22日元的价格，买下了170亿美元的外汇期货。后来日元急遽贬值到1美元兑100日元以上，这也能获得将近30亿美元的利润。所以利润总共为4000亿日元。无论朝那个方向发展都好。软银能够在这样的情况下谈判，所以态度强势。相反地，如果日元持续升值，就会陷入必须尽快拿出结论的焦虑状态吧！这也是软银的好运。

“国家安全”与决定批准

孙社长充分理解“国家安全”问题是美国政府审查的要点。他大胆地作出让步，甚至到了就连我也觉得不需要做到这样的地步。

软银与外国投资委员会在“国家安全”方面的共识，共有以下三点：

1. 国安董事选任须经美国政府许可。
2. 美国政府有权提出撤除包含clearwire特定设备的单次要求。
3. 美国政府保有网络设备调度评估与许可权利。

外国投资委员会的许可在5月28日下来。事态在外国投资委员会批准之后开始好转。2013年6月7日，由国务院、国防部、联邦调查局等机构组成的原本以为最难对付的电信小组，也批准了斯普林特的并购案。11日，并购价格再次追加15亿美元，变成216亿美元。即使如此，还是比迪许提出的255亿美元要低。原本计划在6月12日召开的股东大会，也延迟到25日。18日，等不及的迪许发表了“难以再次提案”的声明。真正的孙正义在这一瞬间，打败了“美国孙正义”。一周后的25日，斯普林特在美国堪萨斯州的欧弗兰帕克召开临时股东大会。软银并购斯普林特的提案，以98%的压倒性多数获得通过。

最后是FCC的许可。有件事情引起了我的注意。斯普林特是全球排名第3的“一级”（Tier 1）公司。所谓的一级，指的是拥有自己可控制的全球规模的宽带骨干网络，网络质量不需依靠上游提供者的ISP（即因特网服务提供商）集团。全球只有几家公司符合这个标准。因此，也有美国政府对这次的并购案更加警惕的传闻。

再加上发生了“斯诺登事件”。前联邦调查局职员爱德华·斯诺登告发美国国家局（NSA），称他们在极机密的情况下搜集大量个人信息。当时，这件事情虽然尚未获得确切证实，但《华盛顿邮报》与英国《卫报》都相继报道“NSA直接侵入苹果公司、Google、脸书、微软等大型IT企业提供网络服务的服务器，执行搜集用户数据的‘棱镜计划’（PRISM）”。《卫报》的在线版还报道，美国当局甚至要求美国最大通信公司威瑞森“每天持续向NSA提供所有国内及国际通话的相关信息”。

我担心这些事情引发的混乱，可能会对FCC的审查带来不良影响，还向华盛顿方面确认。不过我似乎是杞人忧天，华盛顿传来的消息表示，7月4日是美国独立纪念日，政府机构内弥漫着庆祝气氛，所以才会延迟。这让我松了一口气。

7月5日，星期五。从华盛顿传来喜讯，FCC的正式许可已经下来了。我立刻发电子邮件给孙社长,他回复我:“谢谢你。”

7月11日,所有的手续都结束了。这时距离NHK在我的结婚纪念日2012年10月11日,播报并购斯普林特的新闻时已经过了9个月。我从架上取出结婚纪念日没机会喝的纯麦威士忌,独自干杯。虽然辣口且带有少许的烟熏味,却散发出淡淡的甘甜果香。这让我感受到这9个月的战斗与未来梦想的香气。

14 进军全世界 2013年7月—11月

软银的年度活动“SoftBank World 2013”在2013年7月23日举行。孙社长在活动一开始便举行了一场演讲，题目是“进军全世界”。

这是孙社长在7月11日完成斯普林特并购后的第一场公开演讲。他这样描述这场并购：“我因为这场并购焦虑不安。虽然过程纷纷扰扰，相当迂回曲折，最后花费也稍微高于预期，但总算如预期般地完成了。”

软银原本提出的并购斯普林特的价格是201亿美元。但纷纷扰扰地最后提高了15亿美元，以216亿美元买下了斯普林特。

软银的营业收入跃居全球第三。2012年1—6月半年报表，斯普林特与软银集团的营业收入合计为2.5万亿日元，排在中国移动与威瑞森之后，是第3名。累积签约用户数为9804万，仅次于全球第二的威瑞森。

承袭这样的结果，孙社长在演讲中强调比起国内市场，他更在意国际市场这一点：“在国内是第2名还是第3名都无所谓，软银在全球排名第3。让我们改变评价标准吧！”这正是“进军全世界”。

这场并购让软银能够活用斯普林特在全球30个国家的分公司，以及在165个国家铺开的全球网络。软银已经成为全球化企业了。

“这20年来，日本的经济发展逐渐停滞。今后，日本的人口将会减少，迈向少子高龄化。我认为在这样的情况下，进军全世界是必要且不可或缺的。”

“Digital or Die（不求数字化则亡）——我认为日本的家电行业之所以会陷入苦战，就是因为数字化的脚步太慢的关系。开发优秀、讲究细节、小巧轻薄、不易出故障的硬件，是日本的拿手绝活，但细想的话，那数字化程度不会不够吗？融合硬件与软件，活用大数据，与云端算合作。在这层意义上，我觉得那些被称为日本最顶尖企业的公司，必须更加积极地谋求数字化。”

他也重申2010年发表的“新30年愿景”，遥想300年后的未来。“假设摩尔定律一直有效，根据计算结果，计算机的中央处理器的晶体管数量将在2018年超过脑细胞的数量。如果一直计算到300年后，相对于数量没有变化的脑细胞，中央处理器将拥有令人惊叹的性能。在这样的时代，或许能够实现人工智能机器人与人类共存，或是人与人之间通过心电感应连接的世界。”孙社长也提到了“机器人”。这段话呼应了软银在2014年6月参与了人型机器人事业，并发表了机器人“Pepper”。

2013年7月24日。我再度踏上华盛顿这块土地。日本时间是7月25日。这次的访问共四天两晚，与全日空机组成员的周期相同。

“回程时再见。到时候再麻烦你们了。”我向机组成员道别后前往市区。这天也是晴朗的好天气。这次访问华盛顿的目的，是向关照软银的各相关单位报告并购完成并道谢。

在射箭与飞镖等运动中有一种姿势称为“余姿”，指的是箭射出后的姿势。据说，如果余姿优美，下一箭也能正中红心。软银常被批评说余姿难看。每次都有始无终，箭射出后就丢了，转往下一个战场。这些批评具体来说就是：“只有在拜托别人帮忙时才突然出现，不再需要帮忙后，也不会来道谢。”我成为社长室室长后，总是代替孙社长报告、道谢。

佐佐江大使对我说：“太好了呢！与迪许网络的攻防战虽然很辛苦，但提升了软银在美国的知名度，不也是件好事吗？”我受邀参加美国大使官邸的欢迎会。大使官邸内有一间很不错的茶室。

某日本代表企业的华盛顿事务所所长给了我有益的建议：“美国有抵制壮大中的外国企业的基因。譬如东芝机械向苏联出口大型数控机床的事件、三菱汽车的性骚扰事件、丰田汽车的召回问题等都是过去的案例。这几个事件都有人认为企业是遭到陷害的。在华盛顿从事信息搜集的工作变得很重要。”软银集团必须在这样的环境中推动事业，不得不更加重视危机管理。

我在华盛顿得到一个令人开心的消息：下一任的驻日大使，肯尼迪总统的女儿卡罗琳·肯尼迪准备于11月赴任。回程的班机上，我想着该怎么安排卡罗琳·肯尼迪大使与孙社长会谈，让他向其阐述进军美国的志向。

进公司第8年，终于达成目标

2013年10月31日，软银举行第二季度的业绩说明会。孙社长宣布软银的营业收入、营业利润、净利润的合并业绩，都超越了都科摩。

“并购日本沃达丰时，我就公开表示要在10年内超越都科摩。但当时，就连我的员工都笑我‘这怎么可能’‘孙社长又在画大饼了’……”

而刚就任软银社长室室长的我，开始拟定吃下这块大饼的战略、战术、计划，思考该如何达成。一家并非源自国营的纯民营企业夺取天下。这件事能够促进日本经济进一步的发展。我进入公司时怀着这样的目标，而这天就是达成目标的日子。我在2005年11月1日，弃政从商进入软银。从那时算起，到这天刚好整整8年。

软银的营业收入较2012年同期增加73%，达到2.6万亿日元；营业利润较2012年同期增加67%，达到7151亿日元；净利润较2012年同期增加84%，达到3949亿日元。都科摩的数字分别是2.2万亿日元、4732亿日元、3004亿日元。

孙社长重新回顾2005年并购日本沃达丰的时候。“也有人认为，沃达丰的营业利润逐渐下滑，如果再等1年，不是会变得更便宜吗？但我的目的不是捡便宜。再等1年，就赶不上移动通信行业的黎明期了。我放弃价格，选择了时机。”

我想起自己在刚进公司时，曾提出这样的建议：“现在移动运营商只剩3家。就政治家的经验来说，能买最好就早点买。”这是移动通信行业的“三分天下之计”。不过2.6万亿日元的营业收入中，包含了斯普林特方面的8000亿日元；而7151亿日元的营业利润中，也包含了Gungho、WILLCOM 等子公司带来的一次性利润。

“我似乎可以听到有人说：‘什么嘛，所谓的超越都科摩，靠的还不是取巧的远程武器。这样好吗？’我的回答是：‘这也无所谓。’个子矮的人就穿厚底的鞋子、够不到屋顶就拿梯子过来。远程武器还是什么都可以，超越才是重点。当然，犯法是不行的，但可以运用各式各样的方式，从各种不同角度使用远程武器。”孙社长加强语气道。

也有一些评论对“远程武器”这个说法难以苟同。但我认为，这是率领软银集团在全球展翅高飞的孙社长对自己的严加警惕，所以能够理解。马基雅维里在《君主论》中写道：“（新兴势力）无论是通过策略还是力量，首要的就是必须取得胜利。”

孙社长接着透露了一个小故事：“我在并购沃达丰前，曾与乔布斯谈起，希望软银能够取得iPhone在日本的独家销售权。如果能够得到他的保证，我就能拿出近2万亿日元，在并购沃达丰这件事情上赌一把。我没有笨到不拿任何武器就上战场。”

我以前就听说过这个小故事，也在前文中介绍过。这个故事发生在乔布斯发布iPhone的两年前。据说孙社长曾打电话给乔布斯，带着一张附加手机功能的iPod简单素描，前去与乔布斯见面。

“阿正，我不需要你画的糟糕素描。我自己也有，就在这里。”乔布斯指着自己的脑袋回答道。

“你真疯狂。我还没跟任何人说过这件事，你就第一个跑来找我。那我就把销售权给你吧！”

孙社长进一步要求乔布斯签约。为谈判存底很重要。“这个要白纸黑字写下来，再请你签名。”

“不，阿正，我不能签名。你连电信公司都没有，不是吗？”孙社长正因为得到了这项武器，预期能够赢得这场赌注，才会投资近2万亿日元并购沃达丰。

《论语》里有一句话："暴虎冯河，死而无悔者，吾不与也。"孙社长也常说："我不与暴虎冯河之人联手。"或许他在作战之前，就先创造了"获胜的态势"。

他也提到了关于美国斯普林特在并购后的翻转。因为有分析师指出，斯普林特的签约用户数在进入2013年之后也持续净减少。

"我认为，要将软银的管理方法移植过来，大约需要1年时间，但网络与经营形态已逐渐改善。我相信1年后情况就会改变。1年就能翻转。"

"（并购斯普林特）与我们并购沃达丰时经历的事情完全相同。如果无法翻转，代表软银也只有这点实力。我们想在内容、机型、网络方面都成为世界第一。"

人类这种生物只要达成一个野心，就会立刻想要达成下一个。孙社长的眼光已经摆在全世界。而经过了8年，达成一个目标的我，也开始将新的舞台纳入视野。

肯尼迪大使的生日

2013年11月19日，美国驻日大使卡罗琳·肯尼迪前往皇居的宫殿"松之间"，出席递呈国书的仪式，将奥巴马总统的亲笔信交给天皇。

肯尼迪大使在明治生命馆前，坐进宫内厅调派的由两匹马拉的仪装马车，马车经过皇居前的广场，经过约1公里的路程，从正门进入皇居。她深蓝色的套装气质高雅，给人端庄的印象。

过了8天之后，孙社长与我在27日前往美国大使官邸。第二次世界大战刚结束后的1945年9月，麦克阿瑟将军与昭和天皇，就在这里进行了会面，官邸内摆放着高贵的古典家具，很适合这个场所。孙社长像平常一样浅浅地坐在沙发上。

大使正式上任才第8天，尚未完成与各大臣的正式会见，在这样的情况下，孙社长是第一位与她单独见面的民间人士。我在议员时代就认识的经济公使杰西卡·韦伯斯特（Jessica Webster），与我们一起等待肯尼迪大使。这里的工作人员全是女性。肯尼迪大使主张"女性的活跃是国家课题"，这样的人员安排很有她的风格。软银这边除了孙社长与我之外，还有M经营战略室室长。M是以培养孙社长的继承人为目的的软银学院第一届学生，在1年半前辞去三井物产的工作，进入软银。

27日是肯尼迪大使56岁生日，她与孙社长同年。

穿着蓝色套装搭配蓝色高跟鞋的肯尼迪大使进来了。她的打扮看起来和那天在皇居递呈国书时一样。

"能见到您是我的荣幸。还有，祝您生日快乐。"

"初次见面。谢谢您感受到美国的魅力。"肯尼迪大使用"感受到美国的魅力"来表达对并购斯普林特的看法，我很欣赏她这个聪明的说法。

我曾听前国务卿鲍威尔说过，20世纪80年代，日本企业气势正旺，甚至连纽约的洛克菲勒中心都买了下来。当然，美国人在感情上也出现反弹。当时的总统是里根，他对高声批判日本的议员说："日本来投资是因为感受到美国的魅力，这不是一件很棒的事吗？"

软银以216亿美元并购斯普林特，这是日本企业对美国企业的最大规模并购,也是从2008年金融海啸以来,最大笔的外资企业并购美国企业的交易。

或许因为肯尼迪大使大方、优雅的气质让人觉得舒服,孙社长一边微笑一边很开心似的说话。他很少如此无拘束地露出愉快的笑容。

“肯尼迪大使,我想您在日本也使用iPhone吧。您觉得iPhone在美国好用,还是在日本好用呢?”或许只是客套,肯尼迪大使说:“我觉得在日本用起来似乎比较顺畅。”

事实上,日本的网络环境的确比美国好。尤其是在移动通信网络基础设施建设方面,美国显得有些落后。放眼全球,将网络列入国家政策的澳洲,在移动通信网络基础设施建设方面排名第1,软银排名第3。相较之下,美国只能拿到第15名的“安慰奖”。顺带一提,敬陪末座的是菲律宾。

“美国无论政治力、创业力、经济力都是全球第一。铁路、电力、高速公路、网络。过去100年来的历史中,美国的所有基础设施建设都是全球第一。但只有在下一代的移动通信网络的信息通信基础建设方面,美国没有拿下全球第一。脸书、亚马逊、苹果计算机,美国一直扮演创新领导者的角色。这样的美国,在移动通信网络时代的信息基础设施建设方面没有拿下全球第一,实在太奇怪了。这点在今后也会影响创新产生的速度。”

即便是孙社长,在这样的场合也没有说出美国的移动通信网络的基础设施建设在全球排第15名。肯尼迪大使一边高雅地端着咖啡杯,一边听孙社长高谈阔论。

“现在我买下了斯普林特,我会发动美国的信息通信基础设施建设革命，让美国的移动通信网络基础设施建设站上全球第一。我不会要求政府提供支持或公共投资，政府一毛钱也不用花。投资是我的风险、我的责任，我会做到这一点。”

坐在一旁的我与M室长忍不住互看一眼。因为我们已经在事前告诉过孙社长，在大使官邸与大使的谈话会被做成会议记录，通过公用电报传进白宫。我们原本的用意是要告诉孙社长“您说的话会被传进白宫，请慎重发言”，但他似乎把这当成是向白宫传达信息的“好机会”。

肯尼迪大使对孙社长表明的决心，作出符合大使身份的回答：“我期待公平的竞争。”

当仁不让的人们

孙社长语气兴奋地说：“我很尊敬您的父亲肯尼迪总统。他花10年时间将人类送上月球的阿波罗计划，让我感到热血沸腾。”

1961年5月25日，肯尼迪总统向人类宣布：“我必须明言，我国在20世纪60年代结束之前，将达成让人类登陆月球并成功返回地球的目标。”登月计划成功的概率乐观来看是50%，但越是专家却越悲观。

然而，肯尼迪总统定下时间，宣布明确而有说服力的目标。这与孙社长设定目标的手法相同。所以，孙社长欣赏的不只是阿波罗计划，也欣赏肯尼迪总统设定目标的方式。

美国知名财经书《基业长青》的作者詹姆斯·柯林斯将赌上公司命运的大胆目标命名为“远大、艰难、大胆的目标”（Big, Hairy, Audacious Goals, BHAG）。他说明，真正的BHAG有明确的说服力，能够集中集团的力量，并促进愿景的实现，使公司进步。他举出的具体案例就是阿波罗计划。

能够充分理解阿波罗计划是为了在越南战争结束后，将庞大的军事工业复合体的生产力挪为宇宙开发之用，此外也是为了与苏联抗衡而不得不执行的计划。即使是不得不做的事情，领导者在发言时也必须说成是自己的意志。肯尼迪超越了这个标准，带给全人类感动，他的目标设定能力极为出色。

美国朝着成功率极低的阿波罗计划前进。在20世纪50年代艾森豪威尔政府下停滞不前的美国，开始气势如虹地前进。

1969年7月20日，阿波罗11号登陆月球表面，阿姆斯特朗船长说出了那句令人感动的话："这是我的一小步，却是全人类的一大步。"

卡罗琳·肯尼迪在肯尼迪总统的著作《当仁不让》(*Profiles in Courage*)初版书上签名，送给孙社长作为这次会谈的纪念。

在开回软银总公司的车上，平常总是立刻打电话或查看电子邮件的孙社长，今天却唰唰地在翻阅肯尼迪大使送的书。

"今天因为与孙社长同席，所以连我都收到肯尼迪大使的签名书。真是太感谢了。"M室长说。在政经塾时，我就认为与"一流的人物"见面是最好的学习，多年来也坚持实践着这一点。我想M室长未来也将与孙社长一起见到许多"一流的人物"，并逐渐成长吧。

"《当仁不让》这本书是肯尼迪总统还是做参议员时，在养病期间写下的书，当时还拿到了普利策奖。"

"真不愧是岛先生，您很了解呢！这还是初版书。真开心！"

这本书的主题是"勇气"。海明威将勇气定义为"压力下的优雅"。

沉重的压力在想要完成某项目标时袭来,这些压力是“对自己建立的地位的威胁、世人对自己信念的不理解、对人格的毁谤重伤”。肯尼迪总统说,必须要有在这些压力中撑过来的“优雅”。我在政界服务时,就曾将这本书反复读了好几次。

我与孙社长并肩走过的日子,对抗过无数的重压。我想这是因为孙社长是个“有勇气的人”。而我也认为,由于孙社长的行动中带着优雅,我才能持续辅佐他。

我心想,肯尼迪大使的礼物,对孙社长与在软银服务8年的我来说,仿佛是一个最佳注解。

从社长室室长任上毕业

前面提过，我在孙社长发布将要创立软银学院，培养接班人“孙正义2.0”时，曾对他说：“现在不会太早吗？松下幸之助在85岁时才创立松下政经塾。”

孙社长似乎很惊讶，他字字清晰地回答我：“85岁吗？但是，培养合格的接班人需要10年。”

所有人都一致同意培养接班人是软银接下来的重要课题。我开始思考，社长室室长这个职位，或许今后可以担负起培养接班人的任务。

我从2013年开始担任社长室室长后，便着手研究罗马帝国的历史。孙社长的目标是“建立持续超过300年的企业”，而我希望罗马帝国的荣枯盛衰，能够供他参考。

我预计在未来5年中，软银将迈向进一步成长的轨道。我下笔的2014年10月，软银的市值因为并购斯普林特，从3万亿日元成长到9万亿日元。增加的6万亿日元是对美国市场的评价。

而阿里巴巴2014年9月也在美国上市，未来企业的经营必须考虑到日本、美国、中国这3个国家。另外,软银方面也已在2014年10月宣布,未来10年将准备在印度投资1万亿日元。

软银在并购斯普林特之前,日本市场占了其营业收入的九成,并购后美国市场占了营业收入的三成。或许再过不久,日本市场占软银的营业收入比例将减少到15%左右,剩下的部分将成为在其他国家的营业收入吧!

软银虽然如罗马帝国一般在全球扩大版图,但站在社长室室长的角度考虑,还有一个"课题",那就是孙社长的接班人问题。

我同意孙社长说的"培养接班人需要10年"的说法。我在前面提过,软银社长室室长这个职位,担负了整个软银集团在当时的历史性任务。

我在软银进军移动通信行业,而且与政府关系逐渐变得重要时担任社长室室长。我充分活用了9年国会议员的经验,应该多少为软银的成长带来了贡献。

软银集团不会只留在美国,未来或许还会进军亚洲,甚至是中南美洲、欧洲。下一任的社长室室长,必须要能应付极速扩张的全球事业。

更重要的是,我认为社长室室长这个职位,要具有培养接班人的功能,这是软银接下来的课题。社长室室长是一个能够近距离接触孙社长、从他身上学习许多东西的职务。如果不像我这样连续8年长期担任,应该会出现多名担任过社长室室长的人。

2014年3月31日,我从当了8年、共3000多个日子的社长室室长一职"毕业"。后来,我就任软银顾问,软银移动通信公司、软银电信、软银网络宽带公司的特别顾问。公司向我说明,"特别顾问"这个职位,本来只会给曾在软银移动通信公司等担任过副社长的人。我很感谢公司的照顾。

我的后任是软银学院第一届学生经营战略室室长M。期待他这位优秀的新面孔,能够完成自己肩负的历史性任务。据说这位M室长,目前正听从孙社长的指示,研究罗马帝国与蒙古帝国的历史。

我与孙社长一起到过很远的地方。现在回想起来,我在担任社长室室长之初所设定的目标,实在"太天真"了。接下来,还有其他尚未实现的梦想。

根据《史记》记载,春秋时代,辅佐齐桓公成为霸主的知名宰相管仲,是"行动中心型"人物。管仲曾辅佐过两位君主。对他来说,所谓君主,就是提供舞台与地位,让他充分发挥自己才能的支点。他是会为了追求历史大事业而前进的人。用现在的话来说,大概就是"为了实现大计划而奔走的专业人士"吧!

我与管仲也有相似的地方。我在担任议员时曾辅佐的鸠山由纪夫、菅直人两位党魁完成了政党交替,成为总理大臣。我以社长室室长身份辅佐的孙正义社长,达成"超越都科摩"的目标,在世界展翅高飞。

在政界待了10年,在商界也待了快10年。我心里盘算着,接下来要挑战什么样的大计划呢?

本书的最后,我心里充满感激。首先,我要感谢孙社长,给我这个机会以社长室室长的身份辅佐他。他接受了我“想成为弃政从商的先驱者”的想法，让我与他共度了一段无可替代的时光。

接着，我要感谢软银涉外、公关、社长室的成员们，他们总是默默地支持着身为社长室室长的我。尤其，如果没有秘书山本和代的协助，我是无法完成这本书的。我想再次向他们致以感谢之意。

2014年春天，我从社长室室长一职毕业，成为顾问，终于能够腾出时间做其他事了。这时候，出版社向我提议，要不要将这8年的经验写成书。

“一日之计在于晨”是我的座右铭之一。我从6月开始的4个月里，每天清晨4点起床，回顾着“晨间日记”，一口气完成了本书。这段时间，我非常感谢出版社的编辑们给我的建议与指导。很遗憾，我不是专业写手，无法完全活用他们给我的建议，如果有难以理解的地方，敬请见谅。

我为能够获得这个执笔机会，而感到热血沸腾。这是个好机会，让我能够回顾担任软银社长室室长3000多个日子中的每一天。

最后，我想将这本书，献给总是为我奉献牺牲的妻子映子。虽然我所追寻的远大梦想，在她心中就像“戈壁沙漠中的海市蜃楼一样”。